Arbeitsorganisation in der Automobilindustrie

– Stand und Ausblick –

Arbeitsorganisation in der Automobilindustrie

– Stand und Ausblick –

mit Beiträgen von:
Hans-Joachim Braczyk, Hans-Jörg Bullinger, Stefan Gryglewski, Werner Hoffmeyer, Hans-Günther Honnef, Dieter Hundt, Axel Korge, Reiner Lehr, Hans-Peter Lentes, John Paul MacDuffie, Joachim Ritter, Birgit Spanner-Ulmer, Roland Springer, Klaus J. Zink

Bearbeitung und Redaktion:
Axel Hofmann

Gestaltung der Texte und Grafiken:
Meike Engels, Karin Pierson

Herausgegeben vom
Institut für angewandte Arbeitswissenschaft e.V.

Köln 2000

Die Deutsche Bibliothek – CIP-Einheitsaufnahme

Arbeitsorganisation in der Automobilindustrie – Stand und Ausblick –
hrsg. vom Institut für angewandte Arbeitswissenschaft e.V.
Verf.: Hans-Joachim Braczyk … Bearb. u. Red.: Axel Hofmann
Gestaltung d. Texte u. Grafiken: Meike Engels, Karin Pierson.
Köln: Wirtschaftsverlag Bachem, 2000

(Taschenbuchreihe des Instituts für angewandte Arbeitswissenschaft)
ISBN 3-89172-413-6

Dieses Buch ist auf chlorfrei gebleichtem Papier gedruckt.

Einbandentwurf: Barbara Meisner, Düsseldorf u. Karin Pierson, Köln
Gesamtherstellung: Druckerei J. P. Bachem GmbH & Co. KG Köln
Printed in Germany
ISBN 3-89172-413-6

Inhaltsverzeichnis

Vorwort des Herausgebers

Am 30. Juni und 1. Juli 1999 fand in Baden-Baden das „Automobilforum 1999“ statt. Die Veranstaltung „Produktion und Arbeitspolitik – Herausforderungen und Perspektiven im Rahmen der Globalisierung“ führte eine Reihe von Foren des REFA-Fachausschusses Fahrzeugbau fort, die sich zuletzt im Jahre 1996 in Eisenach mit dem Produktionssystem der Adam Opel AG befasste. Die ständige Weiterentwicklung und Optimierung von Produktionssystemen ist seit den Tagen der Einführung der „wissenschaftlichen Betriebsführung“ durch Henry Ford in der Automobilindustrie ein Dauerthema. Immer wieder haben intensive Diskussionen darüber stattgefunden, mit welchen Produktionssystemen die Wettbewerbsfähigkeit am besten gesichert und verbessert werden kann.

Funktionsorientierte Formen der Arbeitsorganisation sind in der industriellen Praxis zunehmend in Frage gestellt worden. Im Bemühen um eine ganzheitliche und konsequente Produktionsphilosophie flossen zunächst Aspekte der Humanisierung der Arbeit und später dann Elemente des japanischen Produktionsmodells (Lean Production) in die Gestaltung der Arbeitsorganisation und Arbeitspolitik ein. Beide Ansätze wiesen – bei zahlreichen Unterschieden – einige gemeinsame Aspekte auf: die Freisetzung von Rationalisierungspotentialen und die Effizienzsteigerung war nicht mehr alleinige Aufgabe fachlich geschulter Experten, sondern wurde zunehmend Gruppen und Teams von Mitarbeitern übertragen. In der Aktivierung von Motivations- und Verbesserungspotentialen, und damit in der Partizipation der Mitarbeiter, wurde der Schlüssel zur Wettbewerbsfähigkeit gesehen.

Bedingt durch den weltweiten Konzentrationsprozess innerhalb der Automobilindustrie, hat seit Mitte der 90er Jahre ein Trend zur Standardisierung der Arbeit insbesondere in den Fahrzeugmontagen stattgefunden, der auf den Erkenntnissen des Industrial Engineering basiert. Zu beobachten ist, dass dieser Trend zur Standardisierung zunehmend mit Ansätzen der Mitarbeiterpartizipation beispielsweise in Form teilautonomer Gruppenarbeit in Konflikt gerät. Die Frage, ob und wie beide arbeitspolitischen Ansätze – Standardisierung und Partizipation – sich verbinden lassen, stand im Mittelpunkt des Forums.

Das Institut für angewandte Arbeitswissenschaft hat die Aufgabe übernommen, die Diskussionen und Ergebnisse der Veranstaltung in diesem Taschenbuch zu dokumentieren, da diese Fragestellung auch außerhalb der Automobilindustrie intensiv diskutiert wird. Wir möchten damit die Intention der Veranstalter unterstützen, die Diskussion um kunden- und wettbewerbsorientierte Formen der Arbeitsorganisation in eine breitere Öffentlichkeit hineinzutragen.

Der Herausgeber
Institut für angewandte Arbeitswissenschaft e.V.

1 Eröffnung und Einleitung

von Reiner Lehr

Das Forum Automobilindustrie unter der Überschrift „Produktion und Arbeitspolitik – Herausforderungen und Perspektiven im Rahmen der Globalisierung“, setzt die Foren-Veranstaltung des REFA-Fachausschusses Fahrzeugbau fort. Die letzte Veranstaltung fand mit sehr guter Resonanz im November 1996 in Eisenach statt und bot die Möglichkeit zur Besichtigung des neu errichteten Opel-Werkes. In der Konferenz und bei der Besichtigung konnten die Teilnehmer das Eisenacher Produktionssystem kennen lernen; eine, wie wir feststellen konnten, Weiterentwicklung bewährter Methoden zu einer ganzheitlichen und konsequenten Produktionsphilosophie mit offensichtlich sehr guten Ergebnissen. Parallel zur Entwicklung in Eisenach wurden ähnliche Konzepte auch in anderen Unternehmen entwickelt und eingeführt. In Fachkreisen und insbesondere auch im REFA Fachausschuss-Fahrzeugbau und im *A*rbeits*k*reis *n*eue *A*rbeitsstrukturen der Automobilindustrie, dem AKNA, wurde die Entwicklung intensiv diskutiert und durch einen offenen Erfahrungsaustausch begleitet. In dieser Diskussion wurde sehr früh die Frage aufgeworfen, inwieweit die standardisierten „Produktionssysteme“ vereinbar sind mit den bisher verfolgten Ansätzen der mitarbeiterorientierten Arbeitspolitik.

Der Arbeitskreis AKNA hatte sich in den 80er Jahren deutlich zur Gruppenarbeit in der Automobilindustrie positioniert und die Einführung der Gruppenarbeit durch die Herausgabe von Veröffentlichungen in Zusammenarbeit mit dem REFA-Verband unterstützt. Das Handbuch des AKNA zur Gestaltung der Gruppenarbeit ist noch heute eine gefragte Hilfe zur Umsetzungsunterstützung. Die Auswertung gut laufender Beispiele, wie z.B. Eisenach, zeigte jedoch sehr schnell, dass es nicht um eine schwarz-/weiß-Diskussion für oder wider die Gruppenarbeit geht, sondern dass zur Verbesserung der Effizienz die arbeitspolitischen Ansätze, und hier insbesondere die Gruppenarbeit, im Rahmen der Produktionssysteme weiterentwickelt werden müssen.

In diesem Sinne ergab sich für die Mitglieder des AKNA die Frage nach einer Positionsbestimmung und Beschreibung der Weiterentwicklung. Insbesondere sollte auch die Diskussion mit den Arbeitgeber- und Arbeitnehmervertretungen, mit den Verbänden und der Wissenschaft, gesucht werden.

Um dafür ein möglichst breites Podium zu finden, wurde dieser Kongress mit dem

- Fraunhofer Institut für Arbeitswirtschaft und Organisation *IAO*,
- der Gesellschaft für Arbeitswissenschaft *GfA* und
- der Deutschen *MTM*-Vereinigung e.V.

als weiteren Kooperationspartnern gestaltet.

Bei der Programmgestaltung haben wir einen Wechsel zwischen Plenumsvorträgen und Vorträgen bzw. Diskussion in Foren vorgesehen, die im Rahmen dieses Taschenbuches dokumentiert wurden. Einen Schwerpunkt bilden dabei die Darstellungen der Arbeitsorganisation und der Produktionssysteme aus „Best-Practice" Beispielen der Mitgliedsunternehmen. Aus den Unternehmen Audi, BMW, DaimlerChrysler, Ford und Opel werden jeweils in- und ausländische Standorte vorgestellt und im Rahmen der Diskussionen verglichen. Vorträge aus dem Hause Bosch – als Zulieferer der Automobilindustrie – und Mercedes-Benz U.S. International Inc. runden die Darstellung ab. In einer Podiumsdiskussion unter dem Motto „Zukunft der Mitbestimmung im Rahmen der Globalisierung" werden die Standpunkte aus Unternehmen, Gewerkschaften und Arbeitgeberverbänden positioniert und diskutiert. Eine aktuelle Positionsbestimmung des AKNA zur Arbeitsorganisation in der Automobilindustrie ergänzt die Inhalte des Taschenbuches (Kap. 10).

Das Automobilforum 1999 setzt die Tradition fort, Betriebsbesichtigungen vor Ort durchzuführen. In den Werken

- DaimlerChrysler in Rastatt,
- MCC in Hambach und
- Ford in Saarlois

bestand die Möglichkeit, den aktuellen Stand der Arbeitsorganisation und der Arbeitspolitik in der Praxis zu erleben. In allen 3 Werken sind Produktionssysteme in der Anwendung. Die Elemente der jeweiligen Produktionssysteme werden dargestellt, und der aktuelle Stand der arbeitspolitischen Diskussion in den Unternehmen erläutert.

Die große Teilnehmerzahl der heutigen Konferenz bestätigt die Aktualität der angesprochenen Fragestellungen und Themen in der Automobilindustrie.

Die Veranstaltung und das darauf aufbauende Taschenbuch sollen dazu beitragen, dass die Diskussion zur Weiterentwicklung der Arbeitspolitik auf eine breitere Basis gestellt und damit die Weiterentwicklung in den Unternehmen unterstützt wird.

2 Globalisierung der Produktion – Chancen und Risiken für den Standort Deutschland[1]

von Dieter Hundt

Das Programm „Produktion und Arbeitspolitik" spannt einen Bogen zwischen betriebswirtschaftlichen und volkswirtschaftlichen Fragestellungen zum Thema Globalisierung. Dieser Bogen ist ebenso reizvoll wie notwendig. Es geht nicht nur um die betriebswirtschaftliche Bewältigung der Globalisierung, es geht in Europa auch immer ein wenig philosophisch zu. Wer über Globalisierung spricht, interessiert sich immer auch für das Verhältnis von Markt und politischer Macht.

2.1 Der Konflikt zwischen Betriebswirtschaft und Volkswirtschaft

Dies ist nicht überall so. Die USA etwa ziehen ihre Globalisierungsdiskussion ganz anders auf: „Was gut ist für General Motors, ist auch gut für die Vereinigten Staaten." Diesen bekannten Satz würden wohl die meisten Amerikaner ohne zu zögern unterschreiben. In Europa stößt eine solche Äußerung hingegen auf Ablehnung

Es ist eine europäische Tradition, dass es noch eine höhere Vernunft als die des Marktes geben muss. Europa glaubt – manchmal vielleicht auch ein wenig naiv und populistisch – an das Primat der Politik vor der Wirtschaft. Viele Redner ernten mit der Aussage, dass es nicht sein dürfe, dass kalte Devisenmärkte stärker sind als demokratisch gewählte Regierungen, einen preiswerten Applaus. Wir fragen in Europa ein wenig neurotisch: Zwingt uns die Globalisierung eine bestimmte Politik auf oder muss die Politik die Globalisierung nicht vielmehr gestalten und überhaupt erst sozialverträglich machen? Greift die Globalisierung letztlich unsere Institutionen wie Demokratie, Sozialstaat, Sozialpartnerschaft und Flächentarifvertrag an? Muss die Politik sich nicht endlich wehren, wenn sie nicht durch einen grenzenlosen Markt Schritt für Schritt an den Rand gedrängt werden will?

[1] Leicht gekürzte Fassung des Eröffnungsbeitrages

Als mittelständischer Unternehmer und deutscher Arbeitgeberpräsident müsste ich eigentlich diesen häufig unterstellten Dauerkonflikt zwischen politischer und ökonomischer Rationalität deutlich in mir selbst empfinden. Als Unternehmer kenne ich viele Betriebe mit ihren Problemen im Detail, als Arbeitgeberpräsident habe ich das Gesamtinteresse einer Volkswirtschaft im Auge.

Ich sage vorweg, ich habe diese beiden Perspektiven nie als unversöhnlich empfunden. Was schlecht ist für die Unternehmen in Deutschland, Europa und weltweit, *kann* nicht politisch richtig sein. Spielen wir den Markt und das, was manche Politiker Moral nennen, nicht so schlicht gegeneinander aus, sondern suchen wir nach Synergien.

Ich fange mit meiner Rolle als geschäftsführender Gesellschafter eines mittelständischen schwäbischen Automobilzulieferers an. Globalisierung – das ist zunächst eine betriebswirtschaftliche Herausforderung für mich. Eine Tatsache, an der ich auch nicht rütteln lasse, weil es mir und meinen Mitarbeitern in der täglichen Arbeit nichts bringt. Ich bin mir sicher, Ihnen geht es im Alltag ebenso. Genauso sieht es übrigens die entsprechende Fachliteratur. Wer ein betriebswirtschaftliches Lehrbuch zum Thema Globalisierung oder Internationalisierung der Produktion zur Hand nimmt, findet Vokabeln wie *cross-border-acquisition*, *strategische Allianzen*, *currency-management*, aber auch *globale Unternehmenskultur*, *Mitarbeiterentwicklung und -entsendung*. Mit und ohne Globalisierung geht es in einem Unternehmen darum, Qualität zu einem günstigen Preis für einen möglichst großen Markt zu produzieren. Früher wollten Unternehmen den deutschen Markt erobern, dann den europäischen und schließlich den weltweiten. So dramatisch neu empfinde ich das Prinzip Globalisierung als Unternehmer deshalb gar nicht.

Ich stelle auch immer wieder fest, dass die Unternehmen diese Herausforderung im Grunde mit relativ großer Gelassenheit angehen. Der Bürger – wenn er im Unternehmen tätig ist – scheut die Aufgaben, die eine verstärkte internationale Arbeitsteilung mit sich bringt, keineswegs. Es gibt genug Menschen in Deutschland, die auch international etwas leisten wollen. Gerade die jungen Menschen nehmen die Herausforderungen einer verstärkten internationalen Zusammenarbeit geradezu mit Begeisterung an. Wir sollten sie dabei unterstützen.

2.2 Die Globalisierungsdiskussion ist zum Ritual geworden

Ganz anders sieht aber die *wirtschaftspolitische* Diskussion um den Standort Deutschland in der Globalisierung aus. Sie ist mittlerweile zu einem Ritual geworden, in dem das Böse fast immer nur außerhalb der deutschen oder europäischen Grenzen gesehen wird. Der Vorwurf lautet: Die Globalisierung ist der Totengräber des Sozialstaats.

Wer eine Buchhandlung irgendwo in Deutschland betritt, sieht an prominenter Stelle ein Bücherregal, an dem es von gedruckten Untergangsszenarien nur so wimmelt. Der Leser dieser Bücher tappt mit zwei SPIEGEL-Redakteuren in die „Globalisierungsfalle“, er leidet mit Viviane Forrester unter dem „Terror der Ökonomie“, oder er muss – wenn es nach Joschka Fischer geht – einen „neuen Gesellschaftsvertrag“ unterschreiben. Journalisten, Pädagogen und quirlige Autodidakten sind die Autoren solcher Bücher, Juristen sind es selten, Ökonomen so gut wie nie. Die Verkünder der Apokalypse haben natürlich hohe Auflagen, aber haben sie auch Recht?

Ich frage mich manchmal, wie würde sich eigentlich die wirtschaftspolitische Diskussion um die Globalisierung verändern, wenn wir keine Medien hätten, die diese für mich im Grunde recht virtuelle Diskussion spiegeln? Die Medienvertreter im Raum mögen mir diese Überlegung jetzt bitte nicht übel nehmen. Ich frage mich, würden wir mit unseren fünf Sinnen die Globalisierung als Bedrohung überhaupt erkennen, würden wir über sie diskutieren, über sie schreiben, wenn es kein süffiges Wort dafür gäbe? Ist das Wort nicht allein deshalb so populär, weil sich jeder andere Gräueltaten darunter vorstellen kann? Stellen Sie sich vor, wir hätten das energische Zusammenwachsen der nationalen Volkswirtschaften in einer Zeit erlebt, in der sich der Sozialstaat noch nicht selbst überfordert hat. Denken Sie an die 50er und 60er Jahre. Wir hatten einen Sozialstaat, *und* wir hatten einen intensiven außenwirtschaftlichen Verflechtungsprozess. Wenn sich die Kostensituation nicht Ende der 80er Jahre gedreht hätte, dann hätten wir wohl weiterhin über den Segen der internationalen Arbeitsteilung und von prosperierenden Weltmärkten gesprochen. Exportweltmeister Deutschland – diese Form der Globalisierung hat uns doch früher nie gestört. Das Wort Globalisierung – wenn es dann überhaupt jemandem eingefallen wäre – hätte einen positiven wohlstandverheißenden Klang in den Ohren der Bevölkerung und würde nicht ständig als Drohkulisse für alle möglichen und unmöglichen politischen Forderungen herhalten müssen. Politiker würden mehr Globalisierung fordern und sich gegenseitig vorwerfen, nicht genug für die Entwicklung der Globalisierung zu tun.

Bevor wir gemeinsam zu träumen anfangen: Wir wissen, es ist *anders* gekommen. Die europäischen Nationalstaaten haben ihre Steuer- und Beitragszahler überfordert, der Sozialstaat ist in einer europaweiten Krise. Und bei der Globalisierung, wie wir sie politisch sehen, handelt es sich weniger um ein ökonomisches Phänomen als um die Angst, dass wir mit unseren Steuer- und Sozialstaaten so nicht mehr weitermachen können, dass wir endlich wirkliche Reformen brauchen. Es gibt wenige Reden, in denen das Phänomen Globalisierung nicht mit warnenden Untertönen kommentiert wird. Die Redner sind sich dabei immer einig, dass nur eine Änderung der „Rahmenbedingungen" wirklichen Fortschritt bringt.

2.3 „Wir müssen uns ändern – dann ändern sich auch die Rahmenbedingungen"

Diese Aussage ist seit jeher zu undifferenziert. „Rahmenbedingungen" – das heißt doch vor allem, nicht *wir* müssen *uns* ändern, sondern die *Rahmenbedingungen* müssen *sich* ändern. Aus einer Anforderung, einer Aufgabe an *uns* wird eine Forderung an *andere*, mit der unbeschwert Politik gemacht werden kann. Ich will deshalb diesen oft nur sehr schwer definierbaren „Rahmenbedingungen" etwas näher treten und sie in drei Kategorien einteilen:

1. Es gibt Rahmenbedingungen, die uns global vorgegeben sind und in die wir uns als Nation fügen müssen, weil wir selbst nicht groß oder einflussreich genug sind, um sie prägen zu können,
2. es gibt Rahmenbedingungen, die wir als supranationaler, nationaler oder regionaler Gesetzgeber ändern könnten, wenn wir es politisch können und wollen,
3. und es gibt jene eher sozialpsychologischen „Rahmenbedingungen", die gleichsam aus „uns selbst" bestehen. Wir müssen uns immer wieder fragen: Wo stehen wir uns selbst im Weg?

2.4 Die internationale Arbeitsteilung ist tägliche Realität

Die Internationalisierung und Globalisierung ist zweifellos ein Phänomen der ersten Kategorie.

- Die intensivierte Vernetzung der globalen Märkte,
- *global sourcing* dank verbesserten Verkehrs- und Informationsinfrastrukturen,
- die sich daraus ergebende Reduktion der Fertigungstiefen,
- der Preiswettbewerb,
- der Wandel vom Verkäufer- zum Käufermarkt,

- der Wunsch nach integrierten Lösungen statt nach Produkten,
- die Verkürzung der Produktlebenszyklen,
- der daraus entstehende Innovations- und Zeitwettlauf und
- die breitere Palette von Größt- und Kleinstserien aus einer Hand,

das alles muss als Realität angesehen werden, als eine Entwicklung hin zu mehr Effizienz, die nicht und niemals aufgehalten werden kann.

Zwei Dinge sind hierbei heraus zu stellen:

1. Der Prozess der ökonomischen Globalisierung läuft nicht *oberhalb* des nationalen Niveaus ab, sondern in einer Welt des Freihandels gänzlich *außerhalb* unserer administrativen Strukturen. Was hat der Staat mit Groß- und Kleinserien, *just-in-time*, oder *total quality management* zu tun? Warum sollte er sich in solche Entwicklungen überhaupt einmischen?
2. Politisch stehen die Erfolgschancen für eine Rückgängigmachung der Globalisierung erst recht schlecht, weil gerade die Politik einer der größten Treiber der Globalisierung ist. Denn wenn wir einer immer höheren politischen Ebene mehr Verantwortung übertragen – was wir aber nicht grundsätzlich tun sollten –, dann wird diese Ebene natürlich keine ökonomischen Sonderentwicklungen, sondern noch mehr Integration (via politischer Umverteilung) wünschen.

Es geht also längst nicht mehr darum, für oder gegen Globalisierung zu sein oder gar Globalisierung zu bekämpfen, sondern es geht darum, die ökonomischen Kräfte einer globalisierten Marktwirtschaft für die Unternehmen und für den Sozialstaat zu nutzen.

2.5 National- und Sozialstaaten als selbst gemachte Rahmenbedingungen

In die zweite Kategorie, die Kategorie der selbst gemachten Rahmenbedingungen, fallen alle diejenigen Standorteigenschaften, die wir als Nationalstaaten in den letzten 100 bis 200 Jahren aufgebaut haben. Dazu zählen vor allem Rechtsordnung, staatlich vorgehaltene Infrastruktur in den Bereichen Forschung, Bildung und Ausbildung, Kultur und nicht zuletzt sozialer Ausgleich auf der Aktivseite, aber natürlich auch Steuer- und Abgabenbelastung, Überregulierung und Übersicherung auf der Passivseite.

Bei der Standortdiskussion – wie wir sie seit gut 15 Jahren führen – geht es im Kern um eine Unzufriedenheit mit der Kosten-Nutzenrelation unserer staatlichen Systeme. Der Vorwurf lautet, dass sie nicht nur in der Erreichung der selbstgesetzten gesellschaftspolitischen Ziele nicht effizient genug sind, sondern uns vor allem auch daran hindern, wie bisher an der internationalen Wachstumsdynamik teilzunehmen.

2.6 Standortfaktor Mensch

Die dritte Kategorie betrifft den Umgang mit den sozialpsychologischen „Rahmenbedingungen" vor Ort. Es mag sein, dass Deutschland nicht der Ort der intensivsten Kundenbetreuung ist, dass wir zu skeptisch auf den Fortschritt blicken und zu risikoscheu sind. Wir lieben die bürokratische Ordnung, und das Neue – von Internet bis Gentechnologie – muss bei uns erst einmal amtlich genehmigt werden, bevor wir ihm vertrauen. Wir träumen von einem Ruck, aber als die Regierung mit Reformen anfing, da zeigte sich die Malefizgesellschaft von ihrer besten Seite. Blockade, Blockade, Blockade.

Die Veränderung unserer nicht beeinflussbaren „Rahmenbedingungen" hat noch immer ein weit höheres Tempo als unsere politische Reaktionsgeschwindigkeit. Der amerikanische Trendforscher Alwin Toffler nannte dies „Zukunftsschock". Und wer unter Schock steht, macht Fehler. Wohin ich blicke, sehe ich gesellschaftliche und politische Übersprunghandlungen. Wir führen eine Scheindiskussion nach der anderen. Statt unseren Reformstau beim Steuer- und Sozialstaat endlich problemadäquat aufzulösen, reden wir über kollektive Überstundenbewirtschaftung und ABM für möglichst viele.

Was *können* wir also tun? Was *müssen* wir also tun?

1. Nehmen wir die Globalisierung mit all ihren Implikationen als unabänderliches Faktum hin.
2. Überprüfen wir in Deutschland, wie wir unsere soziale Marktwirtschaft einem „Reengineering" unterwerfen können.
3. Zeigen wir als Unternehmer und Arbeitnehmer nicht immer auf den Staat, sondern nutzen wir aktiv die Freiräume, die wir haben. Bei aller Kritik, so wenige sind es nämlich auch wieder nicht.

2.7 Reengineering der sozialen Marktwirtschaft

Stichwort Reengineering der sozialen Marktwirtschaft. Machen wir gemeinsam deutlich: Es geht den deutschen Arbeitgebern *natürlich* nicht darum, den Sozialstaat abzuschaffen, sondern vielmehr darum, soziale Sicherung weiterhin verlässlich zu garantieren. Ich habe bei den – trotz aller Innovationslyrik – noch immer weltanschaulich geprägten Diskussionen in Deutschland den Eindruck, dass bei uns soziale Gerechtigkeit gerne mit möglichst großflächigen Ausgabenprogrammen und einer hohen Sozialquote verwechselt wird. Wir haben derzeit bereits einen Anteil von 34 % der Sozialausgaben am Bruttoinlandsprodukt. 1991 lagen wir noch bei 30 %.

Sozialer Fortschritt ist nicht, wenn wir die „vermeintlich gefährliche Globalisierung“ durch mehr Staat und noch mehr Umverteilung auf möglichst problemferner Ebene zu „zügeln“ versuchen. Sozialer Fortschritt kann auch nicht in Arbeitszeitverkürzungen oder dem „Ende der Bescheidenheit“ liegen. Es geht bei der Zusammenarbeit von Wirtschaft, Gewerkschaften und Staat – mit und ohne Bündnis für Arbeit – nicht darum, dem einen auf Kosten des anderen etwas zu nehmen. *Alle* Parteien können gewinnen, wenn sie klug agieren und erkennen, dass es den Bürgern nur dann gut gehen kann, wenn es auch der Wirtschaft im Wettbewerb gut geht.

2.8 Was ist flexicurity?

Es ist natürlich jedem Arbeit*geber* klar: Soziale Sicherheit ist gerade in Zeiten des Wandels wichtig. Wer weiß, dass er nicht ins Bodenlose fällt, kann beweglicher sein und größere Risiken auf sich nehmen. Ein moderner Sozialstaat muss also persönliche Risiken kalkulierbarer machen und damit zusätzliche Chancen eröffnen. Es muss uns zukünftig aber stärker um die Weiterentwicklung des Chancengedankens gehen und nicht länger darum, den behördlichen Status quo zu betonieren. Wir müssen nicht möglichst viele bei einer so genannten „Scheinselbständigkeit“ ertappen, sondern wir müssen möglichst vielen Selbstständigen eine Existenz ermöglichen. Sozialpolitische Reformen brauchen Phantasie und nicht Nostalgie.

Auch das Thema Gerechtigkeit muss endlich produktiv diskutiert werden. Mehr Chancen schaffen auch mehr Gerechtigkeit. Gerade der gerechte Staat muss Eigeninitiative belohnen, wenn er sich nicht überfordern und nicht ausgenutzt werden will. Gerade der gerechte Staat muss Zielgenauigkeit und wirtschaftliche Effizienz der einzelnen Sozialmaßnahmen erreichen. Wir wollen nicht möglichst viel ausgeben, sondern möglichst sinnvoll helfen.

Deshalb müssen wir zunächst fragen, wo Hilfe am meisten bringt. Wo können wir den Menschen dabei helfen, dass sie sich besser selbst helfen können? Wie kann das durch die Globalisierung veränderte Umfeld genutzt statt bekämpft werden?

- Wir stehen vor der Aufgabe, einen rasanten technologischen Fortschritt und eine zunehmende internationale Arbeitsteilung als gewaltigen Jobmotor zu nutzen.
- Wir müssen auch die beschäftigungspolitische Mega-Chance der sich zunehmend entwickelnden Dienstleistungsgesellschaft konsequent ergreifen. Produktion bleibt wichtig, aber mehr als zentrale Wertschöpfungsbasis denn für den Arbeitsmarkt.
- Der schrittweise Abschied von den einheitlicheren Erwerbsbiographien und den oft lebenslangen Arbeitsverhältnissen zwingt uns zu mehr Dynamik auf dem Arbeitsmarkt. Wo Altes verschwindet, muss schnell Neues und möglichst Besseres her.
- Viele junge Menschen sehen dies durchaus positiv, was der anhaltende Trend zur Individualisierung klar belegt.
- Dem Individuum wächst deshalb eine größere Verantwortung für sich selbst zu. Qualifizierung – fachliche und persönliche – ist damit längst zu einem Schlüsselfaktor geworden. Früher hatte man irgendwann „ausgelernt". Das Wort gehört seit langem ins Museum. *Employability* – Beschäftigungsfähigkeit – ist heute das Stichwort.
- Vor allem der dramatische demographische Wandel muss abgefedert werden. Unser Solidarsystem erfährt seine vielleicht stärkste Belastung durch eine unglaubliche intergenerative Umverteilung von Jung nach Alt. Die Chancen der jungen Generation im Leistungsprozess werden damit erheblich geschmälert. Die gute alte Rentendiskussion, wie wir sie auch mit Herrn Riester mit wenig veränderten Vorzeichen führen, ist wieder einmal typisch für Deutschland: Wir diskutieren intensiv die Nöte der Transferempfänger, die besser versorgt sein könnten, wir diskutieren ganz selten die Belastungen der Zahler, denen netto viel zu wenig übrig bleibt. Und wenn eine Reform kommt, dann als Handstreich des Finanzministers, statt als systematisch richtige Lösung mit z. B. der Einführung einer Demographiekomponente in die Nettorentenformel.
- Die Sozialkosten, die in Deutschland auf Arbeit lasten, sind noch immer zu hoch. Nur deshalb erscheint uns die Globalisierung als Bedrohung, und nur deshalb schaffen wir den Beschäftigungsaufbau nicht schnell genug.

Die Antwort auf die stark angestiegenen Flexibilitätsanforderungen von Wirtschaft und Gesellschaft kann nicht mehr der alte, steife „Vater Staat" geben, den viele Sozialdemokraten in jugendliche Gewänder stecken. Wir brauchen vielmehr einen jungen Staat, der aktiv Mut macht statt nur passiven Schutz gewährt, der anspornt, unterstützt, trainiert – und der seine Schutzbefohlenen auch fordert.

Wir brauchen damit *flexicurity* – eine Mischung aus *flexibility* und *security* – Flexibilität in der sozialen Sicherung. Was heißt das konkret? Tony Blair schlägt seit längerem ähnliche Töne an und Gerhard Schröder stimmt mal mehr mal weniger in diesen Kanon ein. Zuletzt im Juni, als die beiden Sozialdemokraten ein gemeinsames Papier in London vorstellten. Der Text hat mir sehr gut gefallen, und ich werde Gerhard Schröder daran messen, inwieweit diesen Worten auch Taten folgen. Verpackung ohne Inhalt nützt dem Arbeitsmarkt nichts.

Es geht bei *flexicurity* um ein neues Verständnis einer gleichsam „aktiven Sicherheit": Was wir uns nicht länger leisten können, ist, die Sicherheit zu gewähren, dass Menschen ihren *letzten* Arbeitsplatz nicht verlieren dürfen. Wir brauchen stattdessen eine ökonomische Sicherheit der Menschen, immer wieder eine *neue* Beschäftigung zu bekommen, in der sie Lohn, Brot und Sinn finden. Es geht um ökonomische Beschäftigungssicherung, nicht um arbeitsrechtliche Arbeitsplatzsicherheit. Beschäftigungsaufbau schaffen wir nicht dadurch, dass wir kostenbedingten Beschäftigungsabbau verbieten oder verteuern.

Wir brauchen also eine de facto-Sicherheit durch eine Multiplikation der Chancen, der Wahlmöglichkeiten. Wir können nicht länger der formaljuristischen Illusion einer Sicherheit des letzten Besitzstands nachhängen. Eine dynamische Leistungsgesellschaft kann nur nach diesen Prinzipien funktionieren. Denn Sicherheit macht nur in Verbindung mit Flexibilität Sinn. Sicherheit ohne Flexibilität führt zu Versteinerung im Arbeitsmarkt und zu Immobilismus von Strukturen und Personen. Sicherheit ohne Flexibilität kann deshalb niemals auf Dauer funktionieren. Nur mit *flexicurity* können wir den Übergang von der Industriegesellschaft alten Zuschnitts in die Dienstleistungsgesellschaft schaffen.

Die Frage muss also lauten: Wie können wir Sicherheit und Flexibilität kombinieren? Ich bin überzeugt, es ist leichter, als viele denken.

- Beispiel Tarifpolitik: Den Tarifvertragsparteien muss zunächst bei jedem Abschluss klar sein, dass Organisationsmacht den Markt auf Dauer nicht betrügen kann; es muss uns auch um die *outsider* des Arbeitsmarkts gehen. Wer Arbeit zu teuer macht, darf sich nicht beklagen, dass nicht mehr Menschen eingestellt werden können. Das Beispiel der USA, der Niederlande und Großbritanniens zeigt, dass Lohnmoderation den Bürgern – und vor allem den Arbeitslosen – mittelfristig mehr Beschäftigungschancen eröffnet als das angedrohte so genannte „Ende der Bescheidenheit".

- Zur Lohnmoderation kommt Flexibilisierung. Wir brauchen mehr und nicht weniger Öffnungsklauseln, Menülösungen und Optionen, wenn wir den Flächentarifvertrag in Richtung *flexicurity* trimmen wollen.

- Mehr Flexibilität ist auch kurzfristig möglich: Eine stärker beschäftigungsorientierte Tarifpolitik darf beispielsweise diejenigen Langzeitarbeitslosen, die gern für einen kurzen Zeitraum unter Tarif arbeiten würden, nicht von Qualifizierungschancen *on the job* fern halten. Befristete Einstiegstarife für Langzeitarbeitslose bieten tarifpolitische *flexicurity*.

- *Flexicurity* brauchen wir auch bei der klassischen Sozialhilfe: Es ist im Grunde eine Selbstverständlichkeit, dass jede staatliche Unterstützung nur dazu da sein kann, Brücken in den ersten, wirklichen Arbeitsmarkt zu bauen. Die Sozialhilfe ist die bürokratisierte Form der Nachbarschaftshilfe. Niemand würde seinen Nachbarn unterstützen, wenn dieser sich nicht selbst ein wenig bemüht. Deshalb darf es nicht sein, dass etwa ein unverheirateter Sozialhilfeempfänger, der nicht arbeiten will, genau so viel Solidarität empfängt, wie einer, der aktiv wird. Aktive Integration muss deshalb immer Priorität vor passiver Verwahrung haben. Wer Inaktivität bezahlt, wird diese auch bekommen. Natürlich muss es dann auch Arbeitsmöglichkeiten geben, auf die ein Sozialhilfeempfänger zurückgreifen kann.

- Um die Integrationschancen der Transferempfänger in den echten Arbeitsmarkt zu erhöhen, brauchen wir die richtigen Jobs für diese Personengruppe. Wo können wir diese finden? Wer soll danach suchen? Schon wieder der Staat? Wenn wir es ermöglichen, dass Sozialhilfeempfänger zu ihrer Hilfe mehr hinzu verdienen dürfen als bisher, dann können sich die Einzelnen selbst auf die Suche nach den passenden Tätigkeiten machen. Sie haben keine schlechten Chancen, weil sie aufgrund ihrer Teilfinanzierung durch Sozialhilfe nicht so kostenträchtig sind. Ein solches Verständnis von Sozialhilfe baut tragfähige Brücken in den Arbeitsmarkt. Die Eigeninitiative des Transferempfängers wird belohnt, Qualifizierung findet *on the job* in echten Beschäftigungsverhältnissen statt und neue Dienstleistungssegmente werden erschlossen. Dieses Kombi-Einkommen – für das ich seit gut zwei Jahren werbe – bietet *flexicurity*. Das Kombi-Einkommen ist besser als die alte Sozialhilfe und besser als ABM.

- *Flexicurity* kann es auch im Arbeitsrecht geben: Der bestehende arbeitsrechtliche Schutz darf nicht mehr länger ein schwerer Panzer sein, der unbeweglich und träge macht, er muss geschmeidig sein und Chancen eröffnen. Wer einstellt, muss auch entlassen können, sonst stellt er erst gar nicht oder nur zaghaft ein. Der einzelne Arbeitnehmer – gerade wenn er jung und gut qualifiziert ist – sollte stärker als bisher seinen schweren Schutzpanzer gegen andere Vorteile – etwa bei der Bezahlung oder der Arbeitszeitregelung – eintauschen können, um sich in den Arbeitsprozess zu integrieren. Arbeitsrechtlicher Schutz ist bislang unabdingbar. Man hat ihn, ob man will oder nicht, ob man ihn braucht oder nicht. Niemand würde für eine Rüstung bezahlen, die er nicht braucht, wenn er gleichzeitig dafür etwas Sinnvolleres haben könnte. Dies ist ein komplexes, auch tabuisiertes Thema, über das wir aber ernsthaft nachdenken müssen.

Unser paritätisch finanziertes Solidarsystem in den Bereichen Rente, gesetzliche Krankenversicherung, Pflegeversicherung und Arbeitslosenversicherung braucht eine gehörige Portion *flexicurity*. Ich will nicht auf die ebenso zahlreichen wie bedeutsamen Details eingehen, aber so viel will ich doch sagen: Wenn wir die Beitragsbemessungsgrenzen in den Bereichen Rente und Arbeitslosenversicherung solange festhalten, bis die durchschnittlichen Einkommen an sie herangewachsen sind – das dauert etwa 25 Jahre – dann wächst jedes Jahr mehr Geld privaten Lösungen zu. Der Übergang von einer Lebensstandardversicherung, die unbezahlbar wird, zu einer Basissicherung, die sich auf die relevanten Kernrisiken beschränkt, ist der Weg in die Zukunft. Die richtige Mischung aus staatlicher Basissicherung und privater Zusatzlösung ist für den Einzelnen und für die Volkswirtschaft rentabler, individueller und flexibler und sichert ebenfalls die Risiken ab: *flexicurity* eben.

2.9 Fazit

Sie haben heute ein anspruchsvolles Programm vor sich. Es geht nicht nur um Markt und politische Macht, es geht immer auch um Menschen und ihre Motivation. Weder Wirtschaft noch Politik sind Selbstzweck, weder Wirtschaft noch Politik dürfen sich vom Menschen entfernen. Ob Globalisierung, ob *Human Resources* und *Business Excellence*, ob *lean production*, ob *fraktale* oder *agile Fabrik*, wir brauchen in Staat und Betrieben natürlich die richtigen Regeln, aber wir brauchen auch Menschen, die bereit sind, nicht nur wirtschaftliche Macht, sondern auch täglich soziale Verantwortung zu übernehmen. Auch dies ist ein Standortvorteil, auf den wir gerade im internationalen Wettbewerb nicht verzichten sollten.

3 Human Resources und Business Excellence – Arbeitspolitik unter veränderten Rahmenbedingungen

von Klaus J. Zink

Vorbemerkung

Organisationskonzepte in der Produktion können nicht losgelöst von Entwicklungen in der Unternehmensführung gesehen werden. Aspekte der Arbeitspolitik besitzen definitionsgemäß einen starken Bezug zur Rolle der Mitarbeiter im Unternehmen. Der folgende Beitrag setzt sich daher mit aktuellen Entwicklungen der Unternehmensführung auseinander und beleuchtet in besonderem Maße die Rolle der Mitarbeiter in diesem Kontext.

3.1 Ausgangssituation und Erfahrungen

In den letzten Jahren haben viele Veränderungskonzepte den Mitarbeitern (wieder) eine größere Bedeutung zugewiesen (KAIZEN, Lean Management, Business Reengineering oder Total Quality Management). Dies bezog sich einerseits auf eine stärkere Beteiligung am Prozess der Veränderung (z. B. KAIZEN und TQM) und andererseits auf eine größere Prozessorientierung und hier oft auch auf eine ganzheitlichere Aufgabengestaltung (z. B. sogenannte „caseworker" im Business Reengineering Konzept).

Neben der Tatsache, dass insbesondere Lean Management und Business Reengineering zu Freisetzungen führten und daher nur für jene Mitarbeiter, die noch in Unternehmen waren, mitarbeiterorientiert sein konnten, hatten diese Konzepte in vielen Fällen nur einen begrenzten Erfolg (*Zink*, 1998). Die Ursache dafür lag auf der einen Seite in der Beschränkung auf spezifische Aspekte (z. B. Prozessgestaltung) und in der Art der Bewertung des Erfolges dieser Konzepte, die sich ausschließlich an kurzfristigen (Kosten-) Einsparungen orientierte (ggf. als Auswirkung einer wieder stärker werdenden Shareholder-Value-Orientierung). Auf der anderen Seite konnte durch die zeitliche Begrenzung dieser Programme deren volles Potential nicht ausgeschöpft werden.

Deshalb schrieben in der Zwischenzeit die Autoren der Bücher „Business Reengineering" (*Hammer/Champy*, 1994) und „Die zweite Revolution in der

Automobilindustrie" (*Womack u.a.,* 1990, 1992 (als grundlegende Publikationen zum Thema Lean Production)) neue Bücher. Die Botschaft der beiden neuen Publikationen („Reengineering Management" (*Champy,* 1995) und „Lean Thinking" (*Womack/Jones,* 1996)) ist die Gleiche (*vgl. Womack/Jones,* 1996, S. 121 f.):

- Eine technokratische Reorganisation wird nicht erfolgreich sein,
- Transparenz und Partizipation sind notwendig,
- ein Change-Agent muss sich auch um die Probleme der Mitarbeiter kümmern,
- man muss fünf Jahre Zeit investieren.

Aber auch auf dem Gebiet des Total Quality Management sind die Erfolgsraten wegen einer ganzen Reihe von Missverständnissen gering:

- TQM wird als Programm verstanden (indem man z. B. ein „Jahr der Qualität" einführt).
- TQM wird reduziert auf ein Projekt der kontinuierlichen Verbesserung unter Einsatz von so genannten „Quality Circles".
- Der Begriff Qualitätsmanagement wird in unterschiedlichen Zusammenhängen gebraucht (z. B. Qualitätssicherung, Qualitätsmanagement und Total Quality Management werden synchron verwendet).

Ein anderes grundsätzliches Problem war während der letzten Jahre das Verständnis des Begriffes „Qualität". Obwohl versucht wurde, diesem Begriff eine erweiterte Bedeutung zu geben, wird er in den meisten Fällen immer noch produktions- bzw. produktorientiert verstanden. Deswegen wird z.B. im Kontext aller internationalen „Qualitätspreise" nun von „Business-", „Organizational-" oder „Performance-" Excellence gesprochen. Dies zeigt z.B. auch ein Vergleich des Malcolm Baldrige National Quality Award von 1989 mit dem von 1999. Während man den Begriff „Qualität" in der Version von 1989 noch zwölfmal findet (Abb. 3-1a), ist er 1999 vollständig verschwunden (Abb. 3-1b). Vergleicht man die Inhalte, so wird offensichtlich, dass das Beurteilungsspektrum während der letzten Jahre deutlich erweitert wurde und in diesem Sinne als ganzheitlich verstanden werden kann.

Malcolm Baldrige National Qualitiy Award
Examination Categories, Subcategories an Point Values
1989

Examination Categories/Subcategories			*Point Values*
1.0	**Leadership**		**120**
1.1	Senior Leadership	30	
1.2	Quality Values	20	
1.3	Management System	50	
1.4	Public Responsibility	20	
2.0	**Information and Analysis**		**60**
2.1	Scope of Data and Information	25	
2.2	Data Management	15	
2.3	Analysis and Use of Data for Decision Making	20	
3.0	**Planning for Quality**		**80**
3.1	Planning Process	30	
3.2	Plans for Quality Leadership	50	
4.0	**Human Resource Utilization**		**150**
4.1	Management	25	
4.2	Employee Involvement	40	
4.3	Quality Education and Training	30	
4.4	Employee Recognition	20	
4.5	Quality of Worklife	35	
5.0	**Quality Assurance of Products and Services**		**140**
5.1	Design and Introduction of Products and Services	25	
5.2	Operation of Processes	20	
5.3	Measurements and Standards	15	
5.4	Audit	20	
5.5	Documentation	10	
5.6	Quality Assurance of Operations and Business Processes	25	
5.7	Quality Assurance of External Providers of Goods an Services	25	
6.0	**Quality Results**		**150**
6.1	Quality of Products and Services	70	
6.2	Operational and Business Process/Quality Improvement	60	
6.3	Quality Improvement Applications	20	
7.0	**Customer Satisfaction**		**300**
7.1	Knowledge of Customer Requirements and Expectations	40	
7.2	Customer Relationship Management	125	
7.3	Customer Satisfaction Methods of Measurement and Results	135	
			Total Points: 1.000

Abb. 3-1a: Malcolm Baldrige National Quality Award 1989 (US Department of Commerce, 1988, S. 5)

Malcolm Baldrige National Qualitiy Award
Examination Categories, Subcategories an Point Values
1999

Examination Categories/Subcategories			*Point Values*
1.0	**Leadership**		**125**
1.1	Organizational Leadership	85	
1.2	Public Responsibility and Citizenship	40	
2.0	**Strategic Planning**		**85**
2.1	Strategy Development	40	
2.2	Strategy Deployment	45	
3.0	**Customer and Market Focus**		**85**
3.1	Customer and Market Knowledge	40	
3.2	Customer Satisfaction an Relationships	45	
4.0	**Information and Analysis**		**85**
4.1	Measurement of Organizational Performance	40	
4.2	Analysis of Organizational Performance	45	
5.0	**Human Resource Focus**		**85**
5.1	Work Systems	35	
5.2	Employee Education, Training, and Development	25	
5.3	Employee Well-Being an Satisfaction	25	
6.0	**Process Management**		**85**
6.1	Product and Service Processes	55	
6.2	Support Processes	15	
6.3	Supplier and Partnering Processes	15	
7.0	**Business Results**		**450**
7.1	Customer Focused Results	115	
7.2	Financial and Market Results	115	
7.3	Human Resource Results	80	
7.4	Supplier an Partner Results	25	
7.5	Organizational Effectiveness Results	115	
			Total Points: 1.000

Abb. 3-1b: Malcolm Baldrige National Quality Award 1999 (US Department of Commerce, 1998, S. 9)

Ein anderes Beispiel für einen ganzheitlichen Beurteilungsansatz ist das „neue" europäische Modell für Excellence (Abb. 3-2).

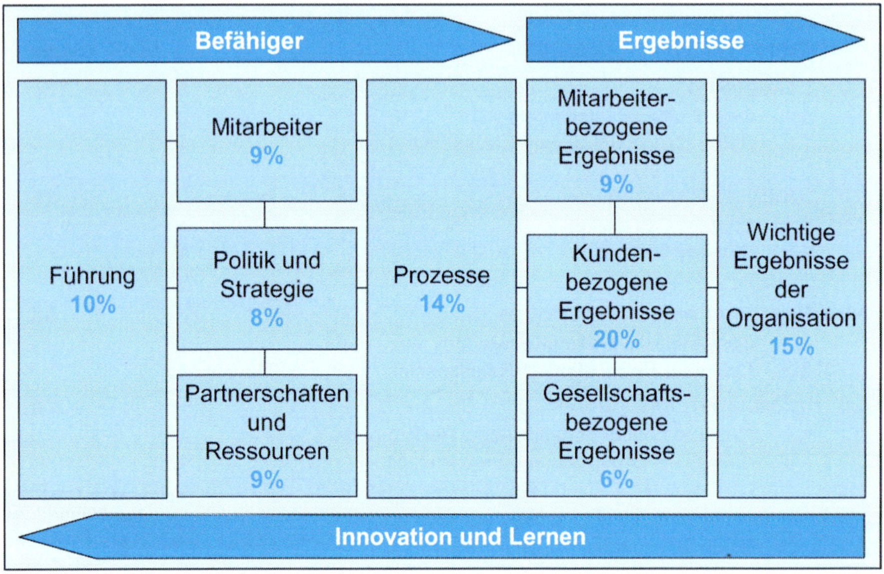

Abb. 3-2: Das EFQM Excellence Modell (EFQM, 1999, S. 8*)*

Neben der Notwendigkeit, mit ganzheitlichen Beurteilungskonzepten zu arbeiten, ist es wichtig, dass diese nicht wiederum als Programm verstanden werden. Diese Instrumente sind in die tägliche Arbeit zu integrieren, beispielsweise dadurch, dass sie Bestandteil des jährlichen Beurteilungs- und Planungsprozesses sind.

Wenn wir nun bereit sind, diese Business Excellence Modelle als aktuelle Entwicklung im General Management zu akzeptieren, ist die Rolle der Mitarbeiter in diesen Konzepten zu diskutieren.

3.2 Die Rolle der Mitarbeiter in Business Excellence-Konzepten

Business Excellence-Konzepte sind inzwischen rund um den Globus zu finden, so in Amerika, Asien, Australien und Europa. Vergleicht man deren grundlegende Prinzipien und wertorientierte Aussagen, so sind viele Ähnlichkeiten festzustellen. Es ist daher ausreichend, wenn hier stellvertretend die grundlegenden Annahmen des europäischen Excellence Modells (EFQM Excellence Modell) dargestellt werden (Abb. 3-3).

- Ergebnisorientierung
- Kundenorientierung
- Führung und Zielkonsequenz
- Management mit Prozessen und Fakten
- Mitarbeiterentwicklung und -beteiligung
- kontinuierliches Lernen, Innovation und Verbesserung
- Aufbau von Partnerschaften
- Verantwortung gegenüber der Öffentlichkeit

Abb. 3-3: Grundlagen des EFQM Excellence Modells (EFQM, 1999, S. 7)

Eine Konzentration auf die Aussagen, die die Mitarbeiter betreffen, führt zu folgendem Ergebnis:

- Mitarbeiter als wichtigste Potentiale einer Organisation
- Notwendigkeit der Mitarbeiterbeteiligung („Empowerment")
- kontinuierliche Verbesserung durch kontinuierliches Lernen

Basierend auf diesen Kernaussagen und grundlegenden Prinzipien besitzt jedes Excellence Modell verschiedene Kriterien und Unterkriterien, um die Mitarbeiterorientierung zu messen. Dabei wird zwischen Konzepten, deren Umsetzung und den damit erzielten Ergebnissen im Sinne von Wohlbefinden und Zufriedenheit unterschieden. Abb. 3-4 zeigt entsprechende Kriterien am Beispiel des europäischen Excellence Modells (Kriterium „Mitarbeiter" im EFQM Excellence Modell).

- Mitarbeiterressourcen werden geplant, gemanagt und verbessert.
- Das Wissen und die Kompetenzen der Mitarbeiter werden ermittelt, ausgebaut und aufrechterhalten.
- Mitarbeiter sind beteiligt und zu selbständigem Handeln ermächtigt.
- Die Mitarbeiter und die Organisation führen einen Dialog.
- Mitarbeiter werden belohnt, anerkannt, und man kümmert sich um sie.

Abb. 3-4: Das Kriterium „Mitarbeiter" im EFQM Excellence Modell (EFQM, 1999, S. 16–17*)*

Obwohl alle Excellence Modelle ein eigenes Kriterium „Mitarbeiter" oder „Human Resources" besitzen, enthalten auch die anderen Kriterien bzw. deren Unterkriterien oder Ansatzpunkte mitarbeiterbezogener Aussagen. Dies soll am Beispiel des australischen Business Excellence-Modells gezeigt werden (Abb. 3-5a und b).

1	**Führung und Innovation**	
1.1	Strategische Ausrichtung	Verantwortung gegenüber allen Stakeholdern
1.2	Organisationskultur	Werte, Klima, ethische Basis
1.3	Führung auf allen Ebenen	„Entfaltung" der Organisationsziele
2	**Strategie- und Planungsprozess**	
2.1	Planungsprozess	Rolle der Mitarbeiter
3	**Daten, Information, Wissen**	
3.1	Einbindung und Nutzen von Informationen für die Entscheidungsfindung	Kommunikation mit den Stakeholdern

Abb. 3-5a: Mitarbeiterorientierte Aspekte im Australian Quality Award (1) (Australian Quality Council, 1998, S. 13–30*)*

4	**Mitarbeiter**	
4.1	Einbindung und Überzeugung	Potentialentfaltung, Empowerment, Routineentscheidungen, Netzwerke innerhalb der Organisation, „Anhörungssysteme“
4.2	Effektivität und Entwicklung	Rollen, Leistungsbeurteilung, Weiterentwicklung, Akquisition von Wissen und Kompetenz
4.3	Gesundheit, Sicherheit und Wohlbefinden	Arbeitssicherheit, physikalische Arbeitsumgebung, Ausschluss von Belästigungen, Sozialleistungen, Berücksichtigung individueller Bedürfnisse, gesunde Lebensführung, Wohlbefinden
5	**Prozesse, Produkte und Dienstleistungen**	
5.1	Management und Verbesserungsprozess	Mitarbeiterbeteiligung
6	**Geschäftsergebnisse**	
6.1	Erfolgsindikatoren	Erreichen der Ziele der hauptsächlichen Stakeholder (Fortschrittmessung, ganzheitlicher Ansatz)
6.2	Indikatoren einer Nachhaltigkeit	Gestaltung der Zukunft (Beeinflussung der hauptsächlichen Stakeholder, um deren Zukunftsfähigkeit sicherzustellen)

Abb. 3-5b: Mitarbeiterorientierte Aspekte im Australian Quality Award (2) (Australian Quality Council, 1998, S. 13-30*)*

Fasst man die obigen Inhalte zusammen, so kann man feststellen, dass alle Modelle mitarbeiterorientierte Aspekte mehr oder weniger stark einschließen. In diesem Kontext könnte es von Interesse sein, ob solche Aspekte auch in anderen aktuell diskutierten Managementkonzepten eine wesentliche Rolle spielen.

3.3 Die Rolle der Mitarbeiter in anderen aktuellen Managementkonzepten

Es ist interessant festzustellen, dass Mitarbeiterorientierung eine zunehmende Bedeutung auf verschiedenen Gebieten hat. Während wir uns bisher auf Ansätze konzentrierten, die ihren Ursprung im Konzept des Total Quality Management haben und für die Selbstbewertung z.B. von Industrieunternehmen aber auch deren Zulieferer geeignet sind, zeigen sich auf dem Gebiet des Rechnungswesens und des Wissensmanagements ähnliche Entwicklungen.

Schon 1987 veröffentlichten Johnson und Kaplan ein Buch mit dem Titel „Relevance Lost – The Rise and Fall of Management Accounting“ (*Johnson/Kaplan*, 1987; Titel der deutschsprachigen Ausgabe: „Aufstieg und Niedergang des Rechnungswesens“). In den folgenden Jahren schlug Johnson neue Konzepte für das Rechnungswesen vor, die insbesondere mit einer Prozesskostenrechnung verknüpft waren, wie sie inzwischen auch in Europa diskutiert werden (*Johnson*, 1992). Die aktuellste Entwicklung auf diesem Gebiet, die 1996 von Kaplan und Norton publiziert wurde (*Kaplan/Norton*, 1996), konzentriert sich auf so genannte *Balanced Scorecards* (Abb. 3-6). Offensichtlich kommen mehr und mehr Fachleute zu der Überzeugung, dass ausschließlich vergangenheitsorientierte Indikatoren, wie z.B. finanzielle Kennzahlen, nicht allein ausreichen, um ein Unternehmen zu steuern. So schlagen Kaplan und Norton ein „ausbalanciertes“ Informationssystem vor, das geeignet ist, eine Strategie in die Tat umzusetzen.

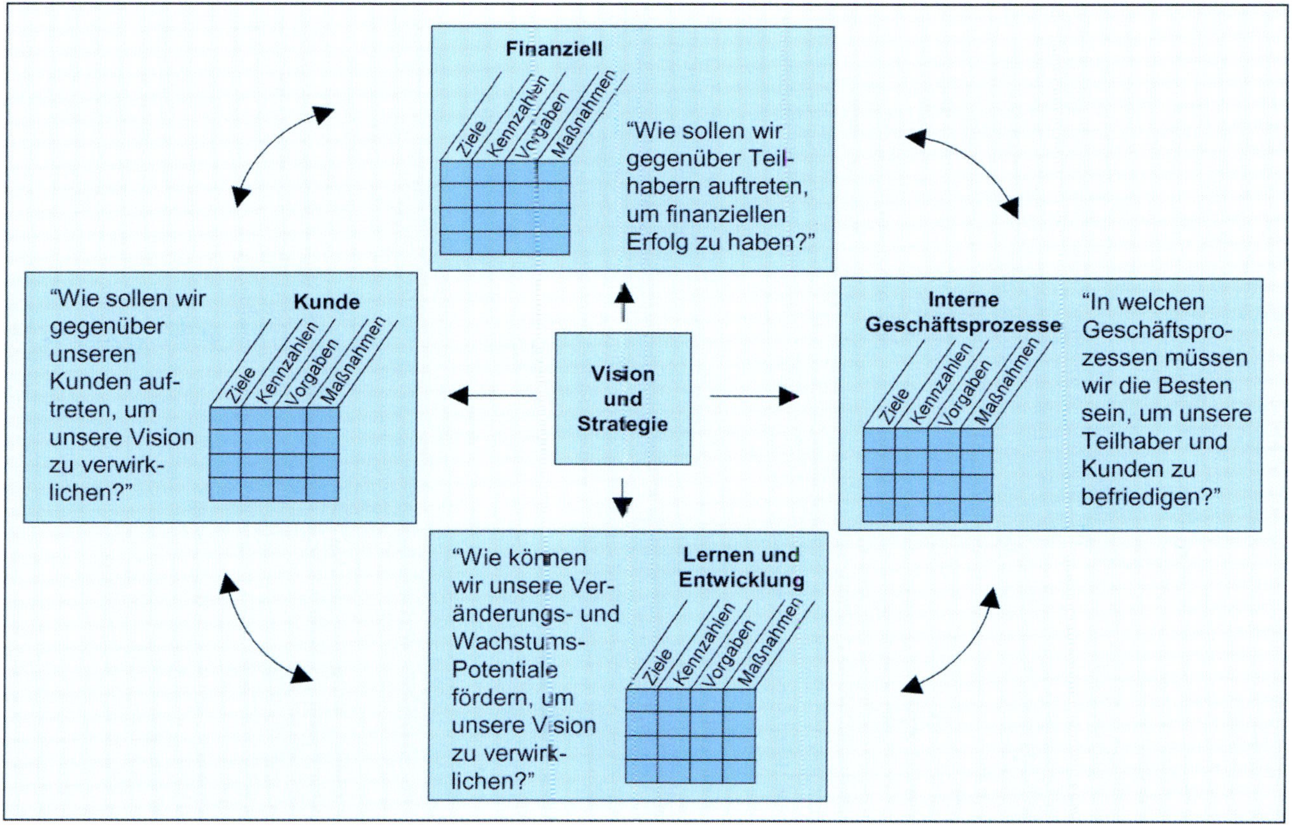

Abb. 3-6: Balanced Scorecard zur Umsetzung einer Strategie (Kaplan/Norton, 1997)

Neben den finanziellen Ergebnissen sind auch Kunden, Prozesse sowie Lernen und Entwicklung (Mitarbeiter) in die Basisversion der Balanced Scorecard eingeschlossen. Es bedarf keiner allzu großen Phantasie um festzustellen, dass es mit den zuvor diskutierten Excellence Modellen eine Menge von prinzipiellen Ähnlichkeiten gibt.

Auch die Diskussion um „Wissensmanagement“ und/oder „intellektuelles Kapital“ basiert nach *Stewart* (1997) auf der Annahme, dass „Humankapital den wichtigsten Aktivposten darstellt“. Wie in den (Business) Excellence Modellen und der Balanced Scorecard werden Mitarbeiter als „Potentiale“ gesehen und nicht nur als Kostenfaktoren. Das Potential „Humankapital“ ist definiert als das, was Mitarbeiter wissen müssen, um ihren Kunden dienen zu können und selbst etwas davon zu haben. Humankapital kann durch zwei Vorgehensweisen vergrößert werden: Wenn die Organisation mehr das nutzt, was die Mitarbeiter wissen, und wenn die Mitarbeiter mehr von dem wissen, was nützlich für die Organisation ist. In diesem Sinne ist es nur konsequent, taylorisierte Arbeitsplätze aufzugeben, d.h. Aufgaben mit minimalen Inhalten und ohne Bedeutung abzuschaffen.

Diese Konzepte (TQM, Balanced Scorecards, Knowledge Management), die von Wissenschaft und Beratung gefordert bzw. gefördert werden, scheinen (manchmal) im Gegensatz zu den Entwicklungen im „tatsächlichen“ Leben zu stehen. Insbesondere in Deutschland haben einige große Unternehmen *Rappaport's* Shareholder Value-Konzept (1986) (wieder)entdeckt und glauben deshalb, dass sie ihre Shareholder Value-Orientierung verstärken sollten. Was bedeutet dies für die übrigen „Stakeholder“?

3.4 Shareholder Value und Stakeholder Value: ein Widerspruch?

Diese Fragestellung war die Grundlage einer Studie von Jeffrey Pfeffer an der Stanford Graduate School of Business (*Pfeffer*, 1998). Bevor er sich mit dem Erfolg von Organisationen auseinander setzte, diskutierte er kritisch die Ursachen für den Erfolg, wie sie oft von (Top)Managern beschrieben werden:

- in der richtigen Branche zu sein
- groß zu sein – um dadurch Kostenvorteile zu erzielen
- ein globales Unternehmen zu sein
- ein High Tech-Unternehmen zu sein
- hauptsächlich durch Kostensenkung erfolgreich zu sein

Nach einem Vergleich dieser „Quellen des Erfolgs" mit empirischen Studien bzw. mit deren Ergebnissen, kommt *Pfeffer* (1998) zu dem Schluss, dass dies nicht die tatsächlichen Ursachen sein können. Und er führt weiter aus: „Erfolg entsteht dadurch, dass man seinen Kunden einen Nutzen liefert. Die Fähigkeit dies zu tun, erfordert fundierte Vorstellungen darüber, was der Kunde will und was er schätzt – und wie Mitarbeiter zu organisieren und zu führen sind, damit dieser Nutzen entsteht." (*Pfeffer*, 1998, S. 13 f.) „Erfolg kommt von der erfolgreichen Umsetzung einer Strategie – und nicht von deren bloßen Existenz. Die Fähigkeit einer erfolgreichen Umsetzung hängt aber in ganz erheblichem Maße von den Mitarbeitern ab, wie sie behandelt werden, welche Fähigkeiten und Kompetenzen sie besitzen und wie sie diese für die Organisation einsetzen" (*Pfeffer*, 1998, S. 17 f.).

Natürlich hängt der Erfolg eines Unternehmens nicht ausschließlich von den Mitarbeitern ab, da es eine Menge interner und externer Einflussgrößen gibt, auf die sie keinerlei Einfluss besitzen, so z. B. die Qualität des Managements oder Wechselkursschwankungen. Unterstellt man jedoch, dass diese Nebenbedingungen für alle Unternehmen gelten (können), so kann eine richtig gestaltete „Arbeitspolitik" zum wesentlichen Wettbewerbsvorteil werden (*Heller*, 1999, S. 8). Auf der Grundlage verschiedener Studien, einer entsprechenden Literaturanalyse und persönlicher Erfahrungen formuliert Pfeffer (*Pfeffer*, 1998, S. 64 f.) sieben Human Resource Management-Konzepte erfolgreicher Unternehmen (Abb. 3-7).

1. Arbeitsplatzsicherheit (Vertrauen als Grundlage für Engagement)
2. Geeignete Personalauswahlstrategien (aufwendige Selektionsverfahren auf der Grundlage präziser Anforderungen)
3. Teilautonome Arbeitsgruppen und Dezentralisierung als Grundbausteine der Organisationsgestaltung
4. Gute Bezahlung und Ergebnisbeteiligung
5. Hoher Stellenwert von Aus- und Weiterbildung
6. Abbau von Statusdifferenzen
7. Umfassende Informationskonzepte

Abb. 3-7: Mitarbeiterorientierte Konzepte erfolgreicher Organisation (nach Pfeffer, 1998, S. 94 f.*)*

Die Zusammenhänge und gegenseitigen Abhängigkeiten einer mitarbeiterorientierten Strategie zeigt Abb. 3-8.

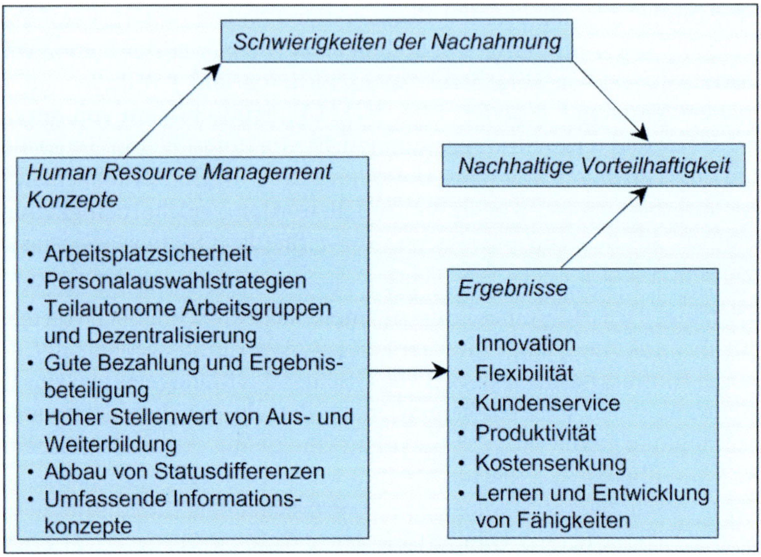

Abb. 3-8: Ergebnisse einer mitarbeiterorientierten Strategie (Pfeffer, 1998, S. 301*)*

Viele der Elemente stimmen mit dem überein, was schon an früherer Stelle diskutiert worden ist. Es macht daher Sinn, die Behauptungen von Pfeffer z. B. an den Gewinnern internationaler Qualitätspreise zu spiegeln, da diese als „Best Practices“ oder „Benchmarks“ dienen können. Dies lässt sich dadurch begründen, dass die Voraussetzungen, einen solchen Preis zu erhalten, auch hohe Bewertungen auf den Gebieten „Mitarbeiterorientierung“ und „Mitarbeiterzufriedenheit“ implizierten. Analysiert man die publizierten Bewerbungen, z. B. für den European Quality Award oder den Malcolm Baldrige National Quality Award, so sind selten „exotische“ Konzepte zu finden, aber in jedem Fall eine sehr stringente Umsetzung der jeweiligen Vorhaben. Dies erfordert, wie es auch Pfeffer formuliert, mehr als nur kosmetische Veränderungen: Es erfordert den ernsthaften Entschluss, „die Situation tatsächlich zu verändern, wie z. B. Mitarbeiter mehrfach zu qualifizieren, schlüssigere Belohnungskonzepte zu entwickeln, Teamarbeit einzuführen, ein Vorschlagswesen zu institutionalisieren, KVP-Gruppen oder andere Mechanismen der Beteiligung der Mitarbeiter an betrieblichen Problemlösungen zu realisieren usw.“ (*Pfeffer,* 1998, S. 62).

Eine Studie des National Institutes of Standards and Technology (*US Department of Commerce*, 1999), das den Malcolm Baldrige National Quality Award in den Vereinigten Staaten organisiert, liefert erste Anhaltspunkte dafür, dass die Bedürfnisse der „Shareholder“ und der „Stakeholder“ gemeinsam erfüllt werden können. In dieser Studie wird der so genannte „Baldrige-Index“ (eine fiktive Investition in öffentlich gehandelte US-Unternehmen, die den MBNQA während der Jahre 1988 bis 1997 erhielten), mit dem Standard and Poor's 500 Index verglichen. Bis zum 01. Dezember 1998 konnten folgende Ergebnisse erzielt werden (Abb. 3-9).

MBNQA-Preisträger

	$ Investierte Summe	$ Wert - 01/12/98	Potentielle Veränderungen
1988 - 1997 Preisträger	8.769,02	46.092,40	425,63%
Standard & Poor's 500	8.769,02	23.963,36	173,27%

MBNQA-Preisträger, die sich als gesamtes Unternehmen beworben haben

	$ Investierte Summe	$ Wert - 01/12/98	Potentielle Veränderungen
1988 - 1997 Preisträger	6.000,00	33.579,94	459,67%
Standard & Poor's 500	6.000,00	16.526,04	175,43%

Abb. 3-9: Entwicklung der Aktienkurse von MBNQA-Gewinnern 1988 – 1997 (mit öffentlich gehandelten Aktien) im Vergleich zu Standards & Poor's 500 (nach US Department of Commerce, 1999)

Obwohl es zu dieser Studie inzwischen auch einige kritische Anmerkungen gibt (vgl. *Przasnyski* u. a., 1999), besitzt die prinzipielle Plausibilität eines „Stakeholder-Ansatzes“ eine nur schwer weg zu diskutierende Logik.

3.5 Zusammenfassende Bewertung

In der Vergangenheit waren viele Veränderungskonzepte nur begrenzt erfolgreich.

Die Notwendigkeit ganzheitlicher Konzepte an Stelle von „Programmen“ wird mehr und mehr erkannt. Business oder Performance Excellence-Konzepte – basierend auf internationalen „Qualitätspreisen“ und der Idee des Total Quality Management – liefern eine Möglichkeit, diese Anforderungen zu erfüllen. Mitarbeiterorientierung spielt eine wichtige Rolle innerhalb dieser Konzepte. Dies gilt auch für die aktuell diskutierten Themen wie *Balanced Scorecard* und *Wissensmanagement*.

Wenn über „Produktion und Arbeitspolitik“ diskutiert wird, so kann dies nicht losgelöst von diesen Entwicklungen auf dem Gebiet des General Management erfolgen.

3.6 Literatur

Australian Quality Council (Hrsg.): Australian Business Excellence Framework 1999. St. Leonards, 1998

Champy, J.: Reengineering Management: The Mandate for New Leadership. New York: Harper Business, 1995

European Foundation for Quality Management (EFQM) (Hrsg.): Das EFQM Modell für Excellence 1999. Brüssel: Eigenverlag, 1999

Hammer, M.; Champy, J.: Reengineering the Corporation. New York: Harper Collins, 1993 (Business Reengineering: Die Radikalkur für das Unternehmen. Frankfurt/New York: Campus, 1994)

Heller, F.: Is participation really working? In: acas (Hrsg.) QWL-News and Abstracts, No. 138, Spring 1999, S. 6–11

Johnson, H. T.: Relevance Regained: From Top-Down to Bottom-Up Empowerment. New York: The Free Press, 1992

Johnson, H. T.; Kaplan, R. S.: Relevance Lost – The Rise and Fall of Management Accounting. Boston: Havard Business School Press, 1987

Kaplan, R. S.; Norton, D. P.: The Balanced Scorecard. Translating strategy introduction. Havard School Press, 1996 (deutsche Übersetzung von Harvath, P.; Kuhn-Würfel, B.; Vogelhuber, C.: Balanced Scorecard: Strategien erfolgreich umsetzen. Stuttgart: Schäffer-Poeschel, 1997

Pfeffer, J.: The Human Equation: Building Profits by Putting People First. Boston: Havard Business School Press, 1998

Przasnyski, Z. H.; Tai, L. S.: Stock market reaction to Malcolm Baldrige National Quality Award announcements: Does quality pay? In: Total Quality Management, Vol. 10, No. 3, 1999, S. 391–400

Rappaport, A.: Creating Shareholder Value: The New Standard for Business Performance. New York: The Free Press, 1986

Stewart, T. A.: Intellectual Capital: The New Wealth of Organizations. New York: Doubleday/Currency, 1997

United States Department of Commerce (National Institute of Standards and Technology) (Ed.): Baldrige National Quality Program 1989. Gaithersburg: Eigenverlag, 1988

United States Department of Commerce (National Institute of Standards and Technology) (Ed.): Baldrige National Quality Program 1999. Gaithersburg: Eigenverlag, 1998

United States Department of Commerce (National Institute of Standards and Technology) (Ed.): „Baldrige Index" Outperforms S & P 500 for Fifth Year in US Department of Commerce (NIST) (Hrsg.): NEWS – NIST 99 – 2. Gaithersburg: Eigenverlag, 1999

Womack, J. P.; Jones, D. T.; Ross, D.: The machine that changed the world. New York: Rawson Ass., 1990

Womack, J. P.; Jones, D. T.; Ross, D.: Die zweite Revolution in der Automobilindustrie. Frankfurt/New York: Campus, 1992

Womack, J. P.; Jones, D. T.: Lean Thinking. New York: Simon & Schuster, 1996 (Auf dem Weg zum perfekten Unternehmen. Frankfurt/New York: Campus, 1997)

Zink, K. J.: Bewertung ganzheitlicher Unternehmensführung. München/Wien: Hanser, 1998

Zink, K. J.: Human Factors an Business Excellence. In: Helander, M.; Eklund, J. (Hrsg.): TQM an Human Factors – Awards successful integration. Linkoeping (Schweden): Conference Proceedings, 1999, S. 9–27

4 Produktionssysteme im Vergleich

Zentrales Thema der Tagung war der Stand der Arbeitspolitik und der Arbeitsorganisation in der Automobilindustrie. In drei Foren wurde von 6 Automobilherstellern und einem Unternehmen der Zulieferindustrie der aktuelle Stand dargestellt und über geplante Entwicklungen berichtet. Der Vergleich inländischer Standorte mit Produktionsstandorten außerhalb der Bundesrepublik stand im Mittelpunkt der Darstellung. Die Umsetzung von Gruppen- und Teamarbeit, KVP, TQM oder flexibler Arbeitszeiten wurde im Rahmen der jeweiligen Produktionssysteme für einen inländischen und einen ausländischen Standort verglichen. In jedem der drei Foren präsentierten sich jeweils zwei Unternehmen.

Forum A

Ford Motor AG:	Saarlouis/Valencia (Spanien)
DaimlerChrysler AG:	Rastatt/Sterling Heights/Detroit (USA)

Forum B

Adam Opel AG:	Eisenacher Produktions-System/ Antwerpen (Belgien)
BMW AG:	Regensburg/Hams Hall (England)

Forum C

Audi AG:	Ingolstadt/Györ (Ungarn)
Robert Bosch Elektronik GmbH	Salzgitter
Mercedes-Benz U.S. International	Tuscaloosa (USA)

Das vorliegende Taschenbuch enthält die Zusammenfassungen der Diskussionen in den einzelnen Foren. Autoren waren Vertreter der dargestellten Unternehmen, die als Moderator die Diskussion leiteten und die wichtigsten Aspekte zusammengefasst haben[1].

[1] Eine Ausnahme bildet das Forum C, in dessen zweitem Teil Beiträge durch die Robert Bosch Elektronik GmbH und Mercedes-Benz U.S. International Inc. (MBUSI) platziert wurden. Hier übernahm Herr Hans-Peter Lentes vom Fraunhofer Institut für Arbeitswirtschaft und Organisation in Stuttgart die Moderation und steuerte auch den Beitrag für die vorliegende Veröffentlichung bei (Abschn. 4.6).

4.1 Ford

von Hans-Günther Honnef

Durch die Herren Rose, Stokes und Igual wurden die Elemente des Ford Produktions-Systems an den Beispielen Saarlouis und Valencia dargestellt.

„Besitzen wir überhaupt eine Tradition, dann nur die eine: Alles lässt sich noch besser machen als es bisher gemacht worden ist! Das Streben, alles stets besser und rascher zu erledigen als bisher, birgt für fast sämtliche Fabrikprobleme die Lösung gleich in sich.“

Henry Ford, Mein Leben und Werk, 1923

Teilautonome Arbeitsgruppen, innovative Logistikkonzepte, Total Productive Maintenance sowie das Konzept der ständigen Verbesserung sind wichtige Elemente des Ford Produktions-Systems (FPS), wie das System der schlanken Produktion bei Ford genannt wird. FPS wird in allen Produktionsstandorten des Unternehmens angewandt, wobei einige Standorte aufgrund der jeweiligen Umstände (Greenfield/Brownfield[2], Modelleinführung, Modellwechsel, Facharbeiteranteil etc.) in der Anwendung bestimmter FPS-Elemente unterschiedlich fortgeschritten sind. In Bezug auf die Anwendung des Ford Produktions-Systems sind besonders das Ford Montagewerk in Saarlouis und das Motorenwerk im spanischen Valencia hervorzuheben.

Im Mittelpunkt der Darstellung des Ford-Werkes Saarlouis stehen die FPS-Elemente teilautonome Arbeitsgruppen und innovative Logistikkonzepte. Am Beispiel Teamarbeit in Valencia werden die Elemente Total Productive Maintenance und Continous Improvement dargestellt.

Zunächst wurde von Herrn Rose am Beispiel des Montagewerks Saarlouis die Umsetzung der FPS-Elemente beschrieben. Mit Job Enrichment und Job Enlargement, Qualitätszirkeln, der Integration der Qualitätskontrolle und weiteren Elementen ist das Ford Montagewerk in Saarlouis bereits seit 1980 erste Meilensteine in Richtung eines modernen Produktionssystems gegangen (Abb. 4-1).

[2] Anm.d.Red.: Unter „Greenfields“ sind neue Fabriken mit besonderen Rahmenbedingungen (überdurchschnittlich hohe Arbeitslosigkeit, geringer Einfluss der Gewerkschaften, keine Facharbeiter) zu verstehen. Bei „Brownfields“ handelt es sich um bestehende Werke, in denen tief greifende Reorganisationen stattfinden. Entnommen aus: Springer, R., 1999.

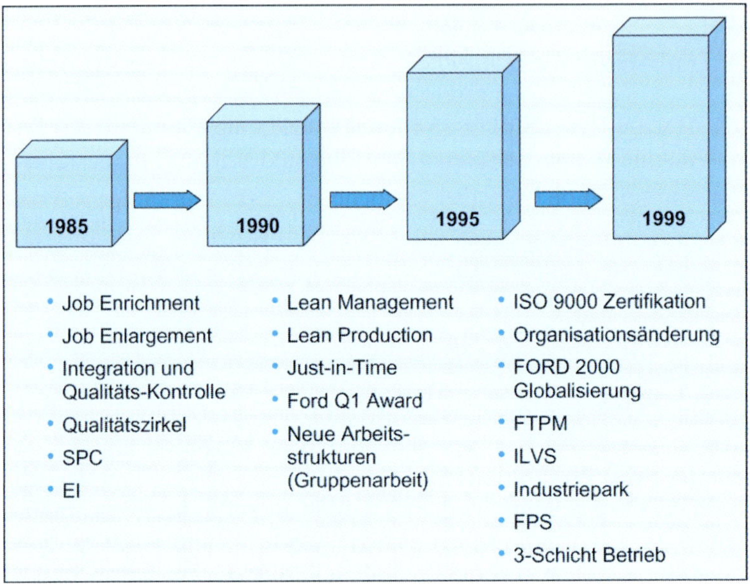

Abb. 4-1: Meilensteine im Ford Werk Saarlouis

In den 90er Jahren wurden im Wesentlichen die neuen Arbeitsstrukturen hinsichtlich Gruppenarbeit optimiert und das Just-in-Time Logistikkonzept eingeführt. Jüngste Schritte zur Realisierung des FPS in Saarlouis sind die mit der Einführung des Ford Focus einhergehende Errichtung eines Industrieparks in unmittelbarer Nachbarschaft des Werks sowie die Einführung des Drei-Schicht-Betriebs. Die mit dem Drei-Schicht-Betrieb eingeführte Reduzierung der Bandgeschwindigkeit führt zu einer Qualitätsverbesserung und damit zu einer höheren Kundenzufriedenheit. Die dritte Schicht bietet darüber hinaus die Möglichkeit einer künftigen Kapazitätsausweitung ohne hohe Investitionen, erhöht die Modell-Mix-Flexibilität, vermeidet nicht wertschöpfende Arbeitszeit und reduziert letztendlich die Stückkosten.

Eine wesentliche Effizienzsteigerung wurde zu Beginn der 90er Jahre durch die Einführung teilautonomer Gruppenarbeit realisiert. Eine 1991 getroffene Betriebsvereinbarung zu Gruppenarbeit im Werk Saarlouis beschreibt die Verantwortung der teilautonomen Gruppen (Abb. 4-2).

Verantwortung für die Erfüllung betrieblicher Ziele

- Erfüllung des Produktionsprogrammes
- Instandhaltung, Wartung der Produktionseinrichtungen
- Vorbeugende Instandhaltung
- Qualitätssicherung
- Kostengünstige Produktion
- Ordnung und Sauberkeit am Arbeitsplatz
- Sicherstellung Materialbedarf, Materialbeschaffung etc.
- Arbeitssicherheit, Umweltschutz, Emissionen
- Ergonomie der Arbeitsplätze
- Verbesserung der Arbeitsbedingungen
- Arbeitswechsel, Arbeitseinsatz und Aufgabenverteilung

Abb. 4-2: Gruppenverantwortung – Betriebsvereinbarung (1991)

Entsprechend umfangreich und anspruchsvoll gestalten sich die Eingangsvoraussetzungen, Aufgaben und Ausbildungsmaßnahmen für die Gruppensprecher, die bei Ford Kolonnenführer[3] genannt werden (Abb. 4-3).

- Mitarbeitende Lohnempfänger
- Vom Vorgesetzten bestimmt
- Keine Disziplinarbefugnis
- Von der Gruppe akzeptiert
- Mindestens 23 Jahre
- 3 Jahre FORD-Erfahrung
- Abgeschlossene Facharbeiterausbildung
- Einwandfreie Anwesenheit
- Bestandenes Assessment-Center

Schwerpunkt-Aufgaben:

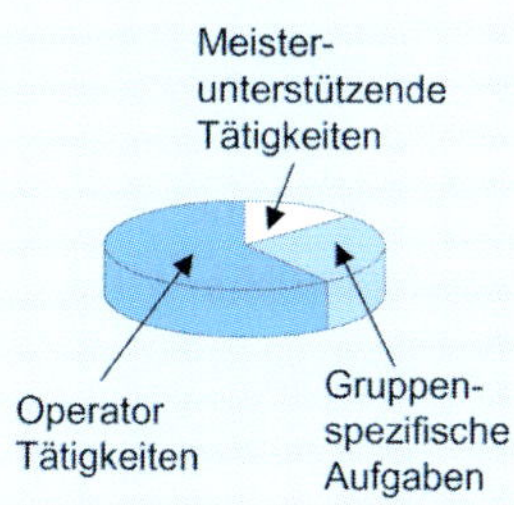

Abb. 4-3: Eingangsvoraussetzungen der Kolonnenführer (Gruppensprecher)

[3] Die Bezeichnung „Kolonnenführer" repräsentiert weniger das konkrete Funktionsbild des Gruppensprechers; vielmehr basiert die Bezeichnung auf der engen kulturellen Verbindung des Saarlandes mit dem Bergbau.

Die Schwerpunktaufgabe der Kolonnenführer liegt in operativen Tätigkeiten, wie z.B. der Materialbereitstellung, der Durchführung von Reparaturen und dem Ablösen von Mitarbeitern bei Bedarf. Dazu kommen gruppenspezifische Aufgaben wie

- die Vertretung des Teams nach außen,
- die Koordination aller Gruppenaktivitäten,
- die Organisation der Gruppengespräche und
- die Verfolgung der Gruppenziele.

Den dritten Schwerpunkt der Aufgaben eines Gruppensprechers bilden Tätigkeiten, die den Meister unterstützen. Hierzu zählen u. a.

- die Organisation des Arbeitseinsatzes,
- die ordnungsgemäße Arbeitsaufteilung,
- die Einarbeitung und Betreuung neuer Mitarbeiter und
- die Vertretung des Meisters.

Für diese Aufgaben werden die Kolonnenführer in einem Zeitraum von 1,5 Jahren insgesamt 28 Tage lang geschult. Die Vorbereitung der Meister auf ihre Rolle innerhalb einer schlanken Organisation erfolgt im Rahmen eines dreitägigen Workshops. Die Arbeitsgruppe selbst wird vier Tage lang geschult (Abb. 4-4).

Dauer: 4 Tage
(2 Tage Teambildung/2 Tage Arbeitsvereinfachung)

Teambildung	*Arbeitsvereinfachung*
Information	REFA Grundbegriffe
Motivation	MTM Grundbegriffe
Gruppenbildung	Ergonomie
Aktivierung der Gruppen	Arbeitsplatzgestaltung
	Arbeitsablaufplanung
	Videofilm über eigene Arbeitsplätze

Abb. 4-4: Ausbildungsmaßnahmen der Gruppen

Die Ergebnisse der Gruppenarbeit in Saarlouis sind eindrucksvoll: Es gelang eine Verbesserung der wertschöpfenden Tätigkeit, die Produktivität konnte erhöht, die Produktqualität und der Materialfluss verbessert werden. Eine höhere Flexibilität bei gestiegener Qualifikation der Mitarbeiter konnte realisiert werden. Durch die Einführung der Gruppenarbeit verbesserte sich die Zusammenarbeit und die Arbeitszufriedenheit spürbar.

Neben der effizienten Einführung und Umsetzung der Gruppenarbeit spielt das Werk Saarlouis auch hinsichtlich moderner Logistikkonzepte eine Vorreiterrolle im Ford-Konzern. Initiativen wie OOS (Optimised Order Segmentation), ILVS (In-Line Vehicle Sequencing), DCI (Daily-Call-In), Zeitfenster, „Pull vs. Push System" oder „Smart System" (Smart Card/Smart Call) werden in Saarlouis erfolgreich angewandt. Abb. 4-5 stellt als Beispiel für innovative Logistikkonzepte das In-Line Vehicle Sequencing (ILVS) dar.

Ermöglicht die Einhaltung der Fahrzeugsequenz in der Endmontage, basierend auf einer 6 Tage im voraus geplanten Sequenz.

Dieses System ist die Basis für die sequentielle Materiallieferung von internen und externen Lieferanten.

Wiederherstellung der ursprünglichen Sequenz durch Sequenzstapel zur endgültigen Zuordnung der Fahrgestellnummer Eingang Trim.

bereits erreicht: 98%

Abb. 4-5: In-Line Vehicle Sequencing (ILVS)

Dazu kommt seit Juli 1998 der Industriepark Saarlouis, ein 220.000 qm großes Gelände direkt neben dem Werk, das Fertigungsstätten von Zulieferern beinhaltet. Insgesamt elf Partner liefern über einen Brückenförderer in „Sequence" bzw. „Just-in-Time" Teile und vormontierte Baugruppen direkt an die Montagestelle im Ford-Werk. U.a. werden geliefert:

- Vorder- und Hinterachse
- Instrumententafel mit Lenkrad
- Lenksäule und Kühlermodul

- Hauptkabelstränge
- Fahrzeughimmel
- Motor mit Getriebe
- Tür- und Seitenverkleidung
- Teppiche
- Abgassysteme und die
- Verglasung

Auch die Untergruppenfertigung Rohbau findet im Industriepark statt. Die Vorteile des Industriepark-Konzeptes liegen vor allem in der Reduzierung von Materialbeständen in der Linie sowie von Transport- und Verpackungskosten. Die Lieferantenqualität unterliegt einer unmittelbaren Kontrolle, die Kommunikationswege zum Zulieferer sind kürzer. Kommissionierflächen im Werk können eingespart werden, was dazu führt, dass die Fläche zur Flexibilisierung der Produktion genutzt werden kann. Für jede der einzelnen Komponenten konnte die Rentabilität durch eine Vollkostenrechnung nachgewiesen werden. Strategien hinsichtlich einer Erweiterung des Industriepark-Konzepts durch neue Module, eines von einem Full Service Supplier betriebenen Logistik Zentrums oder der Errichtung eines Container Terminals für die Bahnanlieferung sind deshalb bereits in Untersuchung.

Im Anschluss an die Darstellungen aus Saarlouis berichteten Javier Igual und David Stokes über die Entwicklung von Teamarbeit am Beispiel des ZETEC SE Programms, das im Mai 1995 im Ford Motorenwerk in Valencia eingeführt wurde.

Der permanente technische Fortschritt, der Prozess der kontinuierlichen Verbesserung von Produktionssystemen, ein immer härter werdender Wettbewerb, Überkapazitäten, Globalisierung, neue Märkte und sich ständig verändernde Kundenerwartungen führen zu einem neuen Selbstverständnis von Unternehmen und Mitarbeitern. Damit einher gehen neue Trends in der Organisation der Arbeit, die die Arbeit substantiell verändern. *KAIZEN* heißt nicht nur bei Ford der niemals zu Ende gehende Verbesserungsprozess zur Reduzierung jeder Art von Verschwendung, zur Erhöhung der Qualität und zur Schaffung eines Mehrwertes.

Ein Schlüssel zum Erfolg ist dabei die Teamarbeit auf der Ebene der unmittelbaren Produktion (shop floor). Die Gruppen nennen sich Integrated Manufacturing Teams (IMT). Sie sind ausgestattet mit autonomen Entscheidungsbefugnissen, flexibel in der Bewältigung ihrer Aufgaben und deshalb in hohem Maße motiviert. Es gehört zum Selbstverständnis aller Hierarchieebenen des Werkes, dass die shop floor-Ebene den Ort der eigentlichen Wertschöpfung darstellt und entsprechend unterstützt werden muss. Diese Einstellung erfordert eine elementare Veränderung (Change Management) und die Führung über Ziele (Policy Deployment). Unterstützt wird dies auch durch organisatorische Maßnahmen, etwa durch die Reduzierung von Hierarchieebenen.

Mit drei Ebenen verfügt das Motorenwerk in Valencia über eine der schlankesten Strukturen eines Produktionsbetriebes innerhalb der Ford Motor Company. Das 1995 bereits nach den Erfordernissen der schlanken Produktion errichtete Werk konnte hinsichtlich der Gestaltung von Prozessen, Materialfluss, Simultaneos Engineering oder der Visualisierung, mit guten Voraussetzungen an den Start gehen.

Erfahrungen in anderen Werken haben gezeigt, dass sowohl der Personalauswahl wie auch dem Training der Mitarbeiter enorme Bedeutung zukommt. In die Verantwortung der neu geschaffenen Teams fallen u.a. folgende Aufgaben:

- Produktion
- Qualitätssicherung
- Teammanagement
- Verbesserung der Kostensituation und
- TPM (Total Productive Maintenance)

Gerade was die Integration von Wartungs- und Instandhaltungsarbeiten anbelangt, ist das Motorenwerk in Valencia außerordentlich erfolgreich. In Valencia entstand ein vorbeugendes TPM-Konzept, das inzwischen für die gesamte Ford-Organisation wegweisend ist. Intern und extern erhielt das Werk zahlreiche Auszeichnungen und spielt neben dem Montagewerk in Saarlouis eine Vorreiterrolle bei der Implementierung des Ford Produktions Systems (*FPS*; Abb. 4-6).

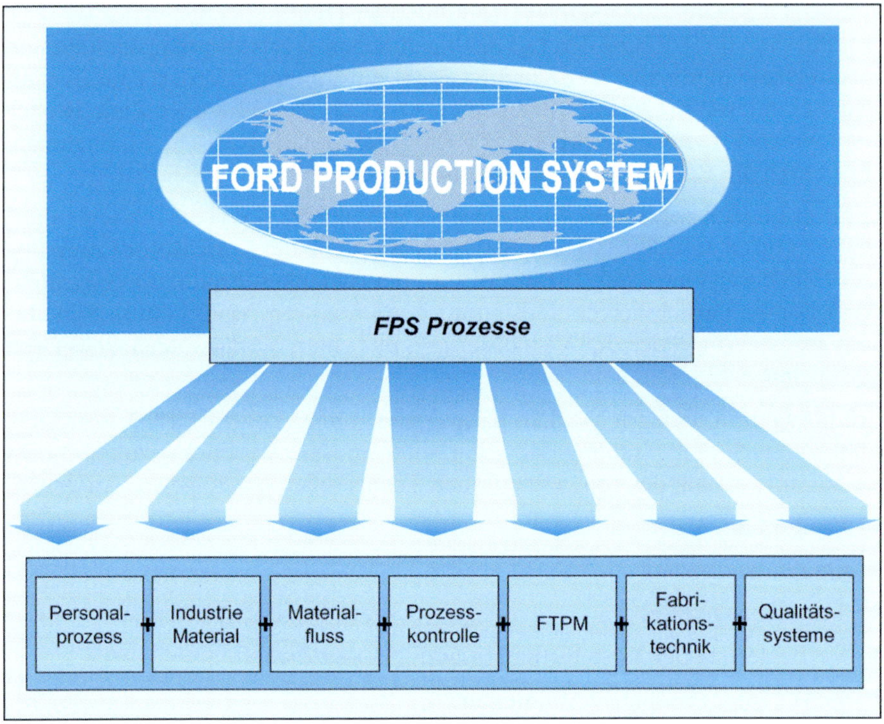

Abb. 4-6: Das Ford Produktions System

4.2 Opel

von Werner Hoffmeyer

Die Vorträge der Adam Opel AG in diesem Forum konzentrierten sich auf zwei wesentliche Fragen, die in den Fachkreisen und in der Öffentlichkeit immer wieder diskutiert werden:

1. Ist es möglich, ein schlankes Produktionssystem, das an einem bestimmten Unternehmensstandort entwickelt wurde, in neue Werke direkt zu implantieren?
2. Ist es möglich, alte, gewachsene Werke bei laufender Produktion, d.h. ohne zwischenzeitliche Schließung und mit der gleichen Belegschaft, so umzugestalten, dass die Grundzüge schlanker Fertigung eingeführt und lebendig gestaltet werden?

Beide Fragen wurden in den Vorträgen eindeutig bejaht und mit den praktischen Erfahrungen untermauert.

Herr Ulrich Reitz aus dem Internationalen Technischen Entwicklungszentrum der Adam Opel AG in Rüsselsheim ging in seinem Beitrag „Globalisierung des Eisenacher Produktionssystems“ vor allem auf die erste Frage ein.

Basierend auf intensiven Produktionsvergleichsstudien der Adam Opel AG und aufbauend auf gemeinsamen Projekten von General Motors mit Toyota und Suzuki in Transplants in den USA und Kanada wurde zu Beginn der 90er Jahre das Eisenacher Werk auf der „grünen Wiese“ als Modellwerk aufgebaut. Der erfolgreiche Start des Eisenacher Werkes belebte die innerdeutsche und auch europäische Diskussion über schlanke Fertigungssysteme, weil damit der Beweis angetreten wurde, dass die Grundgedanken von „lean production“ sich auch in Deutschland realisieren lassen. Eisenach war niemals eine reine Kopie vorhandener Konzepte, sondern es wurden bei der Konzeption eigene Wege beschritten. Das Produktionssystem vereinigt Optimierung von Maschinen, Einrichtungen und Prozessen mit dem Ziel, Qualität und Produktivität zu verbessern und bestehende Arbeitsplätze zu sichern. Wesentliche Eckpfeiler bilden

- die Einbeziehung der Mitarbeiter,
- der kontinuierliche Verbesserungsprozess,
- die Standardisierung,
- Qualität von Anfang an,
- kurze Durchlaufzeiten und
- eine starke Führung,

die heute anerkanntermaßen Grundlagen des weltweiten General Motors-Produktionssystems sind.

Von den konzeptionellen Anfängen in Eisenach bis heute wurde das funktionierende Produktionssystem weiterentwickelt und ausgeformt, angepasst und effektiver gestaltet, denn bei „lean production“ stehen nicht die Maschinen, sondern die Menschen im Mittelpunkt der Veränderungsprozesse, die mit ihren Ideen, ihrem Engagement und gewonnener Eigenverantwortung zunehmend das Angesicht des Produktionssystems und den Erfolg des Unternehmens gestalten. Zur Veranschaulichung wurden die 35 Module des Eisenacher Produktionssystems genannt, die nur in ihrem Zusammenspiel die optimale Wirkung und den kontinuierlichen Verbesserungsprozess garantieren (Abb. 4-7).

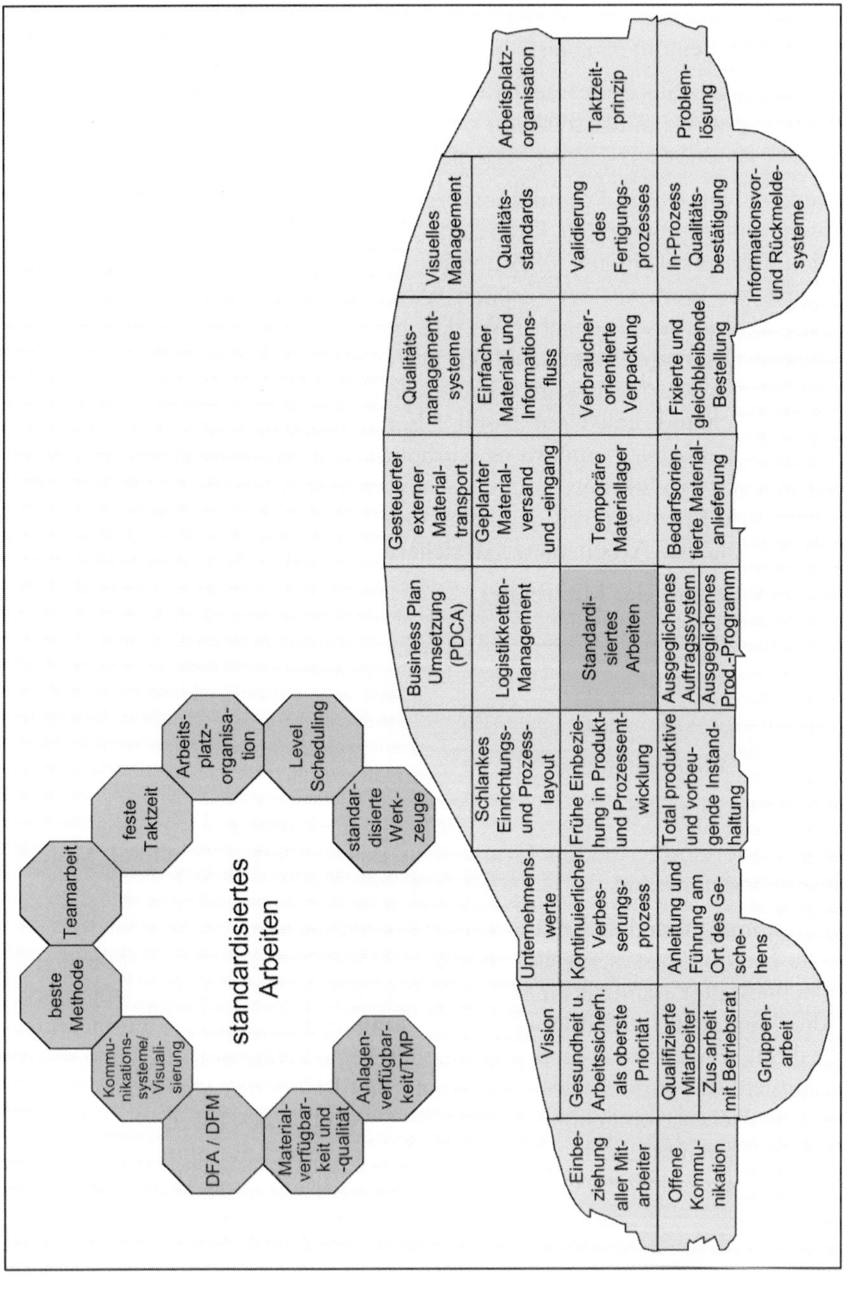

Abb. 4-7: Das Eisenacher Produktionssystem

Bezugnehmend auf das im Schaubild hervorgehobene Modul „Standardisiertes Arbeiten" beschäftigte sich Herr Reitz vor allem mit der Verknüpfung von Standardisierung und Globalisierung.

Bei dem Globalisierungsprogramm von GM bzw. der Adam Opel AG mit neuen Werken in Argentinien, Polen, Thailand und China spielt das Eisenacher Produktionssystem eine herausragende Rolle. Das in Eisenach gebündelte Wissen über schlanke Produktion stellt die Keimzelle für den Aufbau neuer Werke dar. Führungsteams und Mitarbeiter der neuen Werke werden in Eisenach für ihre Aufgabe durch eine intensive Schulung vorbereitet. Dazu gehört z. B. das Produktionssystem und die Mitarbeit und z. T. Übernahme von Verantwortlichkeiten im Werk Eisenach. Damit wird sichergestellt, dass die bisherigen Eisenacher Erfahrungen als „Best Practice" übernommen und adaptiert werden und dass der Geist schlanker Fertigung erlebt und verstanden wird (Abb. 4-8).

Grundprinzipien des "Lean Manufacturing" für neue Werke	» Mitarbeiter » Teamarbeit » KVP-Aktivitäten » Materialmanagement » Qualitätssysteme und Finanzkontrolle » Übernahme in neue Werke in Argentinien, Polen, Thailand, China
Einfluß auf existierende Organisationen und Werke	Trainingszentrum und Vorbild zur Beeinflussung von: » Restrukturierungen existierender Werke » Mitarbeiterverhalten » Produktionsmethoden etc.
Managementtraining	Das Werk Eisenach dient als GM-weites Trainingszentrum für Management und Managementnachwuchs. In Schlüsselpositionen transferieren diese anschließend das in Eisenach erworbene Wissen in Greenfield- und Brownfield-Werke.

Abb. 4-8: Das Eisenacher Verbindungsbüro als Zentrum für Kreativität und Wissenstransfer

Um den besten Wissenstransfer von Eisenach in die neuen Werke ergänzend zu den persönlichen Lernerfahrungen zu gewährleisten, wurde in Rüsselsheim beim ITDC (International Technical Development Center) ein ME Project Center als Zentrum der Standardisierung etabliert. Schwerpunkt der Planung und Koordination war die Anwendung der „Best Practices" aus Eisenach auf die neuen Werke und die Anpassung der Standardisierung an lokale Gegebenheiten (Abb. 4-9).

Das *ME Project Center* wurde im August 1996 zur Implementierung der 4 neuen Werke in Polen, Thailand, Argentinien und China ins Leben gerufen.

Das Project Center Team setzt sich zusammen aus:

- Werks-ISPs
- dem Lean Manufacturing Team
- ME Verbindungsingenieuren
- ITDC ME Project Teams

Auftrag:

Entwickung, Aufbau und Inbetriebnahme wettbewerbsfähiger Werke durch Sicherung bester Qualität und Profitabilität durch:

- Standardisierung von Layouts und Methoden
- Mitarbeiterauswahl und Training
- Wettbewerb in der Planung
- optimierter Einkauf durch Paketvergabe
- abgestimmte, schlanke ME Konzepte

Abb. 4-9: ME Project Center

In Eisenach entwickelte Standards, z. B. neue Layout- und Logistikkonzepte, wurden als Elemente der globalen Standardisierung definiert und festgelegt. Alle neuen Werke haben eine ähnliche Gebäudekonfiguration, Anordnung der Maschinen und Einrichtungen, ähnliche Montageprozesse und vergleichbare

Formen der Arbeitsorganisation. Bei der Komplexität der heutigen Automobilfertigung ermöglicht diese globale Standardisierung einen schnelleren und direkteren Austausch zwischen den Werken bei Problemen in allen Fragen der Produktion, Instandhaltung und Prozess-Steuerung.

Dieser Prozess der Globalisierung des Eisenacher Produktionssystems ist nicht vergleichbar mit einem Kochbuch, aus dem man sich einzelne Bereiche oder Teile heraussucht, um das „Rezept" anschließend in einem neuen Werk einfach anzuwenden. Dieser Globalisierungsprozess bedeutet im Gegenteil eine ständige Weiterentwicklung. Im Sinne einer Evolutionsspirale tragen die Anforderungen der Anpassung der Standards an neue Werke und die Ideen der neuen Führungsmannschaften zu einer ständigen Verbesserung der Standards bei.

Die nächste große Herausforderung in diesem Prozess führt wieder nach Deutschland: Die Implementierung eines neuen Werkes in Rüsselsheim und die Anwendung des Eisenacher Produktionssystems und der Erfahrungen der neuen Werke.

In der Diskussion wurde kritisch erörtert, inwieweit technische und Layout-Standards z. B. für die Lackiererei oder den Rohbau weltweit Gültigkeit besitzen können. Gleichwohl wurde der Trend zu einheitlichen Fahrzeugarchitekturen, strukturgleichen Anlagen und einheitlichen Montageprozessen z. B. im Rohbau trotz unterschiedlicher Fahrzeuge von mehreren Gesprächsteilnehmern bestätigt.

Grundsätzlich kritische Stimmen gab es zur Bedeutung und zum Verständnis der Standardisierung innerhalb des Produktionssystems. Wenn alle Arbeiten und Prozesse in Standards festgelegt würden, würden dadurch jegliche Weiterentwicklung und kreative Beteiligung der Mitarbeiter gehemmt bzw. unterbunden. Den Mitarbeitern bliebe nur übrig, den Standards gemäß zu arbeiten, was eine deutliche Rückkehr zur Taylorisierung bedeute. Gerade in Deutschland müssten wir das Potential unserer Mitarbeiter mehr nutzen und im internationalen Wettbewerb zur Geltung bringen. Das „Know-how" und die Problemlösefähigkeit, insbesondere der gut ausgebildeten Facharbeiter in der Produktion, biete einen Standortvorteil für die Automobilproduktion in Deutschland, der durch zu viel bzw. durch jegliche Standardisierung erstickt würde.

In der Diskussion wurde angemerkt, dass es sich bei diesem Verständnis von Standards um eine typisch deutsche, bürokratische Auffassung von Standardisierung handelt. In Deutschland würden Standards sehr leicht als „vorgegeben" und „unveränderbar" dargestellt oder aufgefasst. Die dynamische Wechselwirkung von kontinuierlichem Verbesserungsprozess und Standardisierung werde bei uns noch zu wenig verstanden. Entscheidend für den KVP sei, dass erreichte Verbesserungen als neue Standards eingeführt würden und dass diese Standards dann wiederum die Orientierungsbasis für Verbesserungen darstellen. Festgelegte Standards bieten in der komplexen Fertigung somit Sicherheit für die zzt. beste Arbeitsausführung und verhindern ein ständiges Auseinanderdriften von Methoden, indem die besten Ideen auch wirklich festgehalten werden. Ein von den Mitarbeitern getragener KVP mit dem Wissen, dass Standards leicht auf der Arbeitsebene veränderbar sind, bietet gerade für unsere gut ausgebildeten Mitarbeiter die Chance hoher Beteiligung. An Beispielen aus Polen und Deutschland wurde aufgezeigt, dass Werker zunehmend an Entscheidungen auf dem „Shop floor" mitwirken und Standards der Arbeitsausführung bis hin zur Zuteilung selbst festlegten.

Mehrere Fragen und Anmerkungen bezogen sich auf das neue Projekt in Rüsselsheim. Es wurde nachgefragt, wie schwierig sich die Übertragung der Erfahrungen und des schlanken Eisenacher Produktionssystems auf ein gewachsenes altes Werk gestalten werde. Die Fragen zielten auf mögliche Widerstände bei der Ablegung gewohnter Verhaltensweisen, auf mögliche Auswahlverfahren für Mitarbeiter und Führungskräfte, auf Trainings- und Informationskonzepte sowie auf mögliche Layoutprobleme.

Herr Reitz stellte heraus, dass man sich der vielen möglichen Schwierigkeiten und der großen Herausforderung beim Projekt in Rüsselsheim bewusst sei, dass man aber auch aufgrund der Eisenacher Erfahrungen und der Weiterentwicklung im Rahmen der Globalisierung gut gerüstet sei, dieses Wissen in Rüsselsheim einzubringen. Nach der erfolgreichen Umstellung werde Rüsselsheim dann als Vorbild für weitere weltweite Entwicklungen dienen.

Aus dieser Diskussion ergab sich direkt die Überleitung zum zweiten Vortrag von Herrn Jan Brems, Fertigungsdirektor OPEL Antwerpen, zum Thema *„Brownfield Conversion"*.

Bis 1995 war das Opel Werk in Antwerpen (heutige Kapazität: 325.000 Wagen/Jahr mit 6.800 Mitarbeitern) eine hoch produktive Fabrik mit dem klaren Fokus auf eine möglichst hohe Ausbringung. Obwohl einige Elemente schlanker Fertigung ansatzweise oder halbherzig eingeführt worden waren, herrschten die *typischen Merkmale der Massenproduktion* vor:

- langer, ununterbrochener Förderer in der Montage mit 85 „jobs per hour" und 45 Sekunden Taktzeit
- große Puffer nach Tür- oder Cockpit Modul
- 100 % zu viel Material trotz KANBAN-System
- 80 Mitarbeiter pro Meister

- Gruppen mit durchschnittlich 16 Mitarbeitern
- keine Information über Produktions- oder Qualitätsprobleme „vor Ort“ verfügbar
- keine Möglichkeit für Werker, auf Probleme aufmerksam zu machen
- Montagefehler liefen durch bis zum großen Reparaturbereich
- niedrige „First Run OK-Rate“
- alle Pausen wurden individuell durch Ablösung gegeben etc.

Zu diesem Zeitpunkt begann der Umbau des Werkes. Nach dem erfolgreichen „Greenfield“ Projekt Eisenach wurde Antwerpen als Pilotwerk ausgewählt, um ein „Brownfield“ bei laufender Produktion nach den Grundzügen schlanker Fertigung umzugestalten. Insgesamt 7 erfahrene Manager, die früher bei Toyota in den USA gearbeitet hatten, übernahmen verantwortliche Positionen im Werk, damit sie nicht nur den Veränderungsprozess vorantreiben konnten, sondern auch direkt für die Ergebnisse Verantwortung übernehmen konnten.

Mit einem Investitionsprojekt von 780 Mio. DM wurde die *Hardware* den Anforderungen schlanker Fertigungskonzepte gemäß angepasst:

- Ein neues 2 Liniensystem mit jeweils 45 „jobs per hour“ und einer Taktzeit von 80 Sekunden wurde installiert.
- Überschaubare Meisterbereiche wurden etabliert, jeweils mit einem kleinen Puffer von 4-6 Wagen zur Entkoppelung von der Linie, um kurze Stopps zu ermöglichen.
- Qualitäts-Andon Ausrüstung und Hilferuf-Leine mit Stopp-Funktion, Musiksignalen und Leuchttafeln (Andon-Boards), um jedem Mitarbeiter die Möglichkeit zu geben, Hilfe anzufordern, wenn Probleme auftreten und eine schnelle Unterstützungsreaktion der Vorgesetzten zu erreichen.

Nach der Installation der Hardware wurde Ende 1996 mit der *Software*, der Vorbereitung der Mitarbeiter auf das eigentliche Qualitäts-Andon-System begonnen.

Die Anpassung der Rahmenbedingungen bildete den ersten Schritt:

- Individuelle Pausen und Ablösung wurden zugunsten kollektiver Pausen abgeschafft.
- Pro Schicht fanden zwei 5-minütige Teammeetings statt, um regelmäßig und standardisiert über Arbeitssicherheit, Qualität und allgemeine Information zu sprechen.
- Die Teams erhielten Teamecken für Teambesprechungen und Pausen mit teambezogenen Informationstafeln.

- Die Gruppengröße wurde von 16 Mitarbeitern auf 6 reduziert und die Führungsspanne auf 35 Mitarbeiter pro Meister gesenkt. Entscheidend ist nicht wie bisher die Frage nach der Kontrollspanne, sondern die Frage : „Wie viele Mitarbeiter kann ich unterstützen?"

Im zweiten, entscheidenden Schritt ging es um das Training und die Einführung des neuen Produktionssystems mit den Qualitäts-Andon Grundsätzen, wie sie für Antwerpen definiert wurden (Abb. 4-10).

1. **Qualitätsstandards**
   - „Build-in" Qualität
   - Verantwortung der Team-Mitglieder
   Integration dieser Prinzipien in alle Operationen, die sich auf die Qualität auswirken
2. **Standardisierte Arbeitsabläufe**
   - Anpassung und ständige Aktualisierung der Arbeitsanweisungen
   - Gleiche Methoden in allen Schichten

3. **Anfordern von Hilfe bei Qualitätsproblemen**
   - ANDON-Reißleine
4. **Beurteilung**
   - Sicherstellen, dass das System nicht umgangen werden kann oder falsche Signale gegeben werden
   - Maßnahmen treffen, damit das System von allen Team-Mitgliedern in jeder Situation genutzt werden kann

5. **Problemlösung**
   - Maßnahmen vor Ort festlegen
   - Unterstützung weiterer Dienstleister festlegen
6. **Information und Lieferanten-Kunden-Beziehung**
   - Systematische Integration in den Produktionsprozess

Abb. 4-10: Andon – Die sechs Grundsätze

Mit diesen sechs Grundsätzen wurden klare Regeln zu Qualitätsstandards, zum Aufzeigen von Problemen, zur Problemlösung und zur Information und Kundenbeziehung etabliert. Im Rahmen eines einwöchigen Trainings in Eisenach wurden alle Mitarbeiter, alle Teamleiter und alle Führungskräfte mit diesen Grundsätzen vertraut gemacht. Durch eine 2-tägige Mitarbeit in der Linie konnten praktische Erfahrungen mit dem Andon-System gesammelt werden.

Der Start des Andon-Systems wurde bereichsweise vollzogen und von einem 20-köpfigen Team von Andon-Coaches unterstützt. Nach einer Woche der Vorbereitung – Einzelgespräche mit jedem Mitarbeiter an der Linie – wurde das Andon-System aktiviert. Nach der Einführungswoche blieb ein Andon-Coach im Bereich, um das System zu stabilisieren. Die Implementationsphase in der Linie dauerte ca. 6 Monate.

Von den Mitarbeitern wurde das System sehr positiv aufgenommen, weil sie damit die Möglichkeit hatten, Unterstützung bei Problemen anzufordern und zu erfahren, dass sofort jemand kommt, um zu helfen, wenn die Andon-Leine gezogen wird.

In der heißen Einführungsphase wurden 15 % der Schichtzeit für Stillstände durch Andon zugestanden. Bisweilen wurde in der Anfangsphase zu häufig die Andon-Leine betätigt und das neue System getestet. Mittlerweile hat sich das System stabilisiert, es wird mit 3 % Stillstandzeit bedingt durch Qualitäts-Andon gerechnet.

Die Einführung des Qualitäts-Andon als Kernstück schlanker Fertigung bedeutete einen enormen kulturellen Wandel für die Antwerpener Mannschaft. Die klassische Top-Down Pyramide kehrte sich um. Die wichtigsten Menschen in einem Montagewerk sind die Mitarbeiter an der Linie – durch sie erfolgt die Wertschöpfung am Produkt. Alle anderen Bereiche und Mitarbeiter sind da, um sie zu unterstützen.

So wurde in der Folge eine Reihe wichtiger Maßnahmen eingeleitet, um das neue „Lean" System zu unterstützen:

- Veränderung des Verbesserungsvorschlagwesens zur Förderung kleiner Vorschläge
- Klar beschriebene Aufgaben und Rollen für Mitarbeiter, Teamleiter, Meister, Bereichsleiter
- Regelmäßige Kommunikation (Teamgespräche, Treffen mit Teamleitern etc.)
- Intensives Training für Teamleiter
- Neue Angestellte arbeiten 2 Wochen in der Linie mit
- Neues Arbeitszeitmodell mit neuem Schichtsystem (3 Schichten mit je 8 Stunden) und Mehrarbeitsflexibilität

Bislang wurde diese Umwandlung eines „Brownfields" zu einem modernen, schlanken Montagewerk mit der Einführung des Qualitäts-Andon konzentriert auf die Bereiche Fertig- und Endmontage. Die Ergebnisse sind ermutigend und zeigen, dass ein nachhaltiger Wandel begonnen wurde (Abb. 4-11).

	Vor der Reorganisation	Aktuelles Ergebnis	Ziel
Qualität • „First time O.K.“ (Linienende) • Mängel pro Fahrzeug (Auditierung)*	 60% 100%	 91% 40%	 94% 30%
Fläche für Nacharbeit*	100%	50%	30%
Produktivitätsverbesserungen* (Performance)	100%	80%	75%
Verbesserungsvorschläge (pro Mitarbeiter/Jahr)	0,5	3,0	5,0

* Die Ausgangswerte werden als Basis (100%) herangezogen

Abb. 4-11: Ergebnisse der Reorganisation

Der Reparaturaufwand wurde deutlich reduziert und die First-Run OK-Rate ist erheblich gestiegen. Die Reparaturfläche wurde mittlerweile mehr als halbiert. Wenn der geplante Reparaturbereich trotz aller Bemühungen voll ist, wird nach wie vor das Band abgestellt, um die aufgetretenen Probleme zu adressieren und zu lösen.

Mit den eingeleiteten und vollzogenen Veränderungen hat das Antwerpener Werk einen großen Sprung gemacht und gezeigt, dass die Umwandlung eines klassischen „Brownfields“ – bei laufender Produktion und mit der gleichen Mannschaft – zu lean production möglich ist, auch wenn noch viele weitere Schritte der Umgestaltung und des Lernens notwendig sind.

Entscheidend für die erfolgreiche „Conversion“ waren eine klare Vision, eine kritische Masse von Managern, die bereit und in der Lage waren, diese Vision umzusetzen und die Orientierung auf die Mitarbeiter in der Linie, die den Veränderungsprozess aufnehmen und zunehmend einfordern, weil sie die nötige Unterstützung in der wertschöpfenden Arbeit benötigen.

In der Diskussion wurde erneut das Thema der Standardisierung und die Entwicklung der Zusammenarbeit in Antwerpen hervorgehoben. In der Beantwortung stellte Herr Brems heraus, dass die Mitarbeiter in der Linie diese Dinge schneller verstanden und aufgenommen hätten als manche Manager. Kleine Verbesserungen fließen dauernd in die Standardoperation ein und werden entsprechend von den Werkern selbst festgeschrieben. Die Führungskräfte haben durch ihr eigenes Arbeiten in der Linie und durch Schulung zur genauen Beobachtung der Arbeitsabläufe gelernt, die Standardisierung nicht zu formal, sondern lebendiger zu gestalten.

Zur Rolle des Teamleiters befragt, erläutert Herr Brems, dass die Teamleiter zu rund 50 % ihrer Zeit Abwesenheitsausgleich vornehmen und zu 50 % frei verfügbare Zeit für die Unterstützung und Problemlösung in der Linie haben. Je nach tatsächlicher Abwesenheit, seien mehr oder weniger Teamleiter in der Linie frei und verfügbar. Die geplante Abwesenheit liegt bei 8,5 %.

Auf Fragen zum Vergleich Antwerpen mit Eisenach antwortete Herr Brems, dass es nach wie vor einige Unterschiede gäbe und dass z. B. beim Qualitäts-Andon bei den gleichen Grundgedanken durchaus Variationen des Modells bestehen. Manches wird heute in Antwerpen etwas anders gestaltet als beim Eisenacher Modell, weil neue Erfahrungen aus der Umgestaltungsphase mit eingeflossen sind. Heute betrachten die anderen großen „Brownfield"-Werke Antwerpen eher als ein Modell schlanker Fertigung mit Qualitäts-Andon, weil die vollzogenen Veränderungsprozesse übertragbarer sind.

4.3 Audi

von Birgit Spanner-Ulmer

Im dritten Forum wurden Beispiele aus der Praxis der Firma Audi, zum einen aus dem Werk Ingolstadt, zum anderen vom Standort Györ in Ungarn vorgestellt.

Die Audi AG hat sich das Ziel gesetzt, durch die Optimierung der Arbeitsorganisation einen Wettbewerbsvorteil zu erzielen. Die dabei im Fokus stehenden Schlüsselbegriffe „Globalisierung" und „Produktionssystem", die auch im Mittelpunkt der Tagung standen, werden nicht nur kommuniziert, sondern auch gelebt. Audi als *Global Player* versteht darunter zum einen die Bedienung möglichst vieler Absatzmärkte, zum anderen die Präsenz an ökonomisch interessanten Standorten. Ein weiterer Faktor, der eine Firma zum Erfolg führt, ist u. a. ein leistungsfähiges Produktionssystem. Audi verfügt über ein solches gesamtheitliches Konzept, das in dieser Form 1997 entwickelt wurde und seither in allen Werken eingeführt und umgesetzt wird.

Das Audi Produktionssystem (APS) ist ein Netzwerk von fertigungsnahen, werkübergreifenden, standardisierten, organisatorischen Konzepten mit den Mitarbeitern im Mittelpunkt. Die neun Elemente des Audi Produktionssystems, die standardisierte Arbeit, das Materialsystem, die standardisierten Qualitätsprozesse, das Total Productive Maintenance, die Gruppenarbeit, die Arbeitsplatzorganisation, das visuelle Management, das Lösen von Problemen und der kontinuierliche Verbesserungsprozess wurden miteinander vernetzt und in Einklang gebracht (Abb. 4-12).

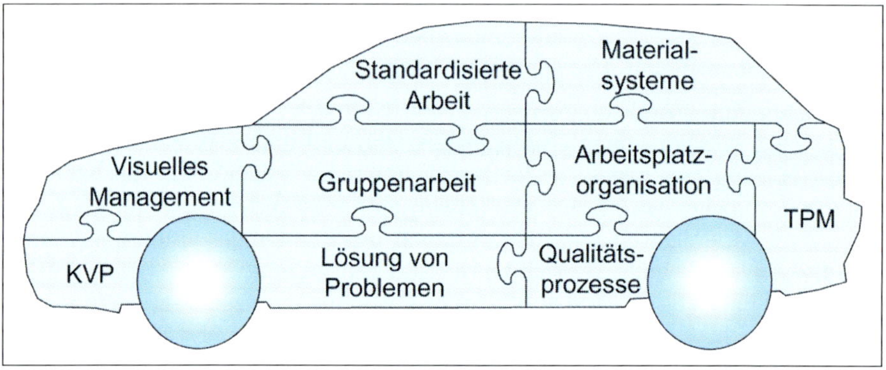

Abb. 4-12: Die neun Elemente des Audi Produktionssystems

In seinem Beitrag „Logistische Konzepte – ein strategischer Wettbewerbsfaktor in einer globalen marktorientierten Produktion“ ging Tilmann Stoßberg, Leiter Markenlogistik, u.a. auf die Schwerpunkte im APS-Element „Materialsysteme“ ein. Diese liegen in der weitgehenden Eigenverantwortung der Fertigungsgruppen beim Materialabruf, der Minimierung des Staplereinsatzes, dem schnellen Erkennen von Abweichungen vom Standard sowie der Sicherstellung des „First-in first-out“-Prinzips. Dabei folgt die Logistik dem *Pull-Prinzip*. Ausgehend vom Arbeitsplatz in der Fertigung, werden alle unterstützenden Teilprozesse iterativ und *line-back* über Transportsysteme zurück bis zum Lieferanten geplant und ausgeführt, um eine Materialversorgung im vereinbarten Zeitfenster zu erreichen (Abb. 4-13).

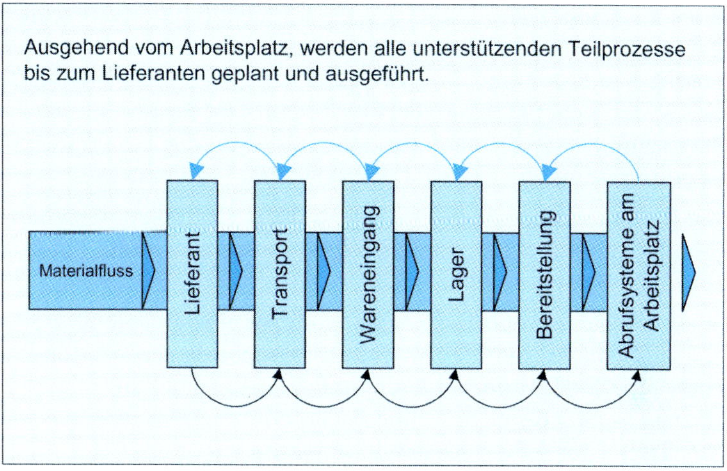

Abb. 4-13: Das Pull-Prinzip (line-back-Prinzip)

Eine mustergültige Logistik muss darüber hinaus weiteren Anforderungen genügen: hohe Just-in-Time-Anteile, eine möglichst geringe Fertigungstiefe durch modulare Vorfertigung, möglichst wenige Materialhandlingsstufen und verbauortnahe Ansiedlung der Systemlieferanten bei hoher Kapazitätsflexibilität und kurzen Wiederbeschaffungszeiten. Das Element „Materialsysteme" des Audi Produktionssystems beinhaltet zahlreiche Vorteile, die der Orientierung der Arbeitsorganisation dienen (Abb. 4-14).

Vorteile des APS-Elements: „Materialsysteme"

- ergonomische und sichere Arbeitsplätze
- eindeutige, überschaubare Prozesse
- Transparenz (Visualisierung) an jedem Punkt der Versorgungskette
- Sauberkeit und Ordnung (Reinraumkreisläufe)
- staplerarme Materialbereitstellung
- schnelle Reaktion auf Störungen und Gewährleisten von hoher Versorgungssicherheit
- Flächengewinn in der Fertigung
- Basis für die Produktivitätserhöhung in der Fertigung und der Materialversorgung
- Qualitätsverbesserung

Abb. 4-14: Audi Produktionssystem: Vorteile des APS-Elements: „Materialsysteme"

Als weiteres Ziel führte Herr Stoßberg die kundenorientierte Produktion an, d.h. das Streben nach hoher Liefertreue bei zunehmend kürzeren Lieferzeiten. Die logistische Voraussetzung dazu ist neben der Prozesssicherheit in der Versorgungskette die Sicherstellung von Flexibilität. Die Flexibilität wird sowohl beschaffungsseitig (+/– 15 % mit dem Lieferanten vereinbart) als auch produktionsseitig gefordert und bei Audi „atmende Fabrik" genannt.

Im zweiten Beitrag aus der Audi-Praxis legte Herr Hoffmann, Geschäftsführer der Audi Hungaria Motor Kft., die „Erfolgsvoraussetzungen für einen internationalen Fertigungsstandort" dar.

Aus im Wesentlichen drei Gründen setzt Audi auf eine globale Strategie. Zum einen spielt die Bedienung interessanter Märkte sowie die Reduzierung von Einfuhrabgaben eine Rolle, zum anderen stellt die Erschließung neuer Absatzmärkte über neue Standorte mit „Local Content" Umfängen einen wichtigen Faktor dar. Schließlich ist die Kostenoptimierung von großer Bedeutung. Vor allem bei arbeitsintensiven Herstellungsprozessen lassen sich die Herstellungskosten der Produkte durch eine Verlagerung der Fertigung in kostengünstigere Länder durch die sog. Mischkalkulation reduzieren.

Die Errichtung eines neuen Werks auf der „grünen Wiese" ermöglichte die Umsetzung der Grundsätze einer „schlanken Fabrik". Ein Charakteristikum dafür ist die geringe Anzahl von Berichtsebenen (Abb. 4-15).

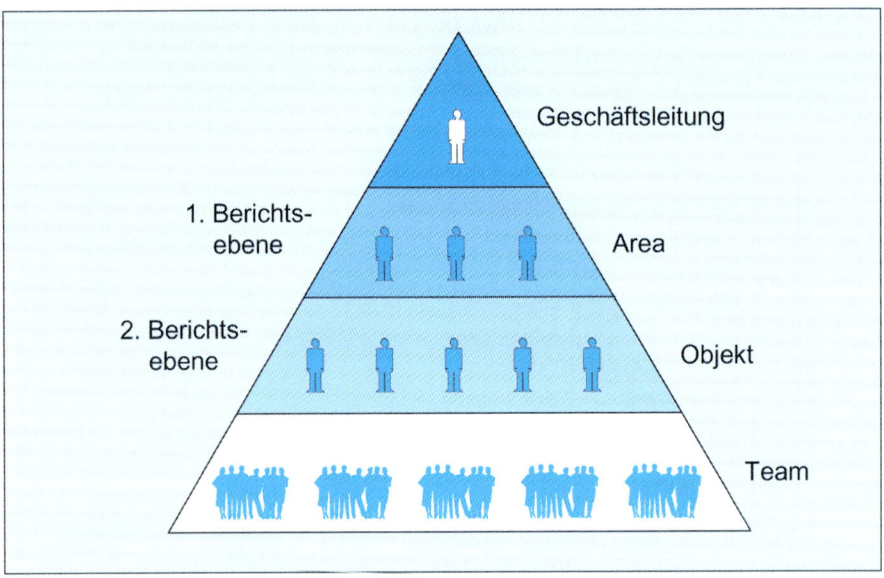

Abb. 4-15: Berichtsebenen einer „schlanken Fabrik"

Die Area-Manager berichten direkt an die Geschäftsleitung. Sie sind für die Kernaufgaben des Unternehmens (z.B. Logistik, Produktion, Qualitätssicherung, Personal) verantwortlich. Die zweite Berichtsebene stellen die Objekt-Manager dar. Sie verantworten einen Teilbereich einer Area (z.B. die Vorserienlogistik innerhalb der Logistik). Seit Produktionsaufnahme wird in Györ in Teams gearbeitet. Alle Mitarbeiter durchliefen und durchlaufen ein Assessment-Center, bei dem das Hauptaugenmerk auf die Teamfähigkeit der Mitarbeiter gelegt wird. Die Teams werden durch einen Teamsprecher vertreten (Abb. 4-16). Der Teamsprecher wird vom Unternehmen nach Anhörung des Teams bestimmt. Seine Hauptaufgaben sind die Koordination des Teams zur Erledigung der gemeinsamen Arbeitsaufgabe sowie die Vorbereitung und Durchführung der Teamgespräche. Die Tätigkeit des Teamsprechers wird in Form einer Funktionszulage vergütet.

Aufgaben des Teamsprechers

- hat keine disziplinarische Weisungsbefugnis
- ist ein aktives Teammitglied und arbeitet bei Bedarf mit
- ist Ansprechpartner des Teams nach außen
- handelt nach dem Prinzip „überzeugen statt anweisen"
- koordiniert das Team bei der Erledigung der gemeinsamen Arbeitsaufgabe
- setzt sich für sein Team ein
- setzt zusammen mit dem Team die Zielvereinbarungen der gemeinsamen Arbeitsaufgabe um
- hält die Teamarbeitstafel mit den Leistungsdaten des Teams auf dem neuesten Stand
- moderiert die Teamgespräche und bereitet die Themen vor

Abb. 4-16: Aufgaben des Teamsprechers

Dienstleistungen und Arbeitsfolgen, die nicht direkt zum Kerngeschäft gehören, werden konsequent nach außen vergeben. Die starke Einbindung der Mitarbeiter erfolgt durch die konsequente Umsetzung des APS-Elements Gruppenarbeit, in Györ auch Teamarbeit genannt. Gefördert und überwacht wird die Anwendung und Umsetzung von Inhalten wie Entscheidungskompetenz,

Selbststeuerung und Selbstverantwortung. Auch die im Werk Györ eingeführte einheitliche, rote Arbeitskleidung unterstützt diesen Prozess. Primär verhindert die funktionelle Arbeitskleidung eine Beschädigung der Fahrzeuge z. B. durch Kratzer. Zugleich sorgt sie für ein einheitliches und harmonisches Erscheinungsbild.

Einen weiteren Schwerpunkt bildet die Einführung standardisierter Arbeit. Sie zeigt insbesondere dann Vorteile, wenn neue Fertigungsprozesse im Unternehmen installiert werden. Da die Arbeitsabläufe und Arbeitsmethoden einheitlich festgelegt sind, ist die Basis für die Sicherheit der Arbeitsausführung, die vollständige Erfassung aller zugeordneten Verrichtungen geschaffen.

Arbeitsteilung auch im Konzern und die Nutzung von Ressourcen münden bei der Fahrzeugfertigung in die Verbundfertigung. So legte Herr Hoffmann eindrucksvoll dar, wie die vorhandenen, kapitalintensiven Kapazitäten anderer Audi-Standorte für die Produktion des TT genutzt werden. Die personalintensive Montage des TT erfolgt in Györ (Abb. 4-17).

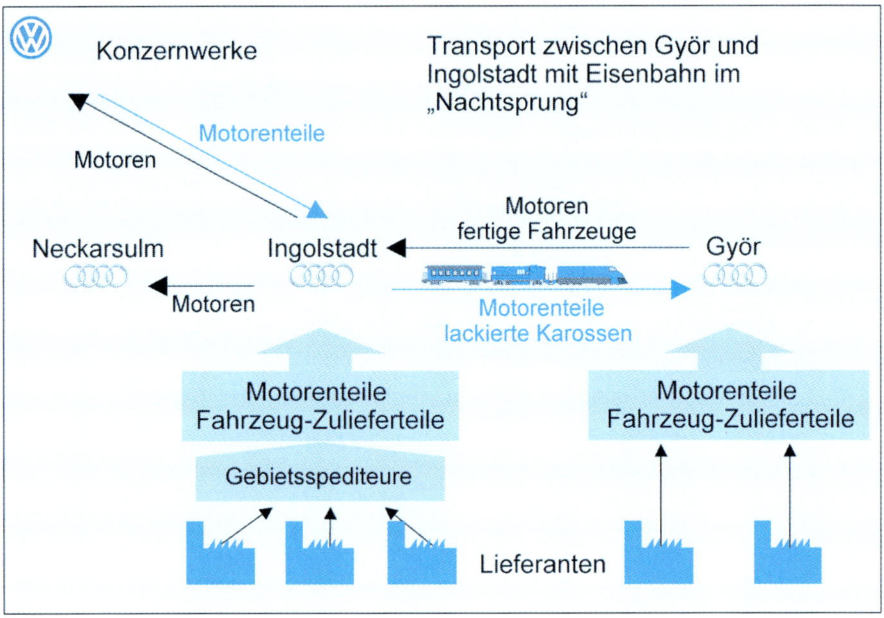

Abb. 4-17: Die Verbundfertigung bei Audi

In der anschließenden Diskussion wurde vor allem auf die Spezifika, die durch den Aufbau eines neuen Werkes im Ausland bedingt sind, eingegangen. So wurde der Stand der Einbeziehung ungarischer Lieferanten und Hochschulen in die

Aktivitäten des Werkes Györ nachgefragt. Herr Hoffmann schilderte, dass mittlerweile ungarische Lieferanten voll in den Prozess eingebunden sind. Er machte, in Bezug auf die Hochschulkontakte, auf die bis dato durch den Aufbau des Werkes angespannte Situation des Werkes aufmerksam und betonte, dass das Interesse an hochqualifiziertem Personal und an der Zusammenarbeit mit den ungarischen Hochschulen weiter intensiviert werde.

Eine andere Frage betraf die Sprachproblematik. Da Györ in Westungarn liegt, spricht ein Großteil der Bevölkerung aufgrund enger Beziehungen zu Österreich oder Deutschland deutsch. Dementsprechend stellt weniger die Sprache als vielmehr die kulturell bedingte Mentalität ein Problem dar. Mittels Trainingsprogrammen werden Eigenverantwortung und Selbststeuerung der ungarischen Mitarbeiter gefördert.

Insbesondere das Thema Team- bzw. Gruppenarbeit ist für die Ungarn neu. Daraus ergibt sich, dass bei der Auswahl der Mitarbeiter auf die Sozialkompetenz und die Teamfähigkeit zu achten ist. Herr Hoffmann wies darauf hin, dass vor allem junge Mitarbeiter die Vorteile von Team- bzw. Gruppenarbeit schnell erkennen und durch entsprechende Trainings gut darauf vorbereitet werden können.

Eine weitere Frage hatte die betriebliche Mitbestimmung in Ungarn und ihre Vergleichbarkeit mit deutschen Verhältnissen zum Inhalt. Herr Hoffmann erklärte, dass in Ungarn das Mitbestimmungsrecht nicht identisch mit dem in Deutschland existierenden Recht sei. Bei Audi Hungaria Motor Kft. sind zwei Gewerkschaften mit einem gewählten Betriebrat vertreten. Per Gesetz ist der Betriebsrat zum Teil freigestellt. Die Werkleitung arbeitet kooperativ mit dem Betriebsrat zusammen, informiert ihn und nutzt ihn als Kommunikationsschnittstelle zum Mitarbeiter.

Weitere Fragen bezogen sich auf die Erfahrung mit der Standardisierung von Arbeitsplätzen. Gerade an einem neuen Standort, an dem innerhalb von zwei Jahren die Mitarbeiterzahl von 1000 auf 4000 Personen anstieg, spielt die Standardisierung von Arbeitsplätzen eine wichtige Rolle. Nur damit funktioniert die Einarbeitung vieler neuer Mitarbeiter reibungslos. Die Dokumentation erfolgt in einem Standard-Arbeitsblatt. Dazu schloss sich eine Frage zu dessen Veränderung an. Die Mitarbeiter haben die Möglichkeit, im Team die Arbeitsfolgen und Arbeitsinhalte vor allem auch hinsichtlich der Ergonomie zu diskutieren, wobei ein weiteres Ziel immer auch die Berücksichtigung der Kosten sein muss.

Zu beiden Vorträgen und der regen Diskussion kann abschließend folgendes Resümee gezogen werden: mit Hilfe von durchdachten und konsequent umgesetzten Produktions- und Logistik-Konzepten sowohl im Inland als auch im Ausland ist die Audi AG zu höchst effizienten Leistungen für ihre Kunden fähig. Um noch besser zu werden, sind die ökonomischen Interessen der Betriebs- und Arbeitsorganisation mit den individuellen Interessen des Menschen zu harmonisieren.

4.4 DaimlerChrysler

von Roland Springer

Im Anschluss an die Präsentation und Diskussion der Praxisbeispiele Ford Saarlouis und Valencia stellte DaimlerChrysler im Rahmen des Forums A Konzept und Umsetzung der Produktionssysteme im Werk Rastatt (Daimler) und im Werk Sterling Heights (Chrysler) dar.

Beide Werke verfügen über kohärent beschriebene Produktionssysteme, die in Abstimmung mit den jeweiligen Arbeitnehmervertretungen Mitte der 90er Jahre entwickelt worden sind und sich seitdem in der Umsetzung befinden. Der Umsetzungsprozess ist in beiden Werken noch nicht vollständig abgeschlossen, und in beiden Fällen werden auf der Basis des im Zuge der Fusion von Daimler-Benz und Chrysler im Jahre 1999 neu beschriebenen DaimlerChrysler-Produktionssystems weitere inhaltliche Anpassungen vorgenommen. Ziel des neuen DaimlerChrysler Konzerns ist es, unter Berücksichtigung standortspezifischer Rahmenbedingungen und unterschiedlicher Produkte, ein weitgehend einheitliches Produktionssystem in allen Werken umzusetzen. Das Produktionssystem orientiert sich dabei an denjenigen Produktionsmethoden, die nach dem jeweiligen Kenntnis- und Erfahrungsstand im Sinne von „Best-Practice"-Methoden ein Höchstmaß an Effizienz und Qualität ermöglichen. Bestehende und praktizierte Methoden bleiben jedoch nicht auf alle Zeiten unverändert, sondern unterliegen einer ständigen Überprüfung und Weiterentwicklung.

Besonders gut sichtbar wurde dies am Beispiel des Werkes Rastatt, wo auf der Grundlage breiter Erfahrungen mit neuen Formen der Arbeitsorganisation in der ersten Hälfte der 90er Jahre, Mitte der 90er Jahre das Rastatter Produktionssystem (RPS) entwickelt worden ist (Abb. 4-18). Ziel des Werkes war es von vornherein, die insbesondere zu japanischen Wettbewerbern bestehenden Produktivitätsnachteile zu beseitigen. Eine herausragende Rolle kam und kommt dabei, wie Olaf Dunkler, im Werk für die Entwicklung und Umsetzung des Systems zuständig, betonte, der Gruppenarbeit zu. Rastatt war und ist eines der wenigen Automobilmontagewerke – nicht nur in Deutschland – in dem durchgängig (zu 100 %) Gruppenarbeit umgesetzt ist. Gerade die Gruppenar-

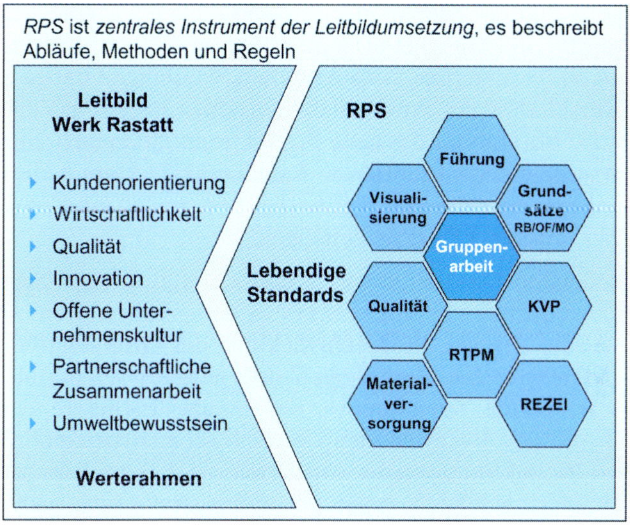

Abb. 4-18: Das Rastätter Produktionssystem (RPS)

beit wurde im Laufe der 90er Jahre jedoch den sich verändernden Produktionsbedingungen angepasst.

Während in der ersten Phase des Werkes, in der zur Entlastung des Werkes Sindelfingen in relativ kleiner Stückzahl Fahrzeuge der E-Klasse gefertigt worden sind, Gruppenarbeit mit Arbeitsinhalten zwischen 15 Minuten und 3 Stunden sowohl in Linien- und (bandentkoppelten) Boxenstrukturen realisiert wurde, wird die A-Klasse heute von Arbeitsgruppen in einem Einliniensystem in einer Taktzeit von 1,3 Minuten hergestellt. Die Arbeitszyklen in den Linien wurden deutlich verkürzt, da sich die zunächst realisierten langen Zyklen laut Dunkler sowohl unter Effizienz- wie unter Flexibilitätsgesichtspunkten für die Mitarbeiter unter Bedingungen der Großserienfertigung als nur bedingt leistbar erwiesen. Die Arbeitsumfänge wurde für die Mitarbeiter verkürzt und damit beherrschbarer gemacht. Gleichzeitig wurden die Rotation forciert und indirekte Tätigkeiten den Gruppen zugeordnet, sodass der einzelne Mitarbeiter nicht nur taktgebunden arbeitet, sondern in Rotation auch qualifizierte Umfeldaufgaben ausführen kann. Der Standardisierungsgrad der taktgebundenen Tätigkeiten ist in den Gruppen heute jedoch ausgeprägter als früher.

Die Standardisierung von Tätigkeiten ist zugleich die Basis des Kontinuierlichen Verbesserungsprozesses (KVP), der ebenso wie die Gruppenarbeit neben sieben weiteren Instrumenten fester Bestandteil des Rastatter Produktionssystems ist, das sich wiederum am Leitbild des Werkes orientiert.

Effizienz und Qualität konnten auf der Basis des neuen Systems, in dem sämtliche Führungskräfte und Mitarbeiter in mehrtägigen Trainings geschult wurden, deutlich gesteigert werden. Die systematischen Schulungen haben ein gemeinsames Grundverständnis des Autobauens entstehen lassen, das auch dazu geführt hat, dass die Mitarbeiter das neue Produktionssystem nicht nur verstehen, sondern auch weitgehend akzeptieren. Laut Dunkler kommt dies vor allem darin zum Ausdruck, dass die Mitarbeiter sich zunehmend am Kontinuierlichen Verbesserungsprozess (KVP) aktiv beteiligen.

In der anschließenden Diskussion wurde dieser optimistischen Sichtweise von einzelnen Diskussionsteilnehmern teilweise widersprochen. Zum einen wurde darauf hingewiesen, dass die Weiterentwicklung der Gruppenarbeit insbesondere für den Betriebsrat des Werkes ein Schritt gewesen sei, der nicht leicht zu akzeptieren war. Heute seien jedoch wesentliche Elemente der mit dem Gesamtbetriebsrat des Unternehmens vereinbarten Arbeitspolitik zentraler Bestandteil des Produktionssystems, sodass auch der Betriebsrat und die Mitarbeiter mit dem System leben können. Positiv sei gerade auch aus Sicht des Betriebsrates, dass man über eine verbindliche, für alle Mitarbeiter verständliche Handlungsanleitung zum Autobauen verfügt, die allen Beteiligten eine Orientierung bietet.

Des Weiteren wurde in der Diskussion kritisch angemerkt, dass mit dem geschilderten Produktionssystem kein erkennbar neuer arbeitorganisatorischer Schritt vollzogen worden sei, sondern sich vieles eher wie eine Rückkehr zu alten tayloristischen Methoden darstelle. Diesem Einwand wurde nicht grundsätzlich widersprochen. Es wurde jedoch darauf hingewiesen, dass insbesondere die Beteiligung der Mitarbeiter an der Gestaltung und Optimierung der Arbeitssysteme, wie sie heute in Rastatt praktiziert wird, dem Taylorismus eigentlich fremd ist. Einen unmittelbaren Eindruck zu dieser strittigen Frage konnten sich die Teilnehmer bei einer Werksbesichtigung am Ende der Konferenz verschaffen.

Das Thema Gruppenarbeit stand auch im Zentrum der Diskussion über das zweite Praxisbeispiel von DaimlerChrysler, das PKW-Montagewerk Sterling Heights in den USA. In diesem Werk werden drei Fahrzeugtypen, der Chrysler Cirrus, der Dodge Stratus und der Plymouth Breeze einlinig montiert. Gefertigt werden die Fahrzeuge, wie Michael Tonietto (Werkleiter) und William Hebron (Gewerkschaftsvertreter) in ihrem Vortrag gemeinsam betonten, auf der Grundlage der Chrysler Operating Principles (Abb. 4-19), die für alle Chrysler Werke gelten.

- *Verinnerlichen der „4 Basics“*
  - Standardisierte Arbeitsanweisungen
  - „5-S‘s“ (Sift, Sort, Sweep, Sanitize, Sustain)
  - Vorbeugende Instandhaltung
  - Statistische Prozess-Kontrolle (SPC)
- *Entwicklung robuster, leistungsfähiger und selbstkontrollierender Prozesse*
- *Vermeidung der 7 Arten der Verschwendung bei*
  - Qualitätsmängeln, Überproduktion, Beständen, Transport, Verarbeitung, Wartezeiten, Bewegungen
- *Aufbau eines Qualitätssicherungssystems in der Produktion und Ableitung von Standards zur Unterstützung der Produktions-Prinzipien*

Abb. 4-19: Produktions-Prinzipien (Operating System Principles-OSP)

Auch dieses System ist Mitte der 90er Jahre bei Chrysler entwickelt worden. Chrysler hat sich dabei sehr stark an den Erfahrungen mit dem Toyota Produktionssystem in den USA orientiert und für die Umsetzung des Systems zahlreiche Führungskräfte und Fachleute von Toyota-Werken (z. B. *Michael Tonietto*) abgeworben.

Im ersten Schritt wurde in den Werken ab 1994 zunächst das Verständnis für die Hintergründe und Inhalte des Produktionssystems zu wecken versucht. Auf allen Ebenen wurden die Führungskräfte daher in den Inhalten des Systems top down geschult. Danach fanden erste Experimente mit so genannten „Lernlinien“ (Learning Lines) statt, an die sich dann wiederum ein umfassendes Schulungsprogramm für Führungskräfte zur breitflächigen Umsetzung anschloss (Abb. 4-20).

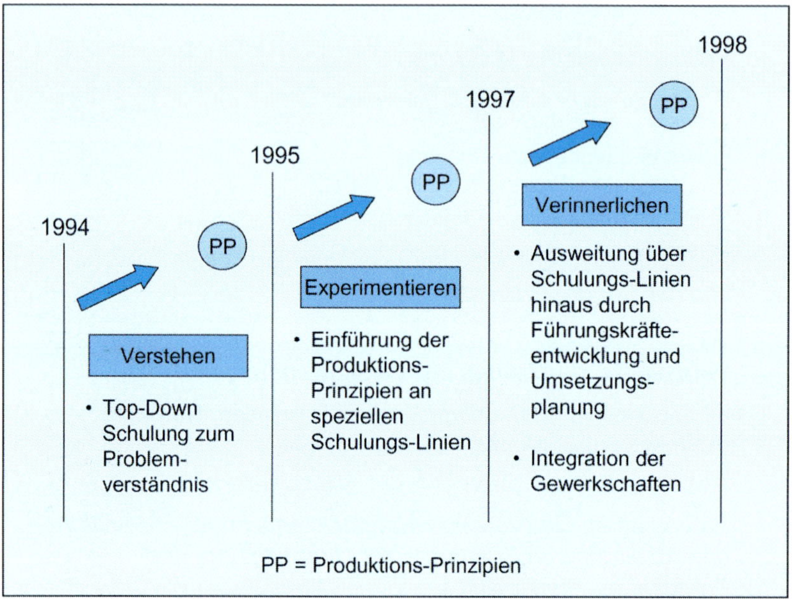

Abb. 4-20: Einführung der Produktions-Prinzipien bei DaimlerChrysler

Zu diesem Zeitpunkt wurden auch die Gewerkschaften mit dem System vertraut gemacht und in die Umsetzung einbezogen. In Sterling Heights gibt es heute (wie in allen anderen Chrysler-Werken) einen so genannten Local Employee Participation Council, der von Managementseite und Gewerkschaftsseite paritätisch besetzt ist (Abb. 4-21).

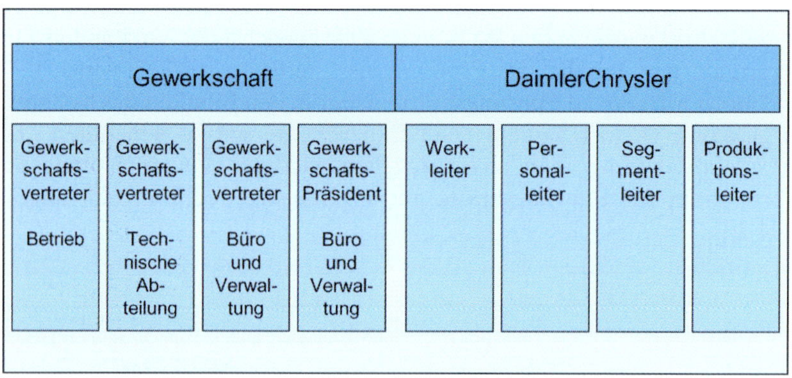

Abb. 4-21: Local Employee Participation Council

Über diesen „Partizipationsrat“ wird die Umsetzung des Produktionssystems im Werk gesteuert. Tonietto und Hebron machten deutlich, dass eine so enge Zusammenarbeit zwischen Werkleitung und Gewerkschaft noch nicht in allen Werken üblich sei, im Werk Sterling Heights aber auf beiden Seiten gute Erfahrungen bei der gemeinsamen Bewältigung von Wettbewerbsproblemen gemacht worden sind. Anhand plastischer Beispiele wurden einzelne Umstellungs- und Verbesserungsmaßnahmen im Werk veranschaulicht.

In der anschließenden Diskussion wurde die Frage gestellt, wie denn zu erklären sei, dass in dem beschriebenen Produktionssystem Team- oder Gruppenarbeit eine bestenfalls untergeordnete Rolle spielten. Tonietto wie auch Hebron erklärten übereinstimmend, dass dies vor allem daran liege, dass die amerikanischen und kanadischen Gewerkschaften (UAW, CAW) Team- oder Gruppenarbeit grundsätzlich ablehnend gegenüberstehen. Dies erklärt sich im Wesentlichen daraus, dass flexible Arbeitsformen z. T. den etablierten gewerkschaftlichen Regelsystemen, z. B. den so genannten *job classifications*, widersprechen. So scheitert beispielsweise die Integration indirekter Tätigkeiten in die Produktion meist daran, dass die für die indirekten Bereiche *(skill trades)* zuständigen Gewerkschaftsvertreter solche Maßnahmen ablehnen.

Die unterschiedlichen Haltungen zur Gruppenarbeit machen deutlich, dass Standortbedingungen bei der Umsetzung des DaimlerChrysler-Produktionssystems eine nicht zu unterschätzende Rolle spielen. Dabei kommt der jeweils zwischen Unternehmensleitung und Interessenvertretung vereinbarten Arbeitspolitik eine besondere Bedeutung zu.

4.5 BMW

von Joachim Ritter

Die Personalpolitik bei BMW basiert auf dem Konzept der Mitarbeiterorientierung. Dahinter steht die Überzeugung, dass das wichtigste Unterscheidungsmerkmal zwischen erfolgreichen und weniger erfolgreichen Unternehmen die Mitarbeiter sind. Dies ist zunächst einmal schwer wissenschaftlich zu beweisen, ist aber doch für jeden klar ersichtlich: Fabriken oder auch Entwicklungszentren können auf der grünen Wiese irgendwo auf der Welt gebaut werden, die Technik, die Informationstechnologie kann man sich kaufen, die Schaffung rundum guter Produkte gelingt einem Unternehmen aber nur mit kreativen Mitarbeitern, die zur Übernahme von Initiative und Verantwortung bereit sind.

Worauf es also wirklich ankommt, ist das Wissen und Können der Mitarbeiter und die Nutzung dieses Wissens. Nutzung heißt hier: einmal die Bereitschaft seitens der Mitarbeiter, ihr individuelles Know-how, ihre Potentiale einzubringen und es so zum Teil des „kollektiven Wissens“ des Unternehmens zu machen. Zum anderen aber auch: die Bereitschaft des Unternehmens, dieses individuelle Wissen abzurufen, also möglichst wenig individuell vorhandenes Wissen nicht zu nutzen oder nicht nutzen zu können – entweder wegen fehlender Leistungsmöglichkeiten für den Einzelnen oder wegen Reibungsverlusten durch mangelnde oder konfliktbehaftete Zusammenarbeit.

Egal wie die Veränderungsprozesse heißen – Gruppenarbeit, neue Arbeitsstrukturen, Total Quality Management, Geschäftsprozessoptimierung oder Reengineering, es geht immer darum, Abläufe und Strukturen so zu verändern, dass die Mitarbeiter ihre individuellen Fähigkeiten effektiv einsetzen können, dass sie ihre Leistung voll einbringen können. Um Spitzenleistungen zu erbringen, müssen alle Mitarbeiter „Mitdenker“ und „Mitgestalter“ sein – man könnte auch sagen: sein wollen und sein dürfen. Daran arbeitet BMW, und wie das in einem Werk aussieht, konkret im Werk Regensburg, hat Herr Frank, Werkleiter in Regensburg, erläutert.

Dabei wurde zweierlei deutlich: Zum einen ist es BMW gelungen, das schwedische Modell, das sich hauptsächlich an der Attraktivität des Arbeitsprozesses orientiert, und das japanische, das fast ausschließlich auf Effizienzsteigerung zielt, zu verbinden (Abb. 4-22). Arbeitszufriedenheit und Produktivität sind – nach wie vor – gleichwertige Ziele der neuen Arbeitsstrukturen bei BMW.

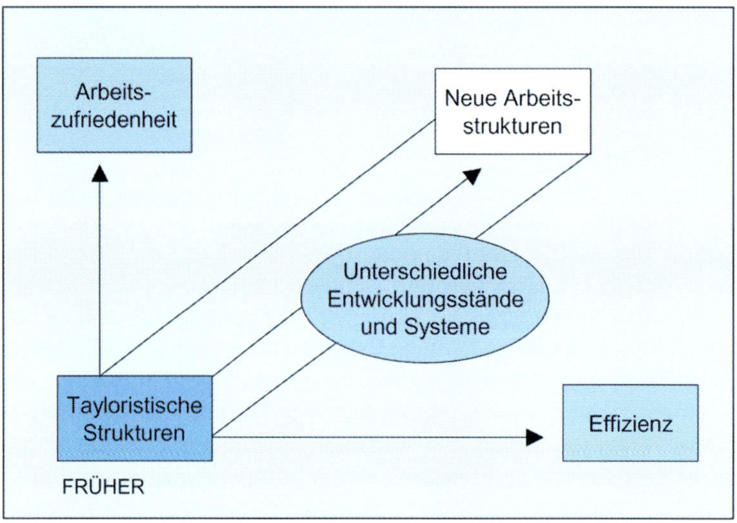

Abb. 4-22: Der Weg zu neuen Arbeitsstrukturen

Der zweite Punkt, den Herr Frank herausgearbeitet hat, ist die Ganzheitlichkeit des BMW Weges: So werden die Kernelemente der neuen Arbeitsstrukturen (Abb. 4-23)

- Gruppenarbeit (gemeinsame Gruppenaufgabe, Selbstorganisation, Gruppenräume/-gespräche, Gruppensprecher),
- Aufgabenintegration (d. h. die Anreicherung der Hauptaufgabe Produktion durch Instandhaltungs-, Logistik- und Qualitätssicherungsaufgaben) und
- KVP (der Kontinuierliche Verbesserungsprozess im Rahmen der Gruppengespräche und in speziellen Intensivmaßnahmen)

abgesichert durch unterstützende Elemente wie

- unterschiedliche Funktionsbilder, d.h. unterschiedlich vielseitige, unterschiedlich anspruchsvolle Aufgabenkombinationen mit entsprechend unterschiedlichen Entgeltgruppen, verbunden mit der Möglichkeit der Weiterentwicklung für jeden Mitarbeiter,
- eine jährliche Leistungsbeurteilung aller Produktionsmitarbeiter, die zu einer differenzierten Leistungszulage führt (denn auch in Gruppenarbeit sind nicht alle Mitarbeiter gleich; der eine tut weniger für das Ergebnis der Gruppe, der andere mehr, indem er beispielsweise neue Mitarbeiter bei der Einarbeitung unterstützt, aushilft, wenn Not am Mann ist, Probleme losen hilft usw.),
- ein top down/bottom up Zielvereinbarungsprozess, der alle Mitarbeiter einbezieht,
- regelmäßige Mitarbeiterbefragungen, die nicht nur Globalthemen für das Management liefern, sondern die lokal bis in die einzelnen Gruppen ausgewertet und besprochen werden, sodass vor Ort durch die Mitarbeiter der Handlungsbedarf analysiert und Maßnahmen zur Verbesserung der Situation vereinbart werden können,
- ein einfaches, schnelles und unbürokratisches Ideenmanagement,
- mitarbeiter- und teamorientierte Führung,
- intensive Information und Kommunikation.

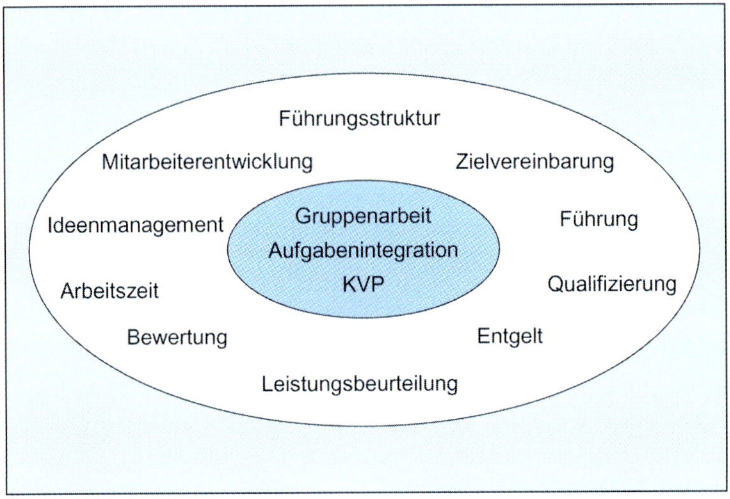

Abb. 4-23: Elemente der neuen Arbeitsstrukturen

Standardisierung ist *kein* Element der neuen Arbeitsstrukturen bei BMW. Im Vordergrund unserer Erwartungen an unsere Mitarbeiter steht nicht, dass sie sich an detaillierte Standards halten, sondern dass sie sich aktiv einbringen, anderen aushelfen, Probleme aufzeigen, an Problemlösungen mitarbeiten, sich auch bis zu einem gewissen Grad selbst organisieren. So haben unsere Mitarbeiter beispielsweise ein Mitspracherecht bei der Personalbemessung: Die von der Planung ermittelten Arbeitsinhalte und Vorgabezeiten werden mit den Mitarbeitern besprochen, und in dieser Diskussion wird überprüft, ob auch alle Aufgaben berücksichtigt wurden und die ermittelten Zeiten realistisch sind. Wenn die Mitarbeiter – wie bei Toyota – ihre Standardarbeitsabläufe selbst beschreiben, ist gegen eine Standardisierung zunächst nichts einzuwenden. Allerdings geht Standardisierung in der Regel aber mit kurzen Taktzeiten, wenig Aufgabenanreicherung und vergleichsweise viel Überwachung einher, im Extremfall bis zur Kontrolle des „richtigen" Bewegungsablaufs.

Eine solche Standardisierung ist für uns nicht erstrebenswert, und wir glauben, dass unsere Mitarbeiter eine solche Einengung ihrer Spielräume nicht akzeptieren würden. Leistungszurückhaltung aber können wir uns nun überhaupt nicht leisten! Dazu kommt: Bei einer durchschnittlichen Führungsspanne von 1:40, beispielsweise in der Montage, könnten unsere Meister die Einhaltung detaillierter Vorgaben gar nicht gewährleisten, und die Gruppensprecher haben eine andere Rolle. Mehr indirektes Personal zur Durchsetzung von Standards aber klingt für uns nach „Muda“ (vielleicht eine neue, die achte Art der Verschwendung?).

Die agile Fabrik braucht agile Mitarbeiter, deshalb muss es vorrangig darum gehen,

- durch Information und Kommunikation z.B. im Rahmen der regelmäßig stattfindenden Gruppengespräche, durch die Einbindung aller Mitarbeiter in den Zielvereinbarungsprozess, den Sinn und die Notwendigkeit von Maßnahmen zu vermitteln, also die Wettbewerbssituation darzustellen wie auch den Beitrag, den der Einzelne für das Ganze erbringt,
- durch das Bereitstellen von sauberen und ansprechenden Gruppenräumen, durch sichere und ergonomische Arbeitsplätze, durch die Einbindung der Mitarbeiter in ihre Angelegenheiten zum Beispiel über die Mitarbeiterbefragungen (die ja echte Interventionen sind und beileibe kein Instrument zur Management-Information), den Mitarbeitern das Gefühl zu geben, dass sie als Menschen und nicht als Produktionsfaktor angesehen werden,
- durch die Möglichkeit, Verantwortung zu übernehmen, durch entsprechende Dispositions- und Handlungsspielräume die vorhandene Qualifikation, das vorhandene Know-how optimal auszunutzen,
- und – last but not least – durch das Prinzip „Leistung verlangt Gegenleistung“ (also beispielsweise die Schaffung von Aufstiegsmöglichkeiten für den Einzelnen im Rahmen der Funktionsbilder, durch eine individuelle Leistungszulage, durch eine Beteiligung am Unternehmenserfolg) ein Gefühl zu erzeugen, dass das Unternehmen „fair“ handelt, dass Leistung anerkannt wird.

Diese Punkte sind entscheidend für eine echte Identifikation mit dem Unternehmen, und diese Identifikation ist letztlich Voraussetzung, um die notwendigen Effizienzsteigerungen mit den Mitarbeitern gemeinsam zu erreichen. Unser Ziel ist, vereinfacht gesagt, Effizienzsteigerung durch Motivation. Das ist nicht Sozialromantik, sondern Mitarbeiterorientierung, und auf Dauer wird jede Personalpolitik, die nicht mitarbeiterorientiert ist, zu negativen Kostenauswirkungen führen und damit unwirtschaftlich sein.

Im zweiten Vortrag aus dem Hause BMW haben Colin Mitchell und Peter Vaux das neue BMW Motorenwerk in Hams Hall in England vorgestellt, das in diesem Jahr die Produktion aufnehmen wird. Wir haben dieses Werk ausgewählt, weil Hams Hall in Großbritannien mit teilweise revolutionären Änderungen im Bereich der Arbeitsorganisation in Verbindung gebracht wird. Die tarifpolitischen Rahmenbedingungen in England sind noch nicht alle so, dass sie unseren gesamthaften Ansatz der neuen Arbeitsstrukturen unterstützen. In Fragen der Arbeitszeit haben wir allerdings den Durchbruch bereits geschafft.

In Hams Hall stehen drei Zeitrahmen zur Verfügung, die bis zum Erreichen der Kammlinie nacheinander zum Einsatz kommen (Abb. 4-24).

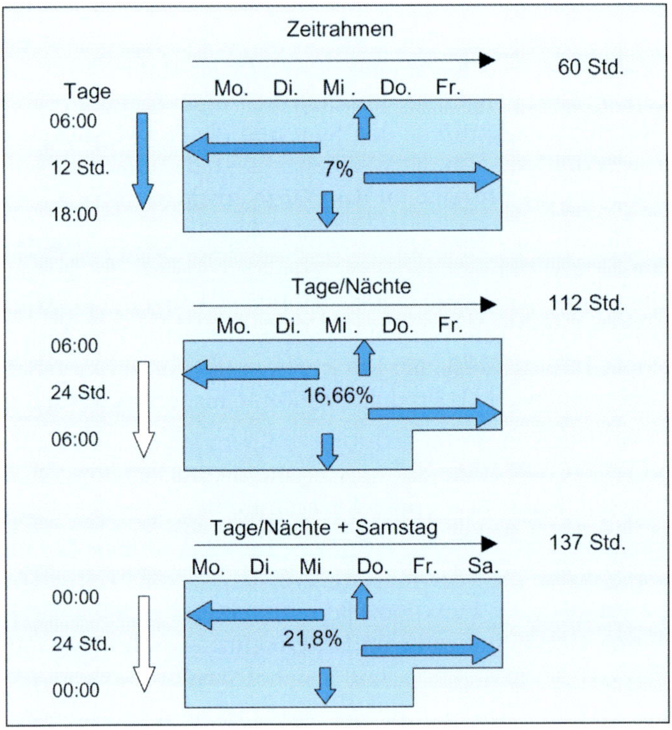

Abb. 4-24: Zeitrahmen und Zulagen

- Stufe 1 umfasst eine einschichtige Arbeit mit *einer* Schichtbesatzung von Montag bis Freitag (Zeitvolumen 60 Stunden)
- Stufe 2 umfasst kombinierte Tag- und Nachtschichten mit *zwei* Schichtbesatzungen von Montag bis Freitag (Zeitvolumen 112 Stunden)
- Stufe 3 umfasst kombinierte Tag- und Nachtschichten von Montag bis Samstag mit 3 Schichtbesatzungen (Zeitvolumen 137 Stunden)

Jede Stufe lässt nun in Abhängigkeit von den benötigten Produktionskapazitäten flexible Arbeitszeiten zu. Beispielsweise kann im Arbeitszeitmodell der Stufe 1 vier Tage (Montag bis Donnerstag) 9 Stunden täglich gearbeitet werden (36 Stunden) oder von Montag bis Freitag 9 Stunden täglich (also 45 Stunden). Die Abweichung von der Standardarbeitszeit (37 Stunden/Woche) wird auf einem

Zeitkonto erfasst, wie es in unseren deutschen Werken seit nunmehr 4 Jahren mit großem Erfolg praktiziert wird, was aber im angloamerikanischen Raum bisher undenkbar war.

Die zeitliche Flexibilität des Mitarbeiters wird mit einer Zulage von 7 % (Stufe 1), 16,66 % (Stufe 2) bzw. 21,8 % (Stufe 3) honoriert.

Dieselbe Agilität, die unsere Fabriken in Deutschland auszeichnet, erwarten wir natürlich auch von unseren Werken in England. Der Transfer von Know-how stellt dabei im Konzern möglicherweise eine Straße dar, auf der der Verkehr heute vor allem in einer Richtung läuft. Aber es ist keine Einbahnstraße, und je mehr die beiden Teile des Unternehmens zusammenwachsen, desto mehr wird der Verkehr hinüber und herüber in gleicher Weise laufen lernen. Besonders interessant erscheint uns in Hams Hall das Konzept der „secondary role“: Dies ermöglicht jedem Mitarbeiter die Übernahme einer anspruchsvollen indirekten Tätigkeit, neben seinen Produktionsaufgaben, für die er auch im Team verantwortlich zeichnet, beispielsweise SPC, TPM, Team Board etc., und für die er zeitlich freigestellt wird.

4.6 Bosch / Mercedes-Benz U.S. International Inc.

von Hans-Peter Lentes

Im Rahmen des zweiten Teils von Forum C berichtete Dr. E. Bauer, Technischer Geschäftsführer der Robert Bosch Elektronik GmbH in Salzgitter, über „Fertigungskonzepte für elektronische Steuergeräte der Kfz-Einspritzung“. In einem zweiten Vortrag wurde von William Taylor, President and CEO of MBUSI (Mercedes-Benz U.S. International Inc.) in Tuscaloosa, das MBUSI-Produktionssystem beschrieben.

Im Unterschied zu den anderen Foren, in denen die anstehenden Fragen für dasselbe Automobilunternehmen jeweils am Beispiel eines Werkes in Deutschland und im Ausland diskutiert wurden, gab es hier keine verbindende Klammer des gemeinsamen Unternehmens. Dr. Bauer war außerdem der einzige Referent des Automobilforums, der Fragen der Produktion, der Arbeitsorganisation und der Arbeitspolitik am Beispiel eines Zulieferers aufzeigte. Trotz aller Unterschiede hinsichtlich der Produkte, Produktionsstückzahlen oder Produkt- und Prozesstechnologien verdeutlichte dieses Beispiel Tendenzen in der Arbeitsorganisation, die durchaus mit denen in der Automobilindustrie vergleichbar sind.

Damit sich die überwiegend aus der Automobilindustrie stammenden Zuhörer ein Bild von der Fertigungsaufgabe machen konnten, zeigte Dr. Bauer zunächst einige Kennzahlen des Standortes Salzgitter der Robert Bosch Elektronik GmbH sowie wesentliche Entwicklungstrends und Merkmale elektronischer Steuergeräte der Kfz-Einspritzung auf. Im Werk Salzgitter werden von 2.000 Beschäftigten ca. 3.000 Typen und Varianten verschiedener elektronischer Steuergeräte in einer Stückzahl von ungefähr 40.000 Erzeugnissen je Arbeitstag hergestellt.

Wesentliche Merkmale dieser Steuergeräte sind u. a.:

- Eine Wertschöpfung von weniger als 30 % der Herstellkosten
- Zunehmende Miniaturisierung und Komplexität der Erzeugnisse
- Kurze Produktlebenszyklen
- Hohe kundenspezifische Variantenvielfalt
- Zunehmender Anteil kapitalintensiver Bestück- und Montageeinrichtungen mit einem hohen Aufwand für Prozessentwicklung und -betreuung

Unter Berücksichtigung der hier lediglich beispielhaft aufgeführten Merkmale elektronischer Steuergeräte und ihrer Fertigung sowie dem Wissen, dass eine Differenzierung gegenüber dem Wettbewerb vor allem durch bessere Ausführung und höhere Leistungsgrade in der Fertigung möglich ist, wurde eine Produktionsstrategie mit dem übergeordneten Ziel entwickelt, kürzestmögliche Durchlaufzeiten der Aufträge zu erreichen (Abb. 4-25).

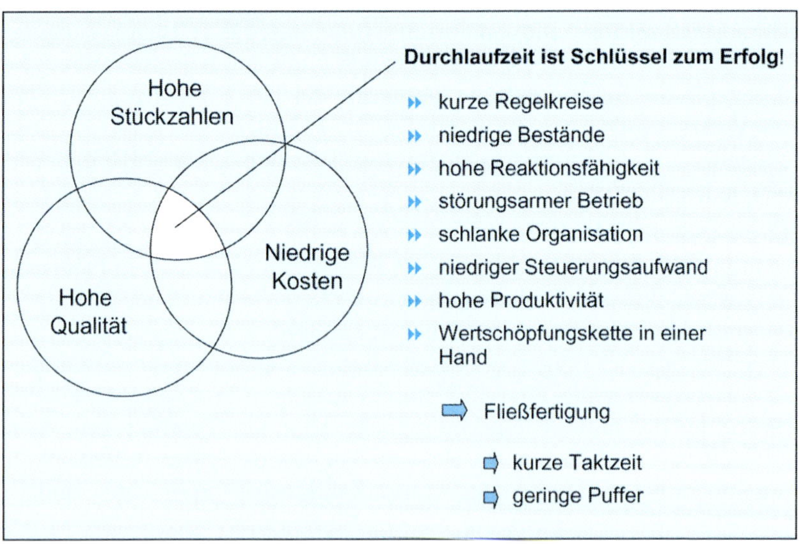

Abb. 4-25: Produktionsstrategie

Eine Bewertung von Pool- und Linienfertigung als zwei grundsätzlich unterschiedliche Fertigungskonzepte zeigte die Vorteile der Linienfertigung hinsichtlich der angestrebten Produktionsstrategie auf. Dies vor allem, da bei Linienfertigung Materialfluss und Verantwortung dem Wertschöpfungsprozess entsprechen (Abb. 4-26).

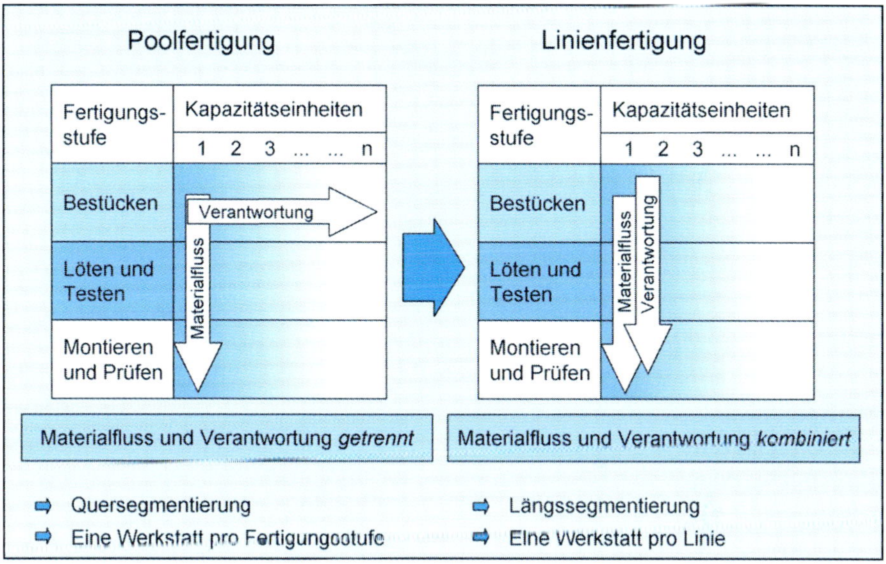

Abb. 4-26: Alternative Fertigungskonzepte

Für eine beherrschte Fließfertigung mit standardisierten Linien wird sowohl ein standardisiertes Fertigungs- als auch Erzeugniskonzept benötigt (Abb. 4-27). Beides wurde in Salzgitter und in den ausländischen Werken des Unternehmens in unterschiedlicher Ausprägung des Merkmals Automatisierungsgrad realisiert.

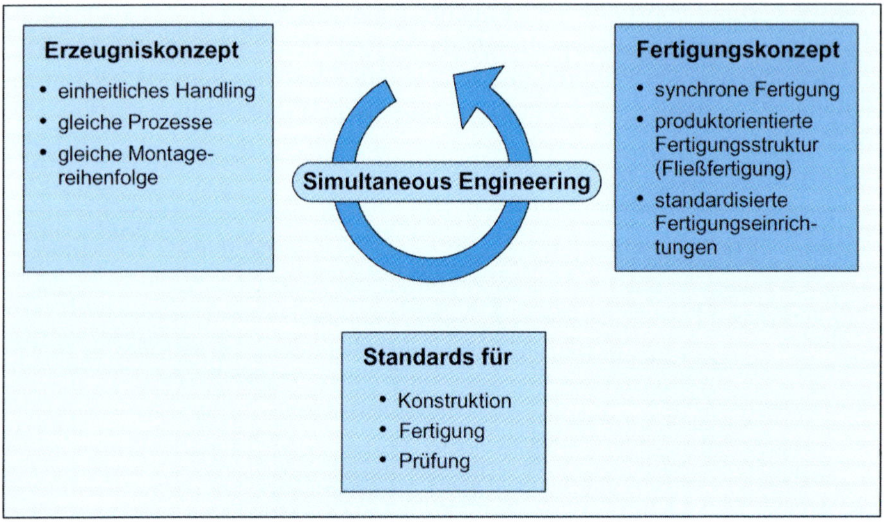

Abb. 4-27: Standardisiertes Erzeugnis- und Fertigungsspektrum

Als Ergebnis der Erzeugnisstandardisierung konnte beispielsweise eine drastische Verringerung der Anzahl der verbauten Verbindungselemente verzeichnet werden. Die Anzahl der Schrauben wurde um 90 % reduziert. Alle Nieten wurden eliminiert und die Zahl der Gehäusetypen um über 60 % verringert.

Die ursprüngliche Poolfertigung wurde konsequent durch standardisierte Linien mit Merkmalen wie

- hohe Automatisierung,
- kurze Taktzeiten,
- hohe Flexibilität,
- kurze Durchlaufzeiten

ersetzt. Die mit diesen starr verketteten Linien zunächst erzielte Nutzung von 50 % ist durch Weiterentwicklung der Technik, Maßnahmen zur Qualifizierung der Mitarbeiter und Einführung der Teamarbeit auf über 80 % erhöht worden, sodass auch die Ziele „hohe Maschinennutzung“ sowie „geringe Ausfallraten“ erreicht werden konnten.

Damit die komplexe Fertigungstechnik beherrscht und die geforderten hohen Leistungsdaten erreicht und gehalten werden konnten, mussten die Motivations- und Verbesserungspotentiale aller Mitarbeiter durch geeignete Maßnahmen wie

- Delegation von Verantwortung an den Ort der Wertschöpfung,
- Einführung von Zielvereinbarungen,
- Entwicklung und Umsetzung von Anreiz- und Entlohnungssystemen und
- Qualifizierung

aktiviert werden. Letztendlich führte die Delegation von Verantwortung und von Aufgaben der Fachabteilungen zum Konzept der so genannten *Mini-Factorys* (Abb. 4-28).

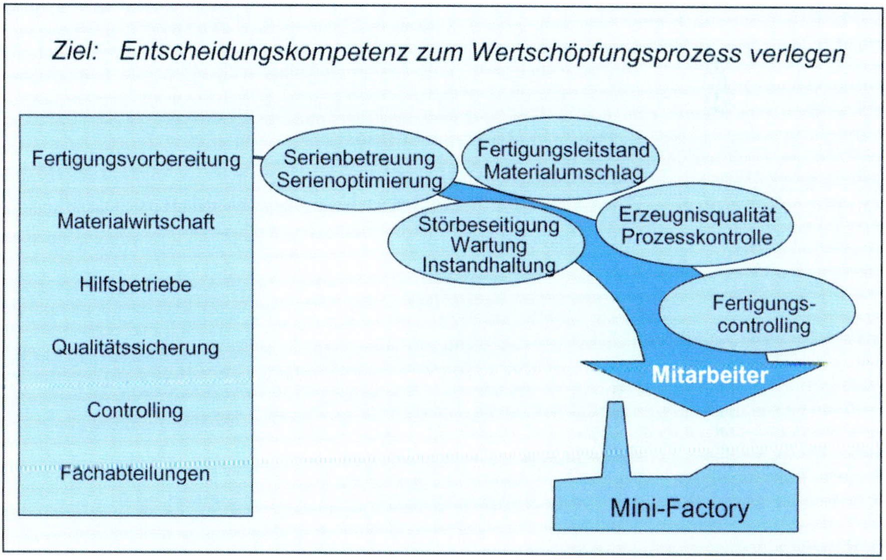

Abb. 4-28: Fabrik in der Fabrik im Werk Salzgitter

Besonders wichtig für den Erfolg dieses Konzeptes ist, dass die Fachabteilungen nicht allein Aufgaben abgeben, sondern dass das Fertigungscontrolling in die jeweilige Mini-Factory verlagert wird. Wesentlich ist auch die Übernahme der ganzheitlichen Verantwortung für eine gesamte Produktlinie durch eine Mini-Factory. Die in den letzten fünf Jahren mit diesem Konzept gemachten Erfahrungen sprechen für sich. Das Unternehmen wurde schneller, schlagkräftiger und flexibler, weil u. a.

- über 20 % Produktivitätssteigerungen pro Jahr erzielt und
- die internen Ausfallzeiten jährlich halbiert werden konnten.

Die Erfahrungen zeigten auch, dass ein wesentlicher Beitrag zum Erreichen dieser Ergebnisse auf die konsequente Einbeziehung der Mitarbeiter aller Ebenen in den Zielvereinbarungsprozess, d. h. auch in die Festlegung der Werksziele, zurückgeführt werden konnte. Folglich wurde mit den Mitarbeitern eine Vision für das Jahr 2005 mit den Missionsfeldern

- Qualität,
- Kostenführerschaft,
- Kundenorientierung und
- Führung und Zusammenarbeit

erarbeitet. Diese Ziele und die daraus abgeleiteten Maßnahmen beruhen auf einem langfristigen Veränderungsprozess, in den alle Mitarbeiter einbezogen sind. Aus der Vision, die die langfristigen Ziele enthält, wurden mit Hilfe von Zielvereinbarungen die Ziele über die Fertigungsteams bis hin zum einzelnen Mitarbeiter vereinbart. Das eigene Controlling ermöglichte der Fertigung bei Abweichungen vom Wirtschaftsplan ein sofortiges regelndes Eingreifen. Dies ist ein wesentliches Element eines effizienten Zielvereinbarungsprozesses (Abb. 4-29).

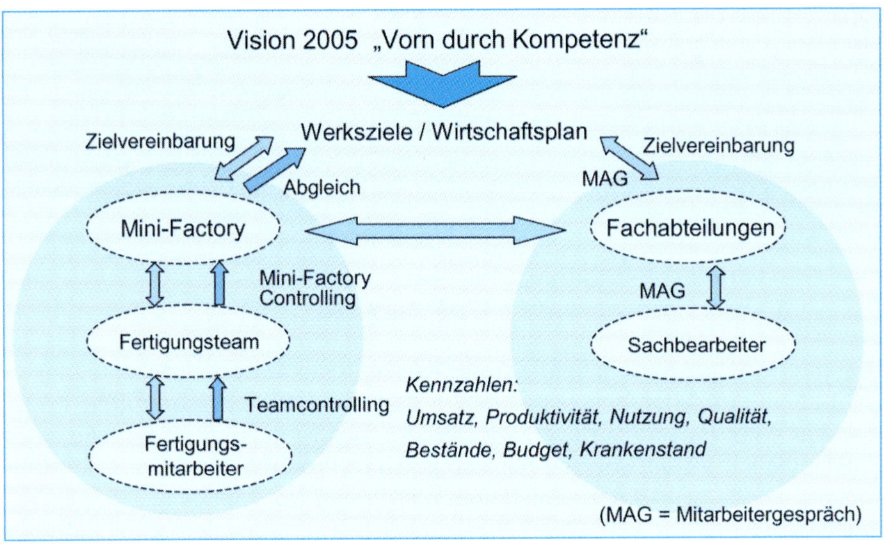

Abb. 4-29: Zielentfaltung und Controlling

Die Fertigungsteams in einer Mini-Factory sind verantwortlich für Qualität, Kosten und Lieferung der in ihrer Linie produzierten Steuergeräte. Aus den Merkmalen

- weitgehende Selbstständigkeit,
- Selbstorganisation und
- Team-Controlling

lässt sich der ggf. erforderliche Qualifizierungsbedarf ableiten und realisieren.

Die Teams sind jeweils für ein Produkt von Anfang bis Ende verantwortlich und bestehen im Durchschnitt aus 15 Mitarbeitern. Da die Erfahrung zeigte, dass derartig große Teams nicht sinnvoll mit einem Teamsprecher oder -koordinator funktionieren, gibt es die so genannten Teamführer. Sie haben nicht allein Führungsaufgaben, sondern unterstützen das jeweilige Team durch die Übernahme von Service-, Umrüst- und Springertätigkeiten.

Bei der Einführung der Mini-Factorys musste die Frage der Arbeitsteilung und Kooperation zwischen ihnen und den Fachabteilungen geklärt werden. Dabei zeigte sich, dass weder eine extreme Arbeitsteilung – auf der einen Seite die Fachabteilungen mit ihrem gesamten Wissen und auf der anderen Seite die Fertigung als lediglich ausführendes Organ – noch das andere Extrem, nämlich alles Wissen in die Mini-Factorys zu delegieren, richtig ist. Der optimale Weg ist vielmehr im mittleren Bereich zwischen den beiden Extremen zu finden (Abb. 4-30).

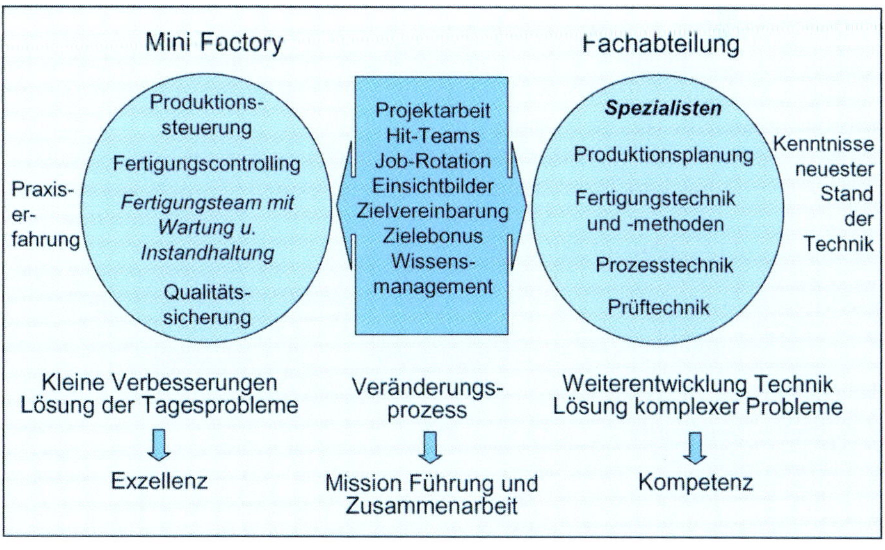

Abb. 4-30: Neue Formen der Zusammenarbeit: Fachabteilung/Mini-Factory

Wesentlich ist dabei die Überwindung von Schnittstellen sowie von Abteilungsegoismen. Dies wurde durch übergreifende Projektarbeit und gemeinsame Problemlösungsteams erreicht. Hierdurch ist u.a. das Verständnis füreinander gefördert worden. Letztendlich entstehen neue Formen der Zusammenarbeit, wie Dr. Bauer am Beispiel der Fertigungskonzepte für elektronische Steuergeräte zeigte, nicht durch Anordnung. Sie müssen sich vielmehr in einem meist länger andauernden Veränderungsprozess entwickeln können. Dazu ist viel Energie, Geduld und Durchhaltevermögen aller Beteiligten – auch der Führungskräfte – erforderlich.

Leitlinie der von William Taylor, Präsident von Mercedes-Benz U.S. International Inc. in Tuscaloosa, präsentierten Inhalte zum Thema „The MBUSI Production System at Work" war der mehrfach vorgebrachte Hinweis „Keep it Simple". Dieser Leitgedanke hat das 1994 durch ein internes Team entwickelte *MBUSI Production System* mit dem Ergebnis geprägt, dass es trotz aller Komplexität der darin behandelten Problemstellungen transparent und nachvollziehbar in einem Handbuch von ca. 100 Seiten beschrieben werden konnte. Es enthält das Erfahrungswissen von Mitarbeitern der in den USA angesiedelten Automobilunternehmen und der japanischen Transplants in den USA. Zusätzlich konnten die Erfahrungen der Mitarbeiter der damaligen Mercedes-Benz AG, die für die Mitarbeit an dem damals neu gegründeten Unternehmen MBUSI gewonnen werden konnten, einbezogen werden. Ihnen bot sich die Chance, ein neues Werk auf der grünen Wiese für ein neues Produkt, die M-Klasse von Mercedes-Benz, zu planen, zu realisieren und mit einer neuen Mannschaft zu betreiben. Die dabei gewonnenen Erfahrungen wurden in die Weiterentwicklung des Handbuchs integriert. Es stellt mehr als eine Sammlung von Werkzeugen zur Planung, zur Gestaltung und für das Betreiben von Produktionssystemen der Automobilindustrie, speziell von MBUSI, dar. Das Handbuch ist vielmehr eine systematische Aufbereitung und Darstellung einer ganzheitlichen Vorgehensweise zur Ermittlung der effizientesten Art und Weise Automobile herzustellen und enthält die hierzu benötigten Methoden und Hilfsmittel.

Im Mittelpunkt des MBUSI Production Systems und seiner sechs Elemente

- ◆ Sauberkeit und Sicherheit,
- ◆ Qualität,
- ◆ Visuelles Management,
- ◆ Pull-System,
- ◆ Standardisierte Methoden und Verfahren sowie
- ◆ Kontinuierliche Verbesserung

steht der Mensch (Abb. 4-31). Diese sechs tragenden Säulen des MBUSI Production Systems beruhen auf einem Fundament, das aus den beiden Elementen Sicherheit und Training besteht. Maxime aller Überlegungen und jeglichen Handelns ist die Arbeitssicherheit. Diese zu gewährleisten ist eine zentrale Aufgabe des Managements.

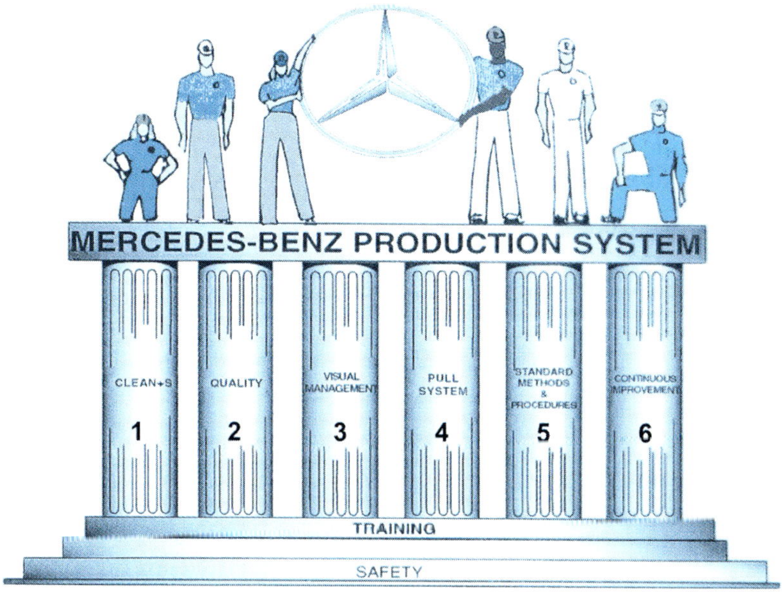

1 Sauberkeit + Sicherheit
2 Qualität
3 Visuelles Management
4 Pull System
5 Standardisierte Methoden und Verfahren
6 Kontinuierliche Verbesserung

Abb. 4-31: Mercedes-Benz Production System

Die neue Mannschaft musste ausgebildet und hierfür geeignete Trainingsprogramme entwickelt werden. Diese beruhen vor allem auf dem Konzept „Train the Trainer". Durch eine entsprechende Schulung von Multiplikatoren wurde dieses Konzept unternehmensweit umgesetzt.

In Anlehnung an das *Toyota Production System* wird die Arbeit in Teams durchgeführt. Mehrere Teams bilden eine Gruppe. Charakteristisch für die Teamstrukturen ist, dass diese auf der Basis der für einen Tag benötigten Kapazitäten gebildet werden. Wie die Erfahrung bei MBUSI zeigte, kann eine Arbeit in

Teams nur dann erfolgreich sein, wenn die Rollen und Ziele der Teammitglieder eindeutig definiert und für alle Beteiligten klar sind. Dennoch stehen auch individuelle Freiräume zur Verfügung.

Sauberkeit und Sicherheit bilden einen wesentlichen Eckstein des MBUSI Production Systems. Für jedes Werkzeug, für die Vorrichtungen und Bauteile ist eine bestimmte Ablage bzw. ein definierter Bereitstellungsort am Arbeitsplatz vorgesehen und eindeutig gekennzeichnet.

Eine herausragende Qualität soll u.a. durch eine ausgeprägte interne Kundenorientierung sichergestellt werden. Hierzu sind von jedem Mitarbeiter Fragen zu klären wie:

- „Wer ist mein Kunde im Prozess?“
- „Was soll ihm wie geliefert werden?“
- „Wie ist die Erwartungshaltung des Kunden?“

Durch die Beantwortung dieser Fragen wird den einzelnen Teams verdeutlicht, welches ihr konkreter Beitrag zum Erreichen der Qualitätsziele ist. Dazu zählen im Sinne des Regelkreisgedankens auch kurze Rückmeldeschleifen, die eine direkte Rückmeldung über die Qualität der eigenen Arbeit ermöglichen.

Kurze Rückmeldeschleifen werden in den Produktionslinien auf effiziente Art und Weise durch die von Toyota übernommene Möglichkeit von „Qualitäts-Stopps“ der Bänder gewährleistet. Erkennt beispielsweise ein Mitarbeiter, dass Probleme bei seiner Arbeitsausführung abzusehen sind und auftreten könnten, die er selbst kurzfristig nicht lösen kann, ist er dazu verpflichtet, eine Reißleine zu ziehen. Damit fordert der jeweilige Mitarbeiter Hilfe, z. B. durch den Teamleiter, an. Das Ziehen der Reißleine wird unter Angabe der jeweiligen Stationsnummer auf großen, über den Fahrwegen angebrachten Leuchttafeln, den sog. Andon-Tafeln, angezeigt. Das Band läuft so lange weiter, bis das Werkstück, z. B. eine Karosse, das Ende der jeweiligen Station erreicht hat. Dann erfolgt ein Bandstillstand, wenn nicht die Reißleine als Zeichen, dass das aufgetretene Problem gelöst worden ist, zum zweiten Mal gezogen wurde. Ein Bandstillstand dauert so lange, bis wiederum die Reißleine gezogen wurde. Mit dieser Vorgehensweise wird den Werkern ihre Verantwortlichkeit für die Qualität und das Ergebnis des Prozesses nicht nur verdeutlicht, sondern auch übertragen. Das Ziel kurzer Rückmeldewege wird damit erreicht.

Die Anzeigetafeln sind Teil des Managements auf der Basis einer in unterschiedlichen Formen realisierten Visualisierung von Informationen. W. Taylor hebt bei der Beschreibung der Produktionsinformationssysteme hervor, dass diese nicht, wie aus dem verwendeten Begriff „Visual Management“ zunächst abgeleitet werden könnte, ein Hilfsmittel zur Realisierung von Aufgaben des Managements sind. Vielmehr sind darunter visualisierte Informationen zu verstehen, die allen Mitarbeitern zur Verfügung stehen und von Mitarbeitern und Führungskräften genutzt werden sollten.

Eine wesentliche Teilaufgabe des „visuellen Managements" besteht darin, die stationsbezogenen, standardisierten Arbeitsaufgaben darzustellen oder stationsbezogene Informationen über Ursache-Wirkungsketten von Problemen in den jeweiligen Stationen zu visualisieren. Dies gilt auch für die Darstellung der Bereitstellungsorganisation von Werkzeugen, Vorrichtungen und Behältern an den einzelnen Arbeitsplätzen.

Die Gesamtheit des Materialflusses einschließlich der Materialbereitstellung wird durch das Pull-Prinzip bestimmt. Vom Rohbau über die Lackiererei bis zur Endmontage werden alle Anlagen mit derselben Taktzeit betrieben. Damit wird der Aufbau von Beständen zwischen diesen Bereichen wirkungsvoll vermieden.

Die diesen Fließfertigungssystemen zugeordneten Vorfertigungs- und Vormontagebereiche werden in Abhängigkeit vom Bedarf der jeweiligen internen Kunden mit dem Ziel gesteuert, Bestände zu minimieren oder deren Bildung zu vermeiden. Dies gilt auch für die Anbindung der Zulieferer. Sie werden als Teil des internen Produktionsablaufs verstanden, wobei der Datenaustausch über EDI-Systeme erfolgt. Dieses Prinzip, keine oder lediglich sehr geringe Bestände im Werk zuzulassen, führt zu der Notwendigkeit, die Teilsysteme möglichst störungsfrei zu betreiben.

Die Materialbereitstellung selbst erfolgt durch ein internes „Kartensystem" nach den Leitlinien des KANBAN-Gedankens. Von Kleinteilen wie Schrauben oder anderen Normteilen abgesehen, ist eine maximale Reichweite der an den Arbeitsplätzen bereitgestellten Teile und Baugruppen von zwei Stunden vorgesehen. Die Bereitstellung größerer Baugruppen erfolgt Just-in-Time sequenzgenau.

Ein wesentlicher Gedanke, der das MBUSI Production System prägt, ist der der Standardisierung von Arbeitsabläufen. Dieser Gedanke wird ausführlich beschrieben und seine Anwendung an einigen Beispielen verdeutlicht. Ausgehend von der Überlegung, dass für jede Station, für jeden Arbeitsplatz eine Beschreibung der Abläufe benötigt wird, wird von den Mitarbeitern des Industrial Engineering ein „Master Process Plan" erstellt. Die Mitglieder der einzelnen Teams verwenden diese Pläne. Sie verfeinern die Beschreibung der Arbeitsvorgänge in standardisierten Formblättern, wobei sie die standardisierten Methoden und Verfahren beschreiben und dabei u. a. zwischen solchen Tätigkeiten unterscheiden, die zur Wertschöpfung beitragen, und solchen, die keinen Beitrag zur Wertschöpfung erbringen. Damit stellt sich ihnen die Aufgabe, den aktuellen, optimalen Arbeitsablauf zu ermitteln. Dieses Vorgehen ist einfach, das Ergebnis nachvollziehbar und seine visualisierte Form kann durch ein Team mit geringem Aufwand auf den jeweils aktuellen Stand gebracht werden.

Die vielfältigen und mit möglichst einfachen Mitteln visualisierten Informationen bilden die Grundlagen für die Schulung der Mitarbeiter und für Problemlösungsprozesse. Sie werden zusätzlich zur kontinuierlichen Verbesserung der Methoden und Abläufe eingesetzt. Ohne sie ist nach Meinung von Taylor kein KVP möglich. Aus seiner Sicht bedeutet KVP permanente *Erneuerung der Organisation*. Aus diesem Grund beschreibt er die Elemente und Vorgehensweisen der Erneuerung von Organisationen, in die das Management aktiv einbezogen werden muss. Ausgehend von den erarbeiteten Vorgaben und Zielen müssen die „Process Owner" und nicht externe Experten die Lösung des jeweiligen Problems bzw. Vorschläge von Maßnahmen zur Zielerreichung erarbeiten. Wesentliche Voraussetzungen für eine erfolgreiche Umsetzung der Leitlinien von KVP sind stabile Prozesse. Auch KVP als eigenständiger Prozess ist Gegenstand der Standardisierung.

W. Taylor betont zum Abschluss seines Vortrages, dass das MBUSI Production System ein dynamisches System ist, das ständig weiterentwickelt und verfeinert wird. Dennoch wird die von ihm eingangs geschilderte Maxime „Keep it Simple" nie aus den Augen verloren.

5 Zukunft der „Wissenschaftlichen Betriebsführung“[1]

von Roland Springer

5.1 Niedergang oder Erneuerung des Taylorismus?

„Die Ablehnung, ja Verteufelung des *Taylorismus* ist so verbreitet und einhellig, dass man sich fragen muss, wieweit das Taylorsche System nicht zu jener Strohpuppe geworden ist, die man schlägt, weil man des eigentlichen Objekts der Aggression nicht ganz habhaft werden kann. Werden hier nicht allgemeine Merkmale der entfremdeten Arbeit unter kapitalistischen Produktionsverhältnissen einem speziellen System der Arbeitsorganisation und Arbeitsgestaltung zugeschrieben, mit der Konsequenz, dass man sich – anstatt den Kapitalismus zu beseitigen – auf die *Überwindung des Taylorismus*, die *Humanisierung der Arbeit* beschränken kann“ (*Volpert*, 1977)? Diese im Jahre 1977 von Volpert verfasste Situationsbeschreibung könnte auch im Jahr 2000 geschrieben sein – mit der Einschränkung freilich, dass das Thema *Beseitigung des Kapitalismus* (auf unabsehbare Zeit) inzwischen nicht nur praktisch, sondern auch ideologisch ad acta gelegt ist. Geblieben ist in Wissenschaft und industrieller Praxis das Thema *Überwindung des Taylorismus*. Dabei fällt auf, dass sein (vermeintliches) Ende, nach einer fast einhundertjährigen Geschichte des Taylorismus, entgegen früheren Prognosen, historisch nicht mit dem Niedergang des Kapitalismus, sondern mit dem Niedergang des realen Sozialismus zusammenfällt. Das Jahr 1989 markiert in Deutschland nicht nur den Zusammenbruch der sozialistischen Planwirtschaft, sondern auch den Beginn einer forcierten, nicht nur theoretischen, sondern auch praktischen Infragestellung des Taylorismus, vor allem in der Automobilindustrie.

Dies blieb auf die mit der *Überwindung des Taylorismus* verbundenen Begründungen und Ziele nicht ohne Einfluss. Die *Überwindung des Taylorismus* wird heute nicht mehr unumschränkt mit einer *Humanisierung der Arbeit* gleichgesetzt. Als *überwunden* gilt der Taylorismus beispielsweise auch den Autoren der so genannten MIT-Studie (*Womack et.al*, 1990), die in einer Art Dreistadiengesetz die vom Taylorismus geprägte *Mass-Production* des zwanzigsten Jahrhunderts von der *Craft-Production* des neunzehnten und der *Lean-Production* des einundzwanzigsten Jahrhunderts abgrenzen. Letztere ist maßgeblich in Japan,

[1] Bei dem Beitrag handelt es sich um die überarbeitete und gekürzte Fassung eines Aufsatzes, der in den WSI-Mitteilungen, Heft 1/2000 erschienen ist.

vor allem von Toyota, entwickelt worden. Im Toyota-Produktionssystem (*Ohno,* 1993) wird indes mit zentralen Merkmalen der tayloristischen Arbeitsorganisation, insbesondere der kurzzyklischen Taktarbeit, nicht gebrochen. *Überwindung des Taylorismus* heißt hier daher auch nicht in erster Linie Überwindung der *Entfremdung*, sondern der *Verschwendung* von Arbeit. Es gibt – so die Behauptung der MIT-Autoren – ein in wirtschaftlicher Hinsicht noch effizienteres System der Produktions- und Arbeitsorganisation als das Taylorsche, das deswegen historisch zum Untergang verurteilt sei.

Zu der Frage, wieweit sich Taylorismus/Fordismus und Toyotismus tatsächlich voneinander unterscheiden und inwieweit beide Systeme nicht auch beachtliche Gemeinsamkeiten aufweisen oder sich möglicherweise miteinander verschränken, ist insbesondere für die Automobilindustrie, einer der Leitindustrien des Taylorismus, viel Lesenswertes geschrieben worden (*Dohse et.al*, 1984; *IfaA*, 1992). Festgehalten werden kann in diesem Zusammenhang, dass es zwischen beiden Systemen nicht wenige Unterschiede, aber eben auch Gemeinsamkeiten gibt. Dessen ungeachtet hat sich – zumindest auf konzeptioneller Ebene – das Ziel einer *Überwindung des Taylorismus* nicht nur in den einschlägigen Wissenschaften, sondern auch in den Rationalisierungskonzepten der industriellen Praxis in den letzten Jahren verfestigt.

Dabei wird keineswegs nur von Arbeitnehmer-, sondern auch von Arbeitgeberseite auf die Humanisierung der Arbeit abgestellt (*Gesamtmetall,* 1995), die auch von den einschlägigen Wissenschaften überwiegend als ein Schlüssel zur Lösung der gegenwärtigen Wettbewerbsprobleme dargestellt wird. Taylorismus wird im Wesentlichen mit der taktgebundenen, kurzzyklischen Arbeit am Fließband sowie der Trennung von direkten und indirekten Tätigkeiten gleichgesetzt, die als Quelle von Entfremdung und Demotivation und damit von Leistungszurückhaltung betrachtet werden.

Nicht so sehr im Rampenlicht der wissenschaftlichen und nicht wissenschaftlichen Fachdiskussion steht in diesem Zusammenhang der Sachverhalt, dass in vielen Unternehmen in den 90er Jahren ein anderer, wesentlicher Aspekt des Taylorismus in Bedrängnis geraten ist: die systematische, von methodisch geschulten Spezialisten durchgeführte Analyse und Gestaltung von Produktions- und Arbeitsabläufen. Das als Kind des Taylorismus zu bezeichnende Industrial Engineering findet sich in- und außerhalb der Unternehmen spätestens seit Beginn der 90er Jahre auf dem Rückzug (*vgl. Frieling,* 1998, S. 16 ff.). Ein Rückzug, der nicht nur im Abbau entsprechender Fachabteilungen in vielen Unternehmen, sondern u. a. auch in der Krise des REFA-Verbandes, der gewissermaßen als praxisorientierter Hüter der *wissenschaftlichen Betriebsführung* in Deutschland bezeichnet werden kann, zum Ausdruck kommt.

Nicht unbedingt von einer Krise, aber immerhin von beachtlichen Problemen des theorie- wie praxisbezogenen Selbstverständnisses wie auch der außerwissenschaftlichen Reputation ist inzwischen auch aus denjenigen akademischen Disziplinen zu berichten, die sich mit dem Thema Rationalisierung und Arbeit befassen (*Springer,* 1997; *Bosch et.al,* 1999). Diese Probleme haben im Jahre 1997 den damaligen Präsidenten der Gesellschaft für Arbeitswissenschaft (GfA), Klaus J. Zink, anlässlich einer Konferenz über die „Zukunft der Arbeitswissenschaft als Zukunft der GfA“ zu der Feststellung veranlasst: „Obwohl viele der jüngeren Managementkonzepte behaupten, den Menschen wieder in den Mittelpunkt zu stellen, hat die Arbeitswissenschaft als die Disziplin, die menschliche Arbeit als zentralen Erkenntnisgegenstand hat, in Wissenschaft und Praxis eher an Bedeutung verloren“ (*Gesellschaft für Arbeitswissenschaft,* 1997).

Die *Überwindung* des Taylorismus ist also mehr als eine bloße Hinwendung zu mehr Job Enrichment, Job Enlargement und Job Rotation. Sie erfasst auch die mit der *wissenschaftlichen Betriebsführung* entstandenen betrieblichen und außerbetrieblichen Institutionen und stürzt diese in eine mehr oder weniger stark ausgeprägte Krise. Wieder einmal scheint sich zu bewahrheiten, was schon so oft festgestellt worden ist: radikale Transformationsprozesse beseitigen nicht nur überkommene Institutionen, sondern drohen auch diejenigen Kräfte mit in den Abgrund zu ziehen, die sich an die Spitze der Veränderungen gestellt haben. Grund genug, sich jenseits gängiger Regeln der Political Correctness – gleich welcher Couleur – mit dem Taylorismus (wieder einmal) möglichst sachlich auseinander zu setzen und der Krise der *wissenschaftlichen Betriebsführung* in all ihren positiven wie negativen Facetten nachzugehen.

5.2 Lob und Tadel des Taylorismus

Beginnen wir zunächst mit der Frage, was Taylorismus und *wissenschaftliche Betriebsführung* eigentlich sind. Definitionen von beiden gibt es unzählige. Ich greife nur eine heraus, die mir besonders eindrucksvoll und treffend zu sein scheint. Sie stammt von Peter F. Drucker, einem der „Gurus“ der modernen Managementlehre. Drucker schreibt in seinem in den 50er Jahren verfassten Buch über die „Gesellschaft am Fließband“: „Die wissenschaftliche Betriebsführung ist auf die Arbeit abgestellt. Ihren Mittelpunkt bildet die planmäßige Untersuchung der Arbeit, ihre Zerlegung in ihre einfachsten Bestandteile und die systematische Verbesserung der Arbeitsleistung bei jedem Einzelnen dieser Arbeitsgänge. Die wissenschaftliche Betriebsführung hat sowohl eine Grundkonzeption wie auch leicht anwendbare Werkzeuge und Methoden. Und es fällt ihr nicht schwer, ihre Nützlichkeit zu beweisen; ihre Erfolge in der Gestalt der Steigerung der Produktion sind sichtbar und lassen sich leicht messen. Ja, die wissenschaftliche Betriebsführung ist fast so etwas wie eine regelrechte Philosophie der betrieblichen Menschenführung. Insgesamt betrachtet, dürfte sie der größte und dauerhafteste Beitrag sein, den Amerika außer seiner Verfassung zum westlichen Denken beigesteuert hat“ (*Drucker*, 1955, S. 336 f.). Das Wesen der *wissenschaftlichen Betriebsführung* macht demnach die planmäßig-analytische Dekomposition und Rekomposition von Arbeit zum Zwecke der Leistungsverbesserung aus. Diese wird weder dem Zufall noch dem freien Belieben des Einzelnen überlassen. Sie wird vielmehr zum Gegenstand systematischer Analysen und Pläne gemacht. Der Arbeitsplan ist daher das wichtigste Instrument der *wissenschaftlichen Betriebsführung*. Er gibt dem Einzelnen vor, wie er seine Arbeit zu verrichten hat und ist insofern gleichermaßen Instrument wie Ausdruck von *Fremdbestimmung*.

Die Arbeit nach Plan ist in der Auseinandersetzung um das Für und Wider der *wissenschaftlichen Betriebsführung* daher immer wieder ein besonderer Stein des Anstoßes gewesen, heißt Arbeiten nach Plan nach dem Verständnis Taylors doch, dass der Einzelne nicht mehr selbst bestimmt, in welcher Geschwindigkeit und in welcher Reihenfolge er einzelne Aufgaben verrichtet. Der Arbeitsplan wird von Spezialisten der Arbeitsplanung (Industrial Engineers) erstellt, die mit ihren Arbeitsplänen dem einzelnen Arbeiter den Ablauf seiner Arbeit vorschreiben. In Verbindung mit der Zerlegung der Arbeiten in kleinste Teilschritte und der Verteilung dieser Teilaufgaben auf einzelne Arbeiter ist jener Typus von *repetitiver Teilarbeit* entstanden, gegen den alle Kritiker des Taylorismus und der Entfremdung seit jeher Sturm laufen. So schrieb beispielsweise Kurt *Eisner* in einer Rezension der ersten deutschen Übersetzung von Taylors „Scientific Management“ im Jahre 1913: „Der Arbeiter führt gemeinhin selbständig die ihm übertragene Leistung aus, nach dem Herkommen, nach *Faustregeln*, nach eigenen Erfahrungen und Erfindungen. Taylor belehrt ihn, wie er arbeiten soll und wie er arbeiten muss. In jeder Teilarbeit steckt eine Wissenschaft. Das ist Scientific Management, aber es ist leider nicht nur das. Handelte es sich nur um solche Feststellungen, wie die Produktivität der Handarbeit bei geringster Kraftaufwendung zum höchsten Grad gesteigert werden könnte, so wäre Taylor ein sozialer Erlöser, denn sein System würde uns dem Ziel nähern, die gesellschaftlich notwendige mechanische Arbeit auf ein Mindestmaß herabzusetzen, das für jeden erträglich ist, aber auch jedem Arbeitsfähigen zugemutet werden müsste, ohne Unterschied. Aber die technische Vervollkommnung ist nur die leuchtende Schutzhülle des Systems. Der wirkliche Zweck ist, aus jedem Arbeiter die denkbar höchste Leistung herauszupressen, die überhaupt möglich ist.

Und damit wird das System zur Kulturgefahr. Der Ingenieur wird Sachwalter des Kapitals und obendrein Politiker, der sich vermisst, die Interessenharmonie zwischen Unternehmen, Arbeitern und Verbrauchern herzustellen“ (*Eisner*, 1913, S. 1449).

In der Tat ist Frederick Winslow Taylor ein vehementer Verfechter der Auffassung gewesen, die Leistung von Arbeitern ließe sich nur steigern, wenn Kopf- und Handarbeit streng voneinander separiert werden. Er schrieb: „Alle Kopfarbeit unter dem alten System (der Craft Production; R.S.) wurde von dem Arbeiter mitgeleistet und war ein Resultat seiner persönlichen Erfahrung. Unter dem neuen System muss sie notwendigerweise von der Leitung getan werden in Übereinstimmung mit wissenschaftlich entwickelten Gesetzen. Denn selbst wenn der Arbeiter geeignet wäre, solche wissenschaftlichen Gesetze zu entwickeln und zu verwerten, so würde es physisch für ihn doch unmöglich sein, gleichzeitig an seiner Maschine und am Pult zu arbeiten. Es ist also ohne weiteres ersichtlich, dass in den meisten Fällen ein besonderer Mann zur Kopfarbeit und ein ganz anderer zur Handarbeit nötig ist“ (*Taylor*, 1977, S. 40). *Braverman* (1977, S. 73 ff.) sieht in Taylor daher den eigentlichen Begründer einer durchgängigen Herrschaft des Kapitals über die Arbeit und in der *wissenschaftlichen Betriebsführung* die Ideologie wie auch das Instrument zur Ausübung und ständigen Reproduktion dieser Herrschaft. Nur in der Überwindung des Taylorismus besteht daher, gemäß dieser Sichtweise, eine Chance für eine freiere, nicht oder weniger entfremdete Form der Arbeit, in der der Arbeiter nicht Objekt, sondern Subjekt der Arbeit ist.

Frühe Kritiker des Kapitalismus, wie z.B. Antonio Gramsci, betrachteten den Taylorismus demgegenüber als eine Art Vorstadium der sozialistischen Planwirtschaft. So schrieb Gramsci beispielsweise: „Allgemein lässt sich sagen, dass Amerikanismus und Fordismus sich aus der unmittelbaren Notwendigkeit der Organisation einer Planwirtschaft ergeben“ (*Gramsci*, 1967, S. 377).

Unter Verweis auf die mit der *wissenschaftlichen Betriebsführung* verbundene Bürokratisierung der Unternehmen und die mit dieser Bürokratisierung verbundene *Herrschaft der Manager* ist darüber hinaus immer wieder darauf aufmerksam gemacht worden, dass in diesem Prozess insofern ein planwirtschaftlich-sozialistisches Moment angelegt ist, als an die Stelle des Unternehmers als *schöpferischer Zerstörer* der managerielle Bürokrat tritt. „Die vollkommen bürokratisierte industrielle Rieseneinheit verdrängt nicht nur die kleine und mittelgroße Firma und „expropriiert“[2] ihre Eigentümer, sondern verdrängt zuletzt

[2] enteignen im Sinne des Marxismus (Anmerkung der Redaktion)

auch den Unternehmer und expropriiert die Bourgeoisie als Klasse, die in diesem Prozess Gefahr läuft, nicht nur ihr Einkommen, sondern, was unendlich viel wichtiger ist, auch ihre Funktion zu verlieren. Die wahren Schrittmacher des Sozialismus waren nicht die Intellektuellen und Agitatoren, die ihn predigten, sondern die Vanderbilts, Carnegies und Rockefellers“ (*Schumpeter,* 1993, S. 218). Ford und Taylor hätten von Schumpeter mühelos in diese Namensliste mit aufgenommen werden können.

Lob und Tadel des Taylorismus und der „wissenschaftlichen Betriebsführung“ spalten also keineswegs nur Gegner und Befürworter des Kapitalismus; gerade im kapitalismuskritischen Lager (mehr oder weniger) vergangener Zeiten finden wir Gegner wie Anhänger des Taylorismus. Gleiches gilt für die Befürworter des Kapitalismus, unter denen sich ebenso nicht nur Stimmen finden, die den Taylorismus befürworten, sondern ihn z.B. wegen seiner negativen Auswirkungen auf die Arbeitsbedingungen (Monotonie, körperliche Belastungen etc.) kritisieren (*Schleyer,* 1974, S. 272 ff.). Gegenwärtig wird der Taylorismus von Wissenschaftlern die dem Kapitalismus keineswegs ablehnend gegenüberstehen, wie z. B. Bullinger und Lott, aber auch kritisiert, weil er maßgeblich mit zur organisatorischen Funktionsteilung in den Unternehmen beigetragen hat, die nicht mehr in die Zeit des heutigen Kundenmarktes passe. Eine „funktionsorientierte Abwicklung von Geschäftsprozessen kann in einem Anbietermarkt vorteilhaft sein, da hier gute Ressourcennutzung und ein hoher Spezialisierungsgrad der Funktionsbereiche erfolgsentscheidende Faktoren darstellen. In einem Kundenmarkt herrschen jedoch andere Erfolgskriterien, sodass Unternehmen in einem Kundenmarkt vor der Frage stehen, ob funktionsorientierte Unternehmensführung – in welcher Ausprägung sie auch auftreten mag – noch adäquat ist“ (*Bullinger/Lott,* 1997, S. 44).

Die gegensätzlichen Meinungen und Positionierungen zum Taylorismus machen deutlich, dass es sich bei der *wissenschaftlichen Betriebsführung* offensichtlich um ein recht komplexes Gebilde mit unterschiedlichsten Facetten handelt, dem mit allzu schlichten Betrachtungsweisen nicht beizukommen ist. Wie bei vielen *Ismen* gilt auch für den Taylorismus, dass seine nicht zu bestreitende Wirksamkeit keineswegs nur auf eine seiner Facetten oder Merkmale zurückzuführen ist, sondern dass es das Zusammenwirken unterschiedlichster, nicht selten sich widersprechender Aspekte ist, die ihm in diesem Jahrhundert seine außerordentliche Wirkung verliehen haben. Und wie bei anderen *Ismen* muss man auch beim Taylorismus davon ausgehen, dass Totgesagte häufig nur scheintot und zu überraschenden Comebacks fähig sind. Man macht es sich also zu leicht, wenn man das *Arbeiten nach Plan*, wie es heute leider auch in den Arbeits- und Sozialwissenschaften allzu häufig der Fall ist, unter dem Banner der *Selbstorganisation* vorschnell als ein Relikt der Vergangenheit behandelt.

5.3 Planung und Selbstorganisation in Unternehmen

Selbstorganisation ist in der Tat ein Konzept, das der *wissenschaftlichen Betriebsführung*, also dem *Arbeiten nach Plan*, weitgehend widerspricht. *Selbstorganisation* hat ihre konzeptionellen Wurzeln im Prinzip des Marktes, nicht der Organisation und der Planung. Ihr Ideal ist der selbständige, nicht abhängig beschäftigte Produzent von Gütern oder Dienstleistungen, die er auf einem Markt nach freiem Ermessen verkauft. Dieses Ideal entspricht der von *Polanyi* (1977) beschriebenen Utopie des Laissez-faire, die inzwischen nicht nur auf die Beziehungen zwischen, sondern auch innerhalb von Industrieunternehmen übergreift. *Selbstorganisation* ist heute die im Geist des Liberalismus wurzelnde Antwort auf die umfassende Krise des *bürokratischen Zentralismus* (*vgl. Springer*, 1999, S. 74ff.), von der die Krise der *wissenschaftlichen Betriebsführung* nur ein Aspekt ist. Sie eint weitgehend Befürworter und Kritiker des neuen, von *Sennett* (1998) beschriebenen, flexiblen Kapitalismus, die aus unterschiedlichen Motiven dem *Arbeiten nach Plan* eine Absage erteilen wollen. Ist das *Arbeiten nach Plan* für die einen Ausdruck einer wuchernden, teuren, schwerfälligen und daher dringend der Deregulierung zu unterziehenden Bürokratie, sehen die anderen im *Arbeiten nach Plan* die potentielle Abtötung aller Kreativität des der Fremdsteuerung und Fremdkontrolle unterliegenden Arbeiters. Wenn alle dasselbe, wenn auch aus unterschiedlichen Motiven, wollen, stellt sich die Frage, was der Realisierung einer umfassenden *Selbstorganisation* in den Unternehmen eigentlich noch im Wege steht.

Entgegen gängiger Managementkonzepte und -mythen lassen sich Unternehmen in ihren Binnenbeziehungen nicht in dem Maße marktwirtschaftlich steuern, wie dies zwischen Unternehmen möglich ist. Der Staat kann weitgehend darauf verzichten, ökonomische Planungs- und Steuerungsfunktionen wahrzunehmen, ohne damit unmittelbar seinen eigenen Bestand und den Bestand der Gesellschaft zu gefährden. Unternehmensleitungen können dies hingegen nur bei Strafe ihres eigenen Funktionsverlustes und des wirtschaftlichen Niedergangs des eigenen Unternehmens tun. Unternehmen definieren sich gerade über die einheitliche (zentralisierte) Wahrnehmung wirtschaftlicher Planungs- und Steuerungsfunktionen, wie immer diese dann im Einzelnen ausgeführt sein mögen. Organisationen und damit Unternehmen sind daher zur Planung und Steuerung ihrer internen Abläufe verdammt. Sie können diese Abläufe, ob sie wollen oder nicht, nicht der *invisible hand* eines internen Marktes überlassen, sondern müssen die *visible hand* (*Chandler,* 1977) ihres Managements nutzen, um das unternehmerische Geschehen zu beherrschen. Andernfalls laufen sie Gefahr, gewissermaßen „kopflos" zu werden und die Kontrolle über das unternehmerische Geschehen zu verlieren. In der auf die Binnensteuerung von Unternehmen bezogenen Utopie des Laissez-faire steckt letztlich die Vorstellung der Auflösung von Unternehmen als gezielt gesteuerte Organisationseinheiten, man könnte auch sagen, die Vorstellung von einer *freien Assoziation* von Wirtschaftssubjekten, deren ideologische Wurzeln sich nicht nur auf den wirtschaftspolitischen Liberalismus, sondern auch auf den utopischen Sozialismus sowie auf den Anarchismus zurückverfolgen lassen.

In den Unternehmen hat die Vorstellung von einer weit reichenden internen *Selbstorganisation* in den 90er Jahren keineswegs nur die Ebene der Arbeitsorganisation auf dem Shop Floor, sondern ebenso, wenn nicht stärker, die Ebene der Unternehmensführung erfasst (*vgl. Braczyk/Schienstock,* 1996). In einer neueren, vom SOFI Göttingen durchgeführten Studie über den Volkswagen Konzern verweisen die Autoren in diesem Zusammenhang auf eine Verschiebung der Grenzen zwischen Markt und Organisation, mit denen die *Unwägbarkeiten der Organisation* gegen die *Unwägbarkeiten des Marktes* eingetauscht werden (*d'Alesio et.al,* 1999). Den Subeinheiten der Unternehmen wird, dem Marktprinzip des Laissez-faire folgend, mehr Selbstbestimmung in der Methodenauswahl, z. B. der Rationalisierung, zugebilligt. Das Konzept des auf Zielvereinbarungen basierenden *Intrapreneurships* ist dabei der Versuch der Unternehmensleitungen, die verschiedenen Unternehmenseinheiten mittels Zielen bei gleichzeitiger Gewährung eines Höchstmaßes an Entscheidungsfreiheit in der Anwendung von Methoden, z. B. der Rationalisierung, zu führen. Mit welchen Methoden z. B. ein Werkleiter die wirtschaftlichen Ziele, die er mit seinem Vorstand vereinbart hat, erreicht, ob er seine Fertigung automatisiert oder zum Rationalisierungsmittel der Gruppenarbeit greift oder möglicherweise beides tut, kümmert letzteren nicht – soweit die Ziele erreicht werden. Diese Vorgehensweise findet indes schnell ihre Grenzen, wenn Ziele nicht erreicht werden. In diesen Fällen melden die Unternehmensleitungen sehr wohl ihre nie wirklich außer Kraft gesetzten (und letztlich auch nicht außer Kraft setzbaren) Prärogativrechte gegenüber ihren Subeinheiten an, die immer auch die Vorgabe von Methoden mit beinhalten. Im Notfall werden dem *Intrapreneur* interne oder externe Reorganisationsspezialisten ins Haus geschickt, die ihm dabei *helfen*, wirksamere Methoden in seinem Verantwortungsbereich anzuwenden.

Schein und Sein der unternehmerischen *Selbstorganisation* sollten daher möglichst auseinander gehalten werden. In den einschlägigen Arbeits- und Sozialwissenschaften wird – soweit sie diesen Unterschied thematisieren – in diesem Zusammenhang gerne kritisch darauf hingewiesen, dass die Unternehmen gleichsam den von ihnen selbst gestellten Ansprüchen gar nicht gerecht werden. *Selbstorganisation*, die gerade in den sich als objektiv und wertfrei verstehenden Wissenschaften einen ausgesprochen hohen normativen Status hat, werde, so lautet häufig die Kritik, doch nur propagiert, nicht aber wirklich praktiziert. So findet es Dörre z. B. wenig überraschend, „dass die empirisch vorfindbaren Beteiligungsformen hohen Maßstäben betrieblicher Demokratisierung oder paritätischer Mitbestimmung nicht entsprechen" (*Dörre,* 1996, S. 81). Dies macht deutlich, wie stark normativ besetzt das Thema *Selbstorganisation* heute nicht zuletzt in den einschlägigen Wissenschaften ist. *Selbstorganisation* unter Einschluss der Festlegung von Zielen ist ein Ideal (eine Utopie), an der die Wirklichkeit der Unternehmen gemessen wird, ohne dass dieses Ideal in ihnen ein Subjekt der Realisierung hätte. Denn *Selbstorganisation* heißt heute, wie gezeigt werden konnte, dass in den Unternehmen im Wesentlichen mehr Freiheit in der Wahl und Festlegung von Methoden besteht, nicht jedoch in der Festlegung von Zielen. Letzteres wird, soweit bekannt, nirgendwo ernsthaft gefordert oder propagiert, auch nicht von den Beschäftigten. Man muss den Arbeiter begrifflich nicht gleich zum „Arbeitskraftunternehmer" (*Voß/Pongratz,* 1998) stilisieren, um zum Ausdruck zu bringen, dass sich unter unseren Augen so etwas wie eine weitere Etappe im allmählichen Prozess der Integration der Arbeiterschaft in das herrschende Gesellschaftssystem vollzieht. Voß und Pongratz haben mit ihrer These auf diesen Sachverhalt aber immerhin hingewiesen, ohne ihn gleich positiv oder negativ zu bewerten.

Auch Schumann hat in diesem Zusammenhang darauf aufmerksam gemacht, dass es den Betrieben über weite Strecken gelungen ist, „den Marktdruck, unter dem die Unternehmen agieren, als Handlungsanforderung bis in die Werkstatt durchzusetzen. Die Arbeiter begreifen sich mit *ihrem* Unternehmen in einem markterzwungenen Konkurrenzkampf, zu dessen erfolgreichen Bestehen der eigene Leistungsbeitrag konstitutiv ist. Der Wettbewerb des Unternehmens wird zur eigenen Sache, weil die betrieblichen Gratifikationen und insbesondere die Beschäftigungssicherheit davon abhängen. Bei der Bemühung, durch Prozessrationalisierung und Produktinnovation den erfolgreichen Fortbestand des Unternehmens zu sichern, sieht man sich in einem Boot mit allen Betriebsmitgliedern" (*Schumann,* 1999, S. 61). Die Gewährung von mehr *Methodenfreiheit* spielt in diesem Zusammenhang in den Unternehmen eine wichtige Rolle. Sie wird in den einschlägigen Wissenschaften indes fast ausschließlich unter dem Aspekt der Gewährung von mehr individueller Autonomie, sowohl in Hinblick auf die Wahl von Methoden, manchmal auch von Zielen, betrachtet. Weitgehend ausgeblendet wird hingegen die Frage, was *Methodenfreiheit* für die Funktionsfähigkeit eines Unternehmens bedeutet.

5.4 Flexible Standardisierung

One-Best oder Own-Best Way ?

Diametral entgegengesetzt zum Konzept der *Methodenfreiheit* steht die Idee der *„Best-Practice“-Methode*, wie sie von der *wissenschaftlichen Betriebsführung* Taylors, aber auch von Taiichi Ohno, dem Begründer und Umsetzer des Toyota-Produktionssystems, vertreten wird. Unternehmen müssen nach ihren Vorstellungen bestrebt sein, die unter spezifischen Rahmenbedingungen jeweils möglichen, besten Methoden möglichst breitflächig zur Anwendung zu bringen, um auf diesem Wege dem Unternehmen einen möglichst großen Nutzen zu verschaffen. Methodenvielfalt macht für ein Unternehmen nur insoweit Sinn, wie es Spielräume zur Entwicklung und Erprobung neuer Methoden benötigt. Methodeninnovation setzt daher Methodenabweichung voraus. Wäre letztere völlig ausgeschlossen, würde ein Unternehmen schnell unter Methodenstagnation leiden. Aufgabe der Unternehmensleitung ist es aber nicht, Methodenvielfalt, sondern Methodeneinheit sicherzustellen, immer unter der Prämisse natürlich, dass die besten Methoden zur Anwendung kommen. Hierzu bedarf es einer systematischen Methodenstandardisierung, die einer der zentralen Aufgaben der *wissenschaftlichen Betriebsführung* ist.

Gegen die Standardisierung von Methoden wird in der Regel eingewendet, dass diese zwar bei der Herstellung von Standardprodukten Sinn mache; je variantenreicher die Produktpalette und je komplexer der Produktionsprozess damit werde, desto weniger ließen sich Produktionsmethoden indes sinnvoll standardisieren und desto mehr sei Methodenvielfalt erforderlich. Man kann in diesem Zusammenhang durchaus von einem organisationswissenschaftlichen Dogma sprechen, das in den westlichen Industrienationen weit verbreitet ist. Dem steht entgegen, dass bei Toyota ein Produktionssystem entwickelt worden ist, das dem Prinzip der Standardisierung gerade bei variantenreicher (komplexer) Produktion einen ausgesprochen hohen Stellenwert beimisst. *One Piece Flow* und *Standardisierung* werden von Ohno nicht als unvereinbar, sondern gleichsam als komplementär betrachtet, wenngleich nicht bestritten wird, dass sie in einer spannungsreichen, um nicht zu sagen, gegensätzlichen Beziehung zueinander stehen. Heute gilt z. B. in der Automobilindustrie gerade nicht die berühmte Devise Henry Fords: „Man kann jedes Auto von mir bekommen, es muss nur schwarz sein“. Automobile werden vielmehr individuell nach Kundenwunsch gefertigt, ohne auf die Fließbandfertigung zu verzichten. Um dabei Produktivitätsverluste zu vermeiden, wird besonders intensiv an der Etablierung von *„Best-Practice“-Methoden* gearbeitet, die allerdings immer wieder den sich verändernden Rahmenbedingungen angepasst werden. Man kann in diesem Zusammenhang von einer *flexiblen Standardisierung* sprechen, bei der Methoden laufend standardisiert, geändert und erneut standardisiert werden.

Im Konzept der *„Best-Practice“-Methode* kommt ein spezifisches, *wissenschaftliches* Managementverständnis zum Ausdruck, das heute – vor allem im akademischen Diskurs – nicht das dominierende ist, obwohl es in den Unternehmen mit dem Konzept der *Methodenfreiheit* koexistiert. Zunächst einmal wird bei diesem Konzept darauf abgestellt, dass eine wirksame und effiziente Unternehmensführung einer ausreichenden methodisch-systematischen Unterfütterung bedarf. Die Festlegung der Mittel, mit denen die Unternehmenszwecke realisiert werden, sollte nicht der individuellen Intuition oder Erfahrung einzelner Manager überlassen werden, sondern personenunabhängig und insofern objektiv erfolgen. Des Weiteren sollten sich Unternehmen der Mühe unterziehen, die eingesetzten Mittel (Methoden) auf ihre Zweckmäßigkeit zu überprüfen und zweckmäßige von nicht oder weniger zweckmäßigen Methoden zu unterscheiden. Die Überprüfung von Zweckmäßigkeit sollte dabei nicht der individuellen Intuition oder dem Zufall überlassen bleiben, sondern muss wissenschaftlich unterfüttert sein, auch wenn nicht immer zweifelsfrei festzustellen ist, welche Methode die zweckdienlichere ist. Über *„Best-Practice“-Methoden* lässt sich zuverlässig nur richten, wenn hinreichend sichergestellt ist, dass die ihnen zugeschriebene Effektivität und Effizienz mehr ist als nur eine subjektive Vermutung. Dies gilt auch dann, wenn mehrere Methoden möglicherweise gleich zweckdienlich sind und in den Unternehmen mikropolitische Konstellationen den Ausschlag geben, welche Methode letztlich den Zuschlag erhält. Die Kontingenz organisatorischer Konzepte enthebt weder die Praxis noch die Wissenschaft der Frage nach der Zweckdienlichkeit von Methoden sowie der Implikationen gesetzter Zwecke.

Die *wissenschaftliche Betriebsführung* setzt also auf die Verallgemeinerungsfähigkeit und damit Standardisierung systematisch erprobter Methoden, während das Konzept der *Selbstorganisation* bei der Methodenentwicklung die Intuition, Erfahrung und Kreativität des Einzelnen nutzen möchte. Nicht der *One Best Way*, sondern der *Own Best Way* ist hier unter Preisgabe des Rationalitätsanspruchs industrieller Organisation die Maxime (*Kühl*, 1999). Es ist gewiss nicht leicht zu entscheiden, ob es für ein Unternehmen besser ist, wenn es seine Methoden standardisiert und dabei in Kauf nimmt, dass der Standard nicht immer den spezifischen Rahmenbedingungen vor Ort Rechnung trägt oder ob es besser ist, diesen Bedingungen mittels einer weit reichenden Methodenvielfalt nachzukommen, dabei aber in Kauf nehmen zu müssen, dass ein beachtlicher Aufwand (Transaktionskosten) für die Entwicklung der unterschiedlichen Methoden betrieben werden muss und darüber hinaus nicht sichergestellt werden kann, dass die eingesetzten Methoden auch ausreichend effektiv und effizient sind. Der *gesunde Menschenverstand* legt jedoch nahe, der Standardisierung von Methoden letztlich einen höheren, vor allem ökonomischen Nutzen beizumessen als einer weiten Methodenvielfalt. Denn nur mittels des systematischen (wissenschaftlichen) Vergleichs und der Standardisierung von Methoden lassen sich methodische Lern- und Synergieeffekte realisieren. Auch im Hinblick auf die in einem Unternehmen eingesetzten Methoden gilt der Grundsatz, dass das Ganze mehr ist als die Summe seiner Teile.

Management by Frank Sinatra

Erstaunlicherweise sind in den letzten Jahren viele Großunternehmen in Deutschland von diesem Grundsatz abgewichen und haben im Zusammenhang mit einer forcierten Dezentralisierung das Prinzip der *Methodenfreiheit* nicht nur propagiert, sondern in weiten Bereichen auch realisiert. Die Krise der *wissenschaftlichen Betriebsführung* ist Teil und Folge dieser Entwicklung, über deren Ursachen und Konsequenzen nicht zuletzt in den Wissenschaften noch viele Unklarheiten bestehen. Was die Ursachen betrifft, wird nicht nur in den Unternehmen meist behauptet, die Dezentralisierung sei vor allem eine Reaktion auf eine zunehmende organisatorische Komplexität, insbesondere verursacht durch sich ständig wandelnde Marktanforderungen, auf die zentralistisch-bürokratisch verfasste, funktional gegliederte Unternehmen nicht flexibel genug reagieren könnten. Mit dem Abbau von Bürokratie und Hierarchie und dem *Empowerment* ihrer Subeinheiten versuchten die Unternehmen, mehr Flexibilität zu gewinnen und sich den neuen Marktanforderungen, dem Übergang vom Anbieter- zum Kundenmarkt anzupassen. Das ist aber bestenfalls die halbe Wahrheit.

Weitgehend ausgeklammert wird in diesem Zusammenhang nicht nur in der Praxis, sondern auch in der Wissenschaft, dass diejenigen Unternehmen, die gemeinhin als „Best-Practice“-Beispiele für *Lean Management* und *Intrapreneurship* firmieren, bei genauerer Betrachtung viele der Merkmale, die einem dezentralisierten Unternehmen zugeschrieben werden, gar nicht aufweisen. Das gilt nicht nur für die Dezentralisierung von Planungs- und Entscheidungsbefugnissen, sondern auch für den Abbau von Hierarchien. Beides findet man beispielsweise in der internationalen Automobilindustrie weder bei den japanischen, noch bei den amerikanischen Herstellern, die in Sachen Effizienz und

Profitabilität heute zu den Spitzenreitern zählen (*vgl. Freyssenet et.al,* 1998). Toyota und Ford sind beispielsweise keine Unternehmen, von denen behauptet werden kann, wesentliche Entscheidungsbefugnisse lägen in den Produktionsstandorten und nicht bei den Headquarters. Ebenso wenig ist in diesen Unternehmen zu erkennen, dass es keine vielgliedrigen Hierarchien gibt. *Nomura* und *Jürgens* (1995) haben u. a. herausgearbeitet, wie wichtig für den japanischen Produktivitätserfolg eine vielgliedrige betriebliche Hierarchie ist, die es den Unternehmen ermöglicht, ihre Mitarbeiter entsprechend ihrer Leistungen beruflich weiterzuentwickeln. Dabei wird von den Unternehmen offenkundig nach dem Grundsatz verfahren, dass bei den Mitarbeitern mit geringfügigen, nicht allzu schwer zu erreichenden Aufstiegen viel Motivations- und Leistungspotential freizusetzen ist.

Auch hinsichtlich der funktionalen Aufbauorganisation muss man bei vielen *„Best-Practice“-Unternehmen* Abstriche machen, was die Umsetzung der *reinen Lehre* angeht, soweit sie sich dieser überhaupt verschrieben haben. Nicht selten werden im Rahmen von Matrixorganisationen heute funktionale und divisionale Verantwortlichkeiten gemischt. Dies macht u.a. deutlich, dass die Unternehmen mit der Dezentralisierung bislang zentral organisierter Fachfunktionen durchaus vorsichtig umgehen, was auch darin zum Ausdruck kommt, dass in nicht wenigen Fällen Maßnahmen der Dezentralisierung auch schon wieder rückgängig gemacht worden sind. Ohnehin ist seit Beginn der 90er Jahre zumindest in deutschen Großunternehmen zu beobachten, dass mit organisatorischen Konzepten zunehmend undogmatischer umgegangen wird und der laufende Konzeptwechsel immer mehr *in Mode* kommt. Mit der permanenten Änderung ihres organisatorischen Aggregatzustands versetzen sich die Unternehmen gleichsam in die Lage, laufend Stellen und Personal zu *verdunsten*. Die heute zu beobachtende Volatilität des organisatorischen Wandels hat also, auch wenn es auf den ersten Blick nicht so scheinen mag, durchaus System. Hinzu kommt, dass die Unternehmensleitungen mit den laufenden Reorganisationsmaßnahmen und den mit ihnen verbundenen Unsicherheiten die in den 80er Jahren vielfach für sie verloren gegangene Kontrolle über das unternehmensinterne Geschehen mittels einer *Modernisierung des Zentralismus* (*Springer,* 1999, S. 90 ff.) zurückzuerobern versuchen.

Um Overheadkosten zu minimieren und die Kontrolle über das Unternehmen effektiver und effizienter zu gestalten, bedienen sich die Unternehmensleitungen antibürokratischer Methoden, mit denen sie allerdings Gefahr laufen, den Teufel mit dem Belzebub auszutreiben. Denn mit der Dezentralisierung von Entscheidungsbefugnissen ist für die Unternehmensleitungen auch immer das Risiko eines weiteren Kontrollverlustes verbunden. Dies gilt vor allem dann, wenn die mit mehr Entscheidungsbefugnissen ausgestatteten Subeinheiten ihre eigenen Wege gehen, die zwar ihrem eigenen Wohl dienen können, nicht aber dem Wohl des Gesamtunternehmens dienlich sein müssen. Verstärkt wird dieses Risiko durch die Anstachelung des Wettbewerbs zwischen den Subeinheiten, die diese regelrecht dazu nötigt, auf den eigenen Vorteil aus zu sein, um im internen Konkurrenzkampf um Produkte und Investitionen eine gute Ausgangsposition zu haben. Entgegen allen Bekenntnissen zur *Lernenden Organisation* werden *„Best-Practice“-Methoden* daher eifersüchtig gehütet und nicht der allgemeinen Nutzung im Unternehmen zugänglich gemacht. Im dezentralisierten Unternehmen kommt es daher in besonderer Weise darauf an, den Informationsaustausch mit System (und Zwang) zu betreiben, es sei denn, das Unternehmen will auf jegliche Synergieeffekte verzichten, die es mittels Methodenstandardisierung erzielen kann. Eine kritische Folge der Dezentralisierung liegt daher in einem unkoordinierten Methodenpluralismus, der sich leicht zu einem Methodenchaos auswachsen kann, bei dem unterschiedlichste Methoden der Unternehmensführung miteinander im Wettstreit stehen und sich möglicherweise gegenseitig sogar blockieren.

Dieses Problem besteht auf allen Ebenen der Unternehmensorganisation. Ob z. B. ein Werkleiter seine Rationalisierungsmethoden vor seinen Kollegen in anderen Werken sorgsam hütet und diese wie auch die Unternehmensleitung möglichst lange darüber im Unklaren lässt, wie er zu seinen Produktivitätserfolgen gekommen ist, unterscheidet sich strukturell vorerst nicht von dem Verhalten eines Arbeiters, der seine Kniffe ebenfalls nicht nur vor seinen Vorgesetzten, sondern auch vor seinen Kollegen sorgsam versteckt. Beide erweisen sich gleichsam als stille Anhänger eines nirgendwo gelehrten, trotzdem aber ausgesprochen verbreiteten *Management by Frank Sinatra*, wo jeder sagen kann: „I did it my way“. Diese spontane Managementlehre ist eine zwangsläufige, um nicht zu sagen automatische Folge von *Selbstorganisation* unter sich im Wettbewerb um Kapital und Arbeit befindenden Partnern. Ihr muss von den Unternehmensleitungen immer wieder entgegengesteuert werden, sollen die Unternehmen nicht Gefahr laufen, im alltäglichen Gegeneinander das Miteinander zu vergessen. Nur im Miteinander, d.h. einer erfolgreichen Kooperation, liegen all jene Potentiale, die eine Organisation in die Lage zu setzen vermögen, bessere Leistungen als andere zu erbringen. Überwiegt im organisatorischen Miteinander das Gegeneinander, gibt es für eine Organisation eigentlich keinen hinreichenden Grund mehr, als solche weiterzubestehen. Nur wenn das Ganze mehr ist als die Summe seiner Teile, macht Organisation überhaupt Sinn.

Diesem *Gesetz* unterwirft sich die *wissenschaftliche Betriebsführung*, die im Unterschied zum Konzept der *Selbstorganisation* dem Allgemeinen den Vorrang vor dem Besonderen einräumt. Dies macht auch ihre – gewiss ungewollte – Nähe zu planwirtschaftlichen Organisationsvorstellungen aus, die dies ebenfalls tun. *Selbstorganisation* ist vor diesem Hintergrund zwar ein probates Mittel zur Lösung individuell-spezifischer Probleme; niemals wird es mittels *Selbstorganisation* aber letztlich möglich sein, dauerhaft Leistungen freizusetzen, die über die bloße Addition von Einzelleistungen hinausgehen. Jede Verallgemeinerung von besonderen Einzelleistungen geht zwangsläufig mit der Einschränkung von *Selbstorganisation* einher, da andere Einzelleistungen sich der verallgemeinerten, nun nicht mehr besonderen Einzelleistung unterzuordnen haben. Individuelle *Methodenfreiheit* wird daher automatisch eingeschränkt, wenn es darum geht, in Organisationen kollektive Höchstleistungen zu erzielen. Man kann sogar sagen: nur durch die Einschränkung von *Methodenfreiheit* bilden und stabilisieren sich Organisationen. Insofern kann der Versuch Taylors, die Methodenfreiheit von Managern und Arbeitern einzuschränken, als ein wichtiger Schritt in der Organisationsbildung von Unternehmen begriffen werden, auf den diese nur um den Preis von Leistungsverlusten verzichten können. Die Mobilisierung und betriebliche Nutzung von Leistungsreserven und die damit verbundene Verbesserung der Wettbewerbsfähigkeit von Unternehmen dürfte, trotz aller leistungshemmenden Effekte eingeschränkter Selbstorganisation, daher auch der Grund für den Siegeszug des Taylorismus in diesem Jahrhundert gewesen sein.

Kieser schreibt in diesem Zusammenhang: „Wer in eine Organisation eintritt, akzeptiert mit Abschluss des Arbeitsvertrages pauschal die in ihr vorherrschenden Strukturen. Würde jedem Mitglied das Recht eingeräumt, seine Vorstellungen über die Gestaltung der Organisationsstruktur verbindlich in Reorganisationsprozesse einzubringen, wäre der Aufbau komplexer organisatorischer Strukturen nicht möglich. Eine generelle Handlungsfähigkeit einer Organisation lässt sich nur sicherstellen, indem bestimmte Vertretungsrechte für das System als Ganzes und entsprechende Handlungszurechnungen formal geregelt werden. Nur durch eine solche Einschränkung der Gestaltungsrechte können Organisationen ein hohes Maß an Komplexität handhaben und damit eine höhere Anpassungsfähigkeit erreichen als Sozialsysteme, deren Evolution auf Regeln beruht, die sich spontan aus dem Zusammenspiel von Individuen ergeben“ (*Kieser*, 1994, S. 217). Der rationalen, weil wissenschaftlich fundierten Einschränkung individueller Gestaltungsrechte trägt die *wissenschaftliche Betriebsführung* Rechnung und erweist sich insofern als ein der organisierten Gesellschaft durch und durch angemessenes Führungskonzept. Von einem Auslaufmodell kann bei der *wissenschaftlichen Betriebsführung* also keine Rede sein. Ist sie deswegen aber schon ein unverzichtbarer Bestandteil der modernen Managementlehre, den diese dringend weiterentwickeln muss, um nicht nur im akademischen, sondern vor allem auch im praktischen Raum Wirkung zu erzielen?

5.5 Modernisierung der wissenschaftlichen Betriebsführung

In den Unternehmen ist gegenwärtig festzustellen, dass sie die *wissenschaftliche Betriebsführung*, jenseits aller antitayloristischen Rhetorik zu modernisieren versuchen. Unter dem Stichwort *partizipative Rationalisierung* (*Springer,* 1999, S. 127 ff.) experimentieren sie – wie nicht zuletzt auch die in diesem Buch dargestellten Praxisbeispiele zeigen – mit Wegen der Effizienzsteigerung, die ihnen auf der einen Seite ermöglichen, das Rationalisierungswissen der Beschäftigten durch die Beteiligung an der Entwicklung und Umsetzung von Rationalisierungsmethoden zu mobilisieren, ohne auf der anderen Seite Gefahr zu laufen, dass diese Methoden nur im Individualinteresse der Beschäftigten und nicht im wirtschaftlichen Interesse des Unternehmens genutzt werden. *Gelenkte Beteiligung* ist, wie *Dörre* (1996, S. 74) zu Recht betont, insbesondere in der Massenproduktion ein Rationalisierungsansatz, der auf eine Modernisierung der *wissenschaftlichen Betriebsführung* abzielt, indem er mit einem wesentlichen Grundsatz des Taylorismus, der ausschließlichen Übertragung von Planungs- und Rationalisierungstätigkeiten auf Spezialisten, bricht.

Die Unternehmen reagieren damit u.a. auf den Sachverhalt, dass flexible Standardisierung, also der Prozess der laufenden De-Stabilisierung und Re-Stabilisierung von Produktions- und Arbeitsabläufen, nur gelingen kann, wenn das Erfahrungswissen und die Produktionsintelligenz der Beschäftigten für diesen Prozess aktiviert werden können. Die Produktvielfalt und die Komplexität der Abläufe sind heute in der Automobilindustrie zu hoch, als dass die Spezialisten der Rationalisierung noch in der Lage wären, unter weit gehendem Ausschluss der Beschäftigten die Abläufe planerisch zu erfassen, zu standardisieren und zu optimieren. So gesehen sind die Unternehmen – ob sie wollen oder nicht – heute nicht nur zum repräsentativen Zentralismus, sondern auch zur partizipativen Rationalisierung verpflichtet.

Partizipative Rationalisierung ist daher auch keine der inzwischen so zahllosen Managementmoden, sondern ein Organisationskonzept, das in den Bedingungen heutiger Rationalisierung objektiv angelegt ist. Diejenigen Unternehmen, denen es am schnellsten und am besten gelingt, partizipative Rationalisierung wirksam zu betreiben, verfügen über einen unschätzbaren Wettbewerbsvorteil. Sie sind am ehesten dazu in der Lage, trotz steigender Produktvielfalt und zunehmender Komplexität der Abläufe, ihre Produktions- und Arbeitsprozesse laufend zu stabilisieren, zu standardisieren und zu optimieren. Dies setzt vor allem eine enge Kooperation zwischen den Spezialisten der Rationalisierung und den Beschäftigten voraus. Sie bildet gleichsam den Kern einer modernisierten wissenschaftlichen Betriebsführung, die die bisherige Trennung von Hand- und

Kopfarbeit im Prozess der Standardisierung und Optimierung der Produktions- und Arbeitsabläufe zurücknimmt.

Gleichwohl ist die Herausbildung und Etablierung partizipativer Rationalisierung kein Selbstläufer. In den Unternehmen bleibt dieser Ansatz nämlich weder unwidersprochen noch konkurrenzfrei. Mit einer Re-Etablierung *spezialisierter Rationalisierung* wird vielmehr versucht, der Modernisierung der *wissenschaftlichen Betriebsführung* entgegenzuwirken, insbesondere indem externe Unternehmensberater – meist im Zusammenhang mit Standortentscheidungen – damit beauftragt werden, mittels angeordneter Kurzfristaktionen Rationalisierungspotentiale zu erschließen. Die Modernisierung der *wissenschaftlichen Betriebsführung* spielt sich also nicht im luftleeren Raum ab, sondern ist in den Unternehmen durchaus umstritten. Modernisierer und Traditionalisten der Rationalisierung stehen sich in der internen *Konzeptions-Konkurrenz* mehr oder weniger unversöhnlich gegenüber. Die Linien verlaufen dabei keineswegs entlang der etablierten Lagerbildungen zwischen Kapital und Arbeit, sondern quer durch diese hindurch.

Gerade dies zeigt, dass wir es mit einem fundamentalen Formwandel der Rationalisierung und Unternehmensführung zu tun haben; ein Formwandel, der dem einzelnen Unternehmen gelingen, ihm aber auch misslingen kann. Erfolg oder Misserfolg des Übergangs zur partizipativen Rationalisierung hängen nicht zuletzt davon ab, inwieweit die Unternehmen in der Lage sind, durch ein gezieltes betriebliches Interessenmanagement darauf hinzuwirken, dass sich Traditionalisten und Modernisierer der Rationalisierung nicht gegenseitig blockieren und die Front der Modernisierer in der Vorhand bleibt. Dies macht deutlich, dass Rationalisierung mehr ist als ein bloßer technisch-organisatorischer Vorgang. Sie war und ist notwendigerweise immer auch ein politischer Prozess, der mit dem technisch-organisatorischen eng verwoben ist. Auch ihn gilt es zu beherrschen, will man Rationalisierung wirksam betreiben. Eine modernisierte wissenschaftliche Betriebsführung trägt diesem Sachverhalt Rechnung, indem sie sich nicht nur den Methoden, sondern ebenso dem (politischen) Prozess der Rationalisierung zuwendet.

5.6 Literatur

Aida, B.; Fehr, H.; Kraetsch, C.; Schmidt, G. (Hrsg.): Sozialwisssenschaftliche Forschung und Praxis. Interdisziplinäre Sichtweisen. Wiesbaden: Deutscher Universitätsverlag, 1999 d' Alesio, N.; Gerst, D.; Oberbeck, H.; Seitz, D.: Den Restrukturierungspfaden eines international agierenden Großunternehmens auf der Spur: Ansatzpunkte für den Bruch mit der tayloristisch-bürokratischen Organisationsstruktur in der Volkswagen AG. Göttingen: Unveröffentlichter Forschungsbericht, 1999

Braczyk, H.-J.; Schienstock, G.: Im „Lean Express" zu einem neuen Produktionsmodell? In: Kurswechsel in der Industrie. Lean Production in Baden-Württemberg. Stuttgart/Berlin/Köln: Westdeutscher Verlag, 1996, S. 269–329

Braverman, H.: Die Arbeit im modernen Produktionsprozeß. Frankfurt/New York: Campus, 1977

Bullinger, H.-J.; Lott C.-U.: Target Management: Unternehmen zielorientiert gestalten und ergebnisorientiert führen. Frankfurt/New York: Campus, 1997

Chandler, A. D.: The Visible Hand. The managerial revolution in american business. Cambridge: Havard Univ. Press, 1977

Dörre, K.: Partizipatives Management – ein Schritt zum demokratischen Betrieb? In: Denisow, K.; Stieler-Lorenz, B. (Hrsg.): Partizipation und Produktivität. Zu einigen kulturellen Aspekten der Ökonomie. Düsseldorf: Friedrich Ebert Stiftung, 1996, S. 69–86

Dohse, K.; Jürgens, U.; Malsch, T.: Vom „Fordismus" zum „Toyotismus" ? Die Organisation der Arbeit in der japanischen Automobilindustrie. In: Leviathan (1984), Heft 4, S. 448–477

Drucker, P. F.: Gesellschaft am Fließband. Düsseldorf: ECON, 1955

Eisner, K.: Rezension von F.W. Taylors „Grundsätze der wissenschaftlichen Betriebsführung". In: Die neue Rundschau (1913), Heft 10, S. 1448–1453

Freyssenet, M.; Mair, A.; Shimizu, K.; Volpato, G.: One Best Way ? Trajectories and industrial models of the world automobile producers. Oxford/New York: Oxford Univ. Press, 1998

Frieling, E.: Drei Jahre in der Praxis – oder welchen Sinn kann Jobrotation für Hochschullehrer haben? In: ARBEIT Zeitschrift für Arbeitsforschung, Arbeitsgestaltung und Arbeitspolitik (1998), Heft 1, S. 7–20

Gesellschaft für Arbeitswissenschaft (GfA) (Hrsg.): Zukunft der Arbeitswissenschaft als Zukunft der GfA. Dokumentation der Herbstkonferenz der GfA an der Universität Kaiserslautern am 25./26. September 1997. Dortmund: GfA-Press, 1997

Gesamtmetall (Hrsg.): Den Wandel gemeinsam gestalten. Die Wettbewerbsfähigkeit sichern. Köln: edition agrippa, 1995

Gramsci, A.: Philosophie der Praxis. Eine Auswahl. Frankfurt: Fischer, 1967

IfaA (Hrsg.): Lean Production. Idee-Konzept-Erfahrungen in Deutschland. Köln: Wirtschaftsverlag Bachem, 1992

Kieser, A.: Fremdorganisation, Selbstorganisation und evolutionäres Management. In: Zeitschrift für betriebswirtschaftliche Forschung (zfbf) (1994), Heft 3, S. 199–227

Kühl, S.: Change Management in der Rationalitätsfalle. In: Organisationsentwicklung (1999), Heft 2, S. 76–84

Nomura, M.; Jürgens, U.: Binnenstrukturen des japanischen Produktivitätserfolgs. Arbeitsbeziehungen und Leistungsregulierung in zwei japanischen Automobilunternehmen. Berlin: Edition Sigma 1995

Ohno, T.: Das Toyota Produktionssystem. Frankfurt/New York: Campus, 1993

Polanyi, K.: The Great Transformation. Politische und ökonomische Ursprünge von Gesellschaften und Wirtschaftssystemen. Wien: Europaverlag, 1977

Schleyer, H. M.: Das soziale Modell. Stuttgart: Seewald, 1974

Sennett, R.: Der flexible Mensch. Die Kultur des neuen Kapitalismus. Berlin: Berlin Verlag, 1998

Schumann, M.: Das Lohnarbeiterbewußtsein des „Arbeitskraftunternehmers“. In: SOFI-Mitteilungen (1999), Nr. 27, S. 59–64

Schumpeter, J. A.: Kapitalismus, Sozialismus und Demokratie. Tübingen und Basel: UTB, 1993

Springer, R.: Krise der Arbeitswissenschaft? Veränderte Rahmenbedingungen und neue Anforderungen der Praxis. In: Gesellschaft für Arbeitswissenschaft, Dortmund: GfA-Press, 1997, S. 38 ff.

Springer, R.: Rückkehr zum Taylorismus? Arbeitspolitik in der Automobilindustrie am Scheideweg. Frankfurt/New York: Campus, 1999

Taylor, F. W.: Die Grundsätze wissenschaftlicher Betriebsführung. Weinheim und Basel: Beltz, 1977

Volpert, W.: Von der Aktualität des Taylorismus. Einleitung zum Neudruck von F.W. Taylors „Grundsätzen wissenschaftlicher Betriebsführung“. In: Taylor, F. W., Weinheim und Basel: Beltz, 1977, S. 9–51

Voß, G. G.; Pongratz H. J.: Der Arbeitskraftunternehmer. Eine neue Grundform der Ware Arbeitskraft?; In: Kölner Zeitschrift für Soziologie und Sozialpsychologie(1998), Heft 1, S. 131–158

Womack, J. P., Jones, D. T.; Roos, D.: The machine that changed the world. New York/Toronto, Oxford: Rawson Associates 1990

6 Zukunft der Mitbestimmung im Rahmen der Globalisierung

Teilnehmer am Podium:

Dr. Ulrich *Brocker*	Hauptgeschäftsführer des Verbandes der Metallindustrie Baden-Württemberg e.V.
Bertold *Huber*	Bezirksleiter der IG Metall Baden Württemberg
Francois *Michaux*	Abteilung Zukunftsstudien und Planung von Renault
Tilman *Todenhöfer*	Geschäftsführer der Robert Bosch GmbH
Heiner *Tropitzsch*	Personalvorstand der DaimlerChrysler AG

Moderation:

Heinz Klaus *Mertes*	Geschäftsführer von M COM TV, München

Dokumentation der Talkrunde durch Pit Junker, K1 Gesellschaft für Kommunikation mbH

Mertes: Unser Thema lautet: „Zukunft der Mitbestimmung im Rahmen der Globalisierung". Mitbestimmung, lassen Sie mich das als Journalist und Medienmann sagen, ist kein Thema, das im Augenblick die Mediengesellschaft besonders aufregt. Das Thema ist eigentlich durch und gilt im Bewusstsein der Öffentlichkeit mit den Gesetzen aus den 70er und 80er Jahren als gelaufen. Der allgemeine Eindruck, das belegen auch Demoskopien, ist, dass die deutsche Wirtschaft insgesamt mit ihrem Sonderweg, den sie in diesem Zusammenhang eingeschlagen hat, nicht schlecht gefahren ist, gerade auch im Hinblick auf die internationale Wettbewerbsfähigkeit. Das Thema steht aber heute bei den Unternehmen in der Diskussion über die Optimierung der Arbeitsprozesse.

Herr Tropitzsch, warum bringt die Globalisierung eine neue Spannung in dieses Thema?

Tropitzsch: In der Automobilindustrie sprechen wir gern von Produktzyklen und vielleicht ist zumindest eine Modellpflege angesagt, wenn ein Produkt, wie in diesem Fall die Mitbestimmung, schon etwas älter ist. Ich denke, es sind Änderungen erforderlich, weil diese Gesetze zu einer Zeit geschaffen wurden, als die Welt noch anders aussah. Insofern bin ich überzeugt, dass wir etwas tun müssen.

Beispiel „Flexibilität und Geschwindigkeit": Schnelle Reaktionen, die ein Unternehmen bringen muss, weil vor allem der globale Markt dies verlangt, müssen wir in unseren Mitbestimmungsregelungen berücksichtigen können. Dies ist wichtig und gleichzeitig schwierig, insofern muss man dieses Thema angehen. Ich nenne nur das Stichwort: „Genehmigung einer einzelnen Überzeitstunde“.

Auch ist es schwierig, die sehr differenziert aufgestellten Konzerne mit Muttergesellschaften, Tochtergesellschaften, Enkeln und Urenkeln in Mitbestimmungsregeln abzubilden. Hier ist der Unternehmens- und der Betriebsbegriff dominant. Es stellt sich die Frage, ob wir nicht andere Begriffe deutlich stärker einführen müssen, die heute in Organisationen üblich sind, wie etwa den Prozessbegriff. Dieses heißt wahrscheinlich in der Umsetzung, dass man nicht alles dezidiert regeln kann, aber dass man doch nach Vereinbarungen auf Unternehmens- oder Konzern- oder anderen Ebenen sucht, um die komplexen Strukturen abbilden zu können.

Mertes: Bedeutet das insgesamt eine Tendenz „Partizipation gegen Effizienz“?

Tropitzsch: Wir brauchen Effizienz der Unternehmen, da besteht auch überhaupt kein Dissens. Wir müssen schauen, dass Mitbestimmungsregelungen, die ja erforderlich sind, möglichst wenig die Effizienz behindern und damit Kosten verursachen. Es gibt aber auch Vorteile. Und das genau zu rechnen, ist vielleicht die besonders schwierige Seite. Der Nutzen besteht letzten Endes darin, Mitarbeiter- und Unternehmensinteressen in Einklang zu bringen, damit im Unternehmen ein Weg gefunden wird, der auch langfristig die Interessen des Unternehmens absichert, und das ist gleichzeitig die Sicherung der Arbeitsplätze.

Mertes: Herr Huber, Partizipation, auf gut Deutsch Mitbestimmung, kostet die Unternehmen etwas. Ist das auch Ihre Einschätzung?

Huber: Selbstverständlich, jede Investition kostet etwas. Die Frage ist, was am Ende herauskommt. Mitbestimmung kostet Geld in Form von Zeit und in Form von Prozessen. Was ist die Alternative? Ist die Alternative, dass die Unternehmensleitung entscheidet, und die 220.000 Mitarbeiter in der Bundesrepublik bei DaimlerChrysler sollen das alles schlucken? Warum sollten sie das tun? Insofern glaube ich, dass die Mitbestimmung ein günstiges Modell ist, wenn man es unter dem Gesichtspunkt der Kosten betrachtet. Interessant ist der historische Verlauf. In der tiefen Krise der Metall- und Elektroindustrie 1992/93 konnte man den gesellschaftlichen und den betriebswirtschaftlichen Nutzen der Mitbestimmung sehen. Ohne die Mitbestimmung wäre der notwendige Strukturwandel in dieser Zeit nicht zu bewältigen gewesen, jedenfalls nicht ohne möglicherweise massive soziale Auseinandersetzungen.

Mertes: Die Gewerkschaften haben die Mitbestimmung immer auch als eine Machtfrage angesehen. Welche Machtproben sehen Sie in diesem Zusammenhang auf uns zukommen?

Huber: In Fragen der Mitbestimmung sehe ich im Moment überhaupt keine Machtprobe. Das spricht aber nicht gegen die Mitbestimmung, sondern für die Mitbestimmung, weil sie offensichtlich das Herz und das Denken nicht nur der Beschäftigten und der Betriebsräte, sondern auch der auf Unternehmensseite agierenden Mitbestimmungsträger getroffen hat. Das ist ein Effizienzvorteil. Die Metall- und Elektroindustrie in der Bundesrepublik Deutschland hat doch signifikante Erfolge in der Exportwirtschaft aufzuweisen.

Mertes: Haben die Deutschen Sonderprobleme, weil sie einen Sonderweg über die vielen Jahre eingeschlagen haben und müssen sie jetzt eine besondere Korrektur vornehmen?

Michaux: Für mich ist es schwer, aus französischer Perspektive etwas über Deutschland zu sagen. Ich bewundere aber, wie die Krise von 1992/1993 von den Gewerkschaften und den Unternehmen gemeistert wurde. Die Diskussion ist für mich das Ergebnis harter Arbeit. Das französische Mitbestimmungssystem funktioniert ganz anders als das deutsche. Letztlich habe ich keine Antwort auf die Frage, ob die Deutschen Sonderprobleme haben, weil sie über viele Jahre einen Sonderweg eingeschlagen haben und ob jetzt eine Korrektur dieses Sonderweges erforderlich ist.

Mertes: Vielleicht bekommen wir diese Antwort von Herrn Dr. Brocker. Ist unsere Mitbestimmung betriebsnah genug?

Dr. Brocker: Die betriebliche Mitbestimmung muss den geänderten Verhältnissen angepasst werden. Das ist genau das, was wir auch auf tariflicher Ebene versuchen. Wir haben bislang einen Flächentarifvertrag, der zwar längst nicht so starr ist wie es ihm häufig vorgeworfen wird, der aber durchaus noch mehr Flexibilität vertragen könnte. Und hier wäre es gut, wenn man eine Kombination aus beidem, einem flexiblen Flächentarifvertrag und eine an die moderne Zeit angepasste, kluge betriebliche Mitbestimmung praktizieren würde.

Wir erleben in den Betrieben, dass die Arbeitnehmer mehr und häufiger als früher und mit nachhaltigerer Wirkung in der Lage sind, Regelungen unmittelbar im Sinne des Betriebes mit ihren Vorgesetzten zu klären. Ob wir dabei in jedem Fall den Weg durch alle die Gremien brauchen, die die Mitbestimmung heute vorsieht, sollte man angesichts der Globalisierung überprüfen. Wir brauchen Rahmenregelungen dafür, was der Betrieb in seiner konkreten, individuellen Situation umsetzen möchte. Das soll er legal, also durch entsprechende Öffnungsklauseln im Tarif, tun können. Beides zusammen wäre eine ideale Kombination.

Mertes: Ich möchte nicht den Eindruck erwecken, als wollte ich hier jetzt zündeln, indem ich dauernd nach den Konfliktstellen frage. Aber gerade die Arbeitgeber haben sich ja im vergangenen Jahr sehr häufig die Fragen gestellt, wie die Gesellschaft am besten zu modernisieren ist, über Konflikt oder über Konsens und wie viel Mut zum Konflikt notwendig ist, um die Modernisierung zu erreichen. Sehen Sie eine Notwendigkeit oder eine Bereitschaft, durch Konflikte zu gehen, um das zu tun, was unabweisbar ist?

Todenhöfer: Konflikte sind als solche unvermeidbar, und wir werden sie auch überstehen müssen. Wir werden jedoch auch sehen, dass wir in Cyberspace-Zeiten nicht mit Neandertaler-Methoden miteinander umgehen können. Wir sind aus Verantwortung für Betriebs- und Volkswirtschaft verpflichtet, uns Konfliktlösungsmodelle zu überlegen, die den heutigen Zeiten entsprechen. Falsches Handeln führt heute zu einer viel unmittelbareren, schnelleren und nachhaltigeren Schädigung von Unternehmen und damit auch zur Gefährdung von Arbeitsplätzen. Wenn wir das jedoch wissen, dann sollten wir Überlegungen nicht mit dem Wort Konfliktbereitschaft beginnen, sondern versuchen, den Konsens auf moderne Art und Weise anzustreben.

Mertes: Soll die Optimierung des Produktionsprozesses das Regelelement sein für die Gestaltung der gesamten Arbeitsgesellschaft? Steht die Optimierung des Produktionsprozesses im Zentrum?

Todenhöfer: Die Teilnehmer dieser Runde haben alle ihren Ursprung im Produktionsprozess und nehmen ihn deswegen zu Recht auch als Ausgangspunkt für die Diskussion. In den Betrieben haben wir allerdings sehr viele Mischformen des Produktions- und des Dienstleistungsgewerbes. Wenn wir z. B. bei Bosch weit über 100 verschiedene Arbeitszeitmodelle haben, dann sind es nicht nur Produktionsarbeitszeitmodelle, sondern auch Dienstleistungsarbeitszeitmodelle. Wir brauchen hier eine gewisse Modernisierung, aber so wenig Regelung wie möglich. Unsere Mitarbeiter denken und handeln heute ganz anders als vielleicht vor 30 oder 40 Jahren. Sie sind ganz anders informiert, und deswegen haben wir es hier mit sehr viel mündigeren Mitarbeitern zu tun, die sich an ihrem eigenen Arbeitsplatz auch ihren Freiraum und ihren Entscheidungsmitspielraum schaffen können. Ich persönlich glaube, dass die rein technische Optimierung des Produktionsprozesses nicht die Zukunft ist, sondern vielmehr die ganzheitliche Optimierung der gewerblichen Tätigkeit. Dafür sollte man den Unternehmen einen möglichst großen Freiraum gemeinsam mit ihren Mitarbeitern lassen.

Mertes: In der Einladung steht: „Seit der Mitte der neunziger Jahre stellt sich in den Unternehmen erneut die Frage, mit welchem Produktionssystem sich die Überlebensfähigkeit am besten sicherstellen lässt.“ Man redet gar nicht mehr von der Wettbewerbsfähigkeit, sondern von der Überlebensfähigkeit. Ist das nicht zu dramatisch?

Tropitzsch: Die Dramatik haben wir mehr oder minder jeden Tag. Es geht darum, wie wir auf diesem Globus die Arbeit letztendlich verteilen. Und deshalb müssen wir darauf hinarbeiten, dass wir Nachteile, die dieser Standort hat, ausgleichen. Wir wissen, dass z. B. die Personalkosten an diesem Standort immer höher liegen. Wir müssen Möglichkeiten haben, mit denen wir diesen Nachteil kompensieren können. Wir werden nicht erfolgreich sein, wenn wir nicht bei dieser Standortdiskussion versuchen, einerseits unsere Kosten in vertretbaren Grenzen zu halten und andererseits unsere Vorteile auszunutzen, z. B. die Innovation, die richtigen Produkte, die Flexibilität, die Schnelligkeit, im Weltmarkt agieren zu können, um daraus ein Gesamtpaket zu schnüren, mit dem wir international diesen Standort rechtfertigen. Die Mündigkeit und die Gestaltungsmöglichkeiten der Mitarbeiter sollten daher durchaus mehr in den Mittelpunkt gehoben werden.

Mertes: Wird es bei diesem Prozess nur Gewinner geben oder auch Opfer?

Todenhöfer: Ich habe die Hoffnung, dass wir uns hier in Deutschland auf hohem Niveau behaupten können. Aber dazu muss die Maschine wirklich weiter laufen und darf nicht irgendwo zum Stottern kommen. Die Kosten auf Grund übertariflicher, freiwilliger, sozialer Leistungen unserer Unternehmen sind nur finanzierbar, wenn es den Unternehmen durchgehend gut geht. Ich glaube nicht, dass es im Moment um eine Überlebensfrage geht – zumindest nicht bei den hier vertretenen Unternehmen. Vielleicht werden jedoch die Gefahren, die hierin für den Standort Deutschland liegen, leichter genommen als es zulässig ist.

Mertes: Welche Vorkehrungen treffen die Gewerkschaften für die „Opfer" dieser möglichen Entwicklungen?

Huber: Diese Gewinner-Verlierer-Debatte in der Frage der Mitbestimmung ist überflüssig. Wenn es der bundesdeutschen Metall- und Elektroindustrie gelungen ist, ihre Exportanteile permanent zu steigern, kann das nicht von Übel sein. Offensichtlich haben alle davon profitiert, die Beschäftigten, die Betriebe und die Unternehmen, sodass ich daran nichts Schlechtes finden kann.

Mertes: Die Kultur der Produktion in der Automobilindustrie war in den vergangenen zwei Jahrzehnten von der Suche nach Vorbildern, beispielsweise in Schweden und Japan, geprägt. Aktuell wird unter der Überschrift „Standardisierung" auch die Reaktivierung alter Prinzipien diskutiert. Welche Entwicklungen sind zu erwarten und welche Auswirkungen ergeben sich hinsichtlich der Mitbestimmung?

Michaux: Von Japan ausgehend, wurden in den letzten Jahren in Europa die Produktionssysteme verändert. Die Anstöße kamen aus Japan und sind keine

Erfindung der europäischen Firmen. Diese müssen jedoch in ihrem jeweiligen Umfeld produzieren mit ihrer Kultur und ihren Gesetzen. Sie müssen die Stärken früherer Produktionskonzepte und die positiven Erfahrungen, die in anderen Ländern gemacht worden sind, in moderne, den jeweiligen Standorten angepasste Methoden umsetzen. Dabei muss man aber auch über Reduzierung von einengenden Vorschriften nachdenken.

Todenhöfer: Das ist der zentrale Punkt. Was wird morgen mit der Mitbestimmung innerhalb global aufgestellter Unternehmen mit ganz neuen Fertigungsmethoden, ganz neuen Fertigungsrhythmen, die uns sehr flexible Arbeitsmodelle abverlangen? Natürlich haben wir auch mit der Mitbestimmung und mit dem deutschen Konsensdenken in den letzten Jahrzehnten einiges erreicht. Aber die Frage ist, welche Zustimmungen, Genehmigungen, Prozesse in unseren Betrieben in Gang gesetzt werden müssten, wenn dieses Konsensdenken einmal – warum auch immer – nicht vorhanden wäre. Dann ist die internationale Wettbewerbsfähigkeit in der Tat erheblich in Gefahr.

Huber: Was ist die Alternative?

Todenhöfer: Ich suche ja nicht nach einer Alternative in dem Sinne, dass ich das deutsche Mitbestimmungssystem plötzlich über Bord werfen möchte. Aber ich sage ausdrücklich: Geht behutsam damit um, setzt dieses Instrument modern ein. Lasst also die mündigen Mitarbeiter in den Betrieben wieder selber gestalten. Die Vorstellungen des DGB für die zweite Stufe der Mitbestimmung stellen in Frage, was in der Vergangenheit gut funktioniert hat. Aus der Mitbestimmung wird ein hochpolitisches Instrument gemacht. Und dazu sage ich: Wehret den Anfängen!

Mertes: Was können die Arbeitgeber dazu beitragen?

Dr. Brocker: Die Arbeitgeber werden alles tun, damit die Vorstellungen des DGB nicht Wirklichkeit werden. Denn das würde bedeuten, dass die Beschäftigten Mitunternehmer würden, ohne jegliche Mithaftung, ohne jegliches Mitrisiko. Insofern wäre dies absolut kontraproduktiv. Mit Sicherheit würde es auch bewirken, dass ausländische Investoren noch mehr zögern, in Deutschland zu investieren. Wir wissen aus der verbandlichen Beratungsarbeit, dass ausländische Unternehmen Elemente, wie Mitbestimmung in sozialen Dingen, Interessenausgleich, Sozialpläne, sehr intensiv in ihre Investitionsüberlegungen einbeziehen.

Mertes: Wenn ich an Bilder über die Montage in Automobilwerken denke, scheue ich mich, das Wort Fließband in den Mund zu nehmen. Teilautonome Gruppenarbeit bestimmt das Bild und ist natürlich auch etwas, was der Mündigkeit entspricht und was auch jeder gerne fördert. Wie sehen eigentlich die Fabriken in fünf Jahren aus?

Tropitzsch: Vieles von dem, was in fünf Jahren sein wird, kann man heute schon im Werk Rastatt bei DaimlerChrysler oder vielleicht in Hambach bei MCC-Smart oder in Saarlouis bei Ford besichtigen. Zu Beginn dieser Diskussion wurde das schwedische Modell angesprochen. Das war die eine Seite der Entwicklung, und das japanische Modell, z. B. das kurzzyklisch getaktete Toyota-Produktionssystem, stellt die andere Seite dar. Wir haben bei DaimlerChrysler immer gesagt, beides ist nicht unmittelbar auf deutsche Verhältnisse übertragbar. Wir versuchen, ein eigenes Modell zu finden, und haben dieses auch mit viel gemeinsamer Arbeit entwickelt. Hier hat die faktische Form der Mitbestimmung im Sinne einer Mitgestaltung eine große Rolle gespielt, unabhängig davon, was im Gesetz stand. Was wir heute machen, ist eine gute und richtige Art von Gruppenarbeit. Wir haben inzwischen ein verändertes Umfeld und können vieles von dem, was wir vorher hineinkomponiert haben, was auch ein Stück Luxus war oder ein Stück Überzeichnung, sogar aus Sicht der Mitarbeiter, teilweise wieder zurückdrehen. Das Band spielt wieder eine Rolle, es ist nicht mehr tabu. Allerdings gibt es nicht *den* Königsweg. Es gilt auch hier das Austarieren von wirtschaftlichen und mitarbeiterbezogenen Interessen.

Mertes: Letzten Endes müssen diese Entwicklungen doch auch in die Politik münden. Wie stellt man sich das vor? Soll ein Gesetz novelliert werden und wie packt man das an. Wie kommuniziert man das überhaupt?

Dr. Brocker: Was die Zukunft der Mitbestimmung angeht, sind wir uns – möglicherweise mit Ausnahme von Herrn Huber – doch einig, dass sie geändert werden muss. Sie muss angepasst werden an die neuen Verhältnisse und zwar möglichst bald. Dass sie weniger bürokratisch, mit weniger Gremien, mit viel weniger Zeitaufwand, dadurch übrigens auch mit weniger Kosten, neu geregelt werden müsste, das ist zwingend. Es gibt ja auch in der Bundesregierung die Einsicht in die grundsätzliche Notwendigkeit, die Mitbestimmungsgesetzgebung an die Entwicklung anzupassen. Man kann die Dinge nicht so lassen, wie sie derzeit sind. Es wird nötig sein, auch über dieses Thema zu sprechen.

Mertes: Ist die politische Dimension des Themas also schon erreicht?

Tropitzsch: Ich sehe nicht nur eine politische Dimension, ich sehe auch sehr viel auf der tariflichen und der betrieblichen Ebene. Natürlich brauchen wir eine Überprüfung des Rahmens. Wir müssen die Mitbestimmung anpassen, sie praktikabel halten oder besser gesagt praktikabel machen. Und wir müssen schauen, dass unsere Mitbestimmungsstrukturen nicht zu einem Selbstzweck werden. Sie sollen den Menschen im Betrieb und dem Ausgleich beider Interessensseiten in den Betrieben dienen. So sind neben dem Gesetzgeber die Tarifpartner und die Betriebsparteien aufgefordert, die Mitbestimmung zu leben und sie auszugestalten – und ihren Regelungen auch einen Vertrauensvorschuss zu geben. Hierbei beziehe ich ausdrücklich mich und die Arbeitgeberseite ein.

Mertes: Ist das eine direkte Adresse an die Gewerkschaften gewesen?

Huber: Ich habe dem, was Herr Tropitzsch sagt, nichts hinzuzufügen. Ich akzeptiere auch die Forderung nach Anpassung an die neuen Verhältnisse, die Herr Dr. Brocker zum Ausdruck brachte. Wir erheben selbst diese Forderung. Es ist nur die Frage, wie man die neuen Verhältnisse definiert. Die geforderte Schnelligkeit in den global agierenden Unternehmen der Metall- und Elektroindustrie kann man nicht über irgendwelche gesetzlichen Änderungen realisieren. Sie hat etwas mit dem Verhalten der Menschen zu tun, die im System agieren. Das trifft für beide Seiten mehr oder weniger gleich zu. Und ein System der Mitbestimmung kann nur leben, wenn akzeptiert wird, dass es beide Seiten gibt und dass jede Seite das Beste für sich daraus macht. Es könnte hilfreich sein, wenn man die alten Grabenkriege beendet und so einen Fortschritt erreicht, zumindest in Deutschland.

Mertes: Sind wir eigentlich schon dabei, eine europäische Mitbestimmungskultur zu entwickeln? Wie sehen die Perspektiven und Herausforderungen aus?

Todenhöfer: Wir haben in Deutschland sehr viele Regelungen. Unser Problem ist, was in fünf Jahren in Deutschland mit der Mitbestimmung sein wird, denn heute entscheide ich mich mit sehr viel Geld für eine Investition in einem Werk, das nicht mit 14 oder 15 Wochenschichten auskommt, sondern das vielleicht 18 Arbeitsschichten braucht. Dabei entsteht ein Mitbestimmungsrecht des Betriebsrates. Man muss sehr genau nach vorne schauen können, um die richtige Entscheidung zu treffen. Mancher fragt sich dann, wo er bessere Bedingungen finden wird. Ich bin sehr für den Standort Deutschland, der sehr viele Qualitäten aufweist, aber andere Länder können durchaus Vorteile in bestimmten Bereichen bieten. Das muss dann gegeneinander abgewogen werden. Deswegen mein Appell, von einer Verschärfung der Mitbestimmung abzusehen. Diese ist einer globalen Industriewelt nicht angemessen. Hinsichtlich der bestehenden Mitbestimmung in Deutschland haben zwar insbesondere die Großfirmen zusammen mit ihren Mitarbeitern verstanden, dieses Instrument zart zu spielen, aber eine Entbürokratisierung der Mitbestimmung wäre eine angemessene Reaktion auf die sich wandelnden Bedingungen des wirtschaftlichen Umfeldes.

Mertes: Die Zukunft der Mitbestimmung im Rahmen der Globalisierung beinhaltet viele Aspekte, wie die lebhafte Diskussion im Podium gezeigt hat. Ziel war es nicht, einen einheitlichen Standpunkt herauszuarbeiten, sondern die Positionen von Unternehmen, Arbeitgeberverbänden und Gewerkschaften schlaglichtartig zu skizzieren und durch Erfahrungen aus dem Ausland anzureichern. Ich denke, diesen Anspruch haben die Podiumsteilnehmer in hohem Maße eingelöst und danke den Herren Dr. Brocker, Huber, Michaux, Todenhöfer und Tropitzsch für ihre sehr interessanten Ausführungen.

7 Internationale Entwicklungen in der Arbeitsorganisation der Automobilindustrie – Der Unterschied zwischen den USA und Europa in der Einführung schlanker Produktionsverfahren[1]

von John Paul MacDuffie

7.1 Einleitung

Die Arbeitsorganisation hat zwei Aspekte. Sie ist zum einen eine Fundgrube für Methoden, die durch Kultur und Technologien festgelegt werden und in ein soziales Miteinander und institutionelle Beziehungen eingebettet sind, die sich nur langsam verändern lassen; zum anderen ist sie ein möglicher Ort für Innovationen, die größere Veränderungen in der Unternehmensstrategie, im Managementstil, dem Einsatz von Technologien, der Haltung der Beschäftigten und der Arbeitspolitik mit sich bringen können. Nirgendwo sonst tritt bei einer Untersuchung von Produktionssystemen der Einfluss dieses soziotechnischen Zusammenhangs deutlicher zutage. Daher ist es passend, dass in einer Zeit tief greifender Veränderungen in der Automobilindustrie der Arbeitsorganisation als einem Fenster, durch das sich der zukünftige Weg dieser Veränderungen aus der Nähe betrachten lässt, besondere Aufmerksamkeit zukommt.

Dieser Beitrag beleuchtet internationale arbeitsorganisatorische Trends in Montagewerken der Automobilindustrie, indem er den Unterschied, der Anfang der 90er Jahre bei der Einführung von „schlanken" Arbeitsverfahren zwischen den USA und Europa gegeben war, durch eine Fallstudie beleuchtet. Die Analyse, bei der sowohl die auf Länder- als auch die auf Unternehmensebene relevanten Faktoren dieses Unterschiedes untersucht werden, bietet Einblicke, die für eine Prognose sowohl der kurz- als auch der langfristigen Zukunftstrends in der Arbeitsorganisation eine wertvolle Hilfe sein werden.

Zunächst werden die Daten der ersten beiden Erhebungen der in Verbindung mit dem *Internationalen Automobilprogramm (IMVP)* des Massachusetts Institute of Technology (MIT) durchgeführten *Internationalen Montagewerk-Studie* zusammenfasst. Bei der ersten Erhebung, in der im Jahr 1989 Daten aus über 70 Werken (von 24 Herstellern in 17 Ländern) ermittelt wurden, standen die

[1] Übersetzung: Andrea Tonk, Köln

Messung der Produktivitäts- und Qualitätsunterschiede und die Ermittlung der für eine hohe Leistung entscheidenden Faktoren im Mittelpunkt. Diese Daten dienten dem IMVP als Hilfsmittel bei der Einführung des Begriffes „Lean Production" als ein sich neu abzeichnendes, alternatives Paradigma zur Massenproduktion. In der zweiten Erhebung, in der im Jahr 1994 Daten aus über 88 Werken (von 21 Herstellern in 20 Ländern) ermittelt wurden, standen die Verbreitung von schlanken Produktionsverfahren, die Faktoren, die das Tempo und den Umfang der Verbreitung dieser Faktoren in verschiedenen Unternehmen und Ländern beeinflussten, und die Auswirkungen auf die Fertigung im Mittelpunkt. Die Stichproben beider Erhebungen werden in Abb. 7-1 dargestellt. Im Sommer 1999 wurden die Fragebogen für die 3. Erhebung der Montagewerk-Studie verteilt, sodass binnen eines Jahres die aktualisierten Daten über die Arbeitsorganisation in Montagewerken zur Verfügung stehen.

Region	1. Erhebung (1989)	2. Erhebung (1993-94)	Anzahl identischer Werke (beide Zeiträume)
US-Werke in Nordamerika	16	25	13
Europa	24	21	12
Japan	9	12	6
Japanische Werke in Nordamerika	4	8	3
Neue Konkurrenten (z.B. Mexiko, Korea)	11	18	7
Australien	6	4	3
Werke insgesamt	70	88	44
Unternehmen	24	21	18
Länder	17	20	17

Abb. 7-1: Stichproben der 1. und 2. Erhebung der internationalen Montagewerk-Studie

Dieser Beitrag stützt sich auf die in den früheren Erhebungen ermitteln Montagewerk-Daten, um vor dem Hintergrund der 1989 bis 1994 zu erkennenden arbeitsorganisatorischen Trends eine Prognose vorzunehmen. Besondere Aufmerksamkeit wird dabei dem in diesem Fünfjahreszeitraum auffälligsten Muster bei der Verbreitung schlanker Arbeitsverfahren zukommen, nämlich dem äußerst raschen Tempo, mit dem schlanke Produktionsverfahren in Europa eingeführt wurden, und der nahezu nicht vorhandenen Einführung in GM-, Ford- und Chrysler-Werken in den USA und in Kanada. Ausgehend von einer Analyse dieses Musters werden drei Szenarien für die kurzfristige Einführung schlanker Arbeitsverfahren in diesen beiden Regionen vorgestellt. Im Anschluss an diese Darstellung wird die regionale Betrachtungsweise verlassen, um neue arbeitsorganisatorische Entwicklungen zu erläutern, die in den vergangenen fünf Jahren weltweit in der Automobilfertigung zu beobachten waren. Schließlich werden drei Zukunftsszenarien für die USA und Europa dargestellt und das Szenario genannt, welches meiner Ansicht nach am wahrscheinlichsten die zukünftige Entwicklung repräsentiert. Daraus lassen sich die langfristigen Trends ableiten, die die Arbeitsorganisation voraussichtlich bestimmen werden.

7.2 Der Hintergrund: Arbeitsorganisatorische Trends zwischen 1989 und 1994

Im Rahmen der Montagewerk-Studie erfassten mein Kollege Frits Pil und ich (*Pil/MacDuffie*, 1996) Daten über verschiedene Arbeitsmethoden und -verfahren, die nach unserer Ansicht geeignet waren, uns Aufschluss darüber zu geben, wo sich ein Werk auf einem Kontinuum zwischen Massenproduktion und Lean Production befindet. Bei der Auswahl dieser Methoden und Verfahren halfen uns sowohl unsere eigenen, umfassenden Primärerhebungen (in jeder Erhebung der Montagewerk-Studie besuchten wir möglichst viele der teilnehmenden Werke), als auch die umfassende Literatur, die über die in der Automobilindustrie eingesetzten Arbeitsmethoden zur Verfügung steht. Anschließend verknüpften wir diese Methoden in einem *Index der Arbeitssysteme* (s. Abschn. 7.7), um anhand statistischer Analysen zu untersuchen, wie die Arbeitsverfahren mit ergänzenden Strategien des Human-Ressource-Management (d. h. Personalauswahl, Aus- und Weiterbildung, Vergütung) und technischen Aspekten des Produktionssystems zusammenwirken und so die Produktivität beeinflussen (*MacDuffie*, 1995). Dieser *Index der Arbeitssysteme* und die ihm zugrunde liegenden Arbeitsverfahren liefern die Primärdaten für die folgenden Betrachtungen. Im Anhang werden die Variablen definiert und die Methodik erläutert, die zur Erstellung des Index herangezogen wurde. Sofern nichts Gegenteiliges erwähnt wird, beziehen sich die in diesem Abschnitt genannten Daten auf die Stichprobe von 44 Werken, d.h. auf jene Werke, die in beiden Jahren vertreten waren (Abb. 7-2).[2]

Kriterien	1989	1994
Anteil der Belegschaft in Fertigungsgruppen	16%	46%
Anteil der Belegschaft in Problemlösegruppen	29%	49%
Anzahl der Verbesserungsvorschläge je Mitarbeiter	9	13
Anteil der umgesetzten Vorschläge	38%	51%
Job Rotation (1=keine; 5 = in und zwischen Teams/Gruppen)	3,0	3,2
Verantwortung für Qualitätsprüfung/SPC (0 = interne Spezialisten; 4 = Produktionsarbeiter)	1,6	1,7

Abb. 7-2: Arbeitsorganisatorische Veränderungen in identischen Werken: Stichproben-Mittelwerte für 1989 und 1994

Vorstehende Abbildung enthält eine Auflistung der sechs in den *Index der Arbeitssysteme* aufgenommenen Kriterien und zeigt die jeweiligen Stichproben-Mittelwerte der Jahre 1989 und 1994. Zwar wird die enorme Abweichung zwischen den Unternehmen und Ländern aus diesen Mittelwerten nicht ersichtlich, sie zeigen aber, dass sich in der Arbeitsorganisation ein allgemeiner Trend in Richtung jener Verfahren abzeichnete, die mit Lean Production in Verbindung gebracht wurden. Während des Betrachtungszeitraums stieg die Zahl der Beschäftigten, die in Fertigungsgruppen integriert waren, d.h. in Gruppen, die direkt am Band arbeiten, beträchtlich an (von 16 % auf 46 %). Ein ähnlicher Anstieg (von 29 % auf 49%) zeigte sich in Bezug auf den Prozentsatz jener Beschäftigten, die in Problemlösegruppen mitarbeiteten, d.h. an planmäßigen Sitzungen außerhalb der Fertigungslinie teilnahmen.

Um den Gesamtumfang der Problemlösungen, an denen die Beschäftigten beteiligt sind, annähernd zu ermitteln, bestimmten wir die Anzahl der Verbesserungsvorschläge je Mitarbeiter und den Prozentsatz der umgesetzten Vor-

[2] Ein Vergleich der Gesamtstichproben von 1989 und 1994 zeigt ähnliche Trends, obwohl die Unterschiede zwischen den US-amerikanischen und den europäischen Mittelwerten 1994 aufgrund der Merkmale der in der jeweiligen Region neu hinzugekommenen Werke etwas geringer sind.

schläge; erstere gibt den Grad der Mitwirkung an, letzterer steht für den Umfang, in dem das Management bemüht ist, die Vorschläge der Mitarbeiter umzusetzen. Auch diese beiden Werte stiegen innerhalb des Fünfjahreszeitraumes beträchtlich an.

Hingegen lassen sich hinsichtlich Job Rotation und Qualitätsverantwortung der Mitarbeiter nur geringfügige Änderungen feststellen:

- Der Umfang an Job Rotation innerhalb und zwischen den Arbeitsgruppen (hier bedeutet der Mittelwert von etwa 3, dass der Wechsel vor allem innerhalb, nicht jedoch zwischen den Arbeitsgruppen stattfindet) verändert sich nur geringfügig.
- Der Umfang, in dem Qualitätsaufgaben von QS-Spezialisten wieder an direkte Produktionsarbeiter delegiert werden (hier bedeutet der Mittelwert von etwa 1,6, dass zwar einige Qualitätsaufgaben an die direkten Mitarbeiter delegiert werden, die Mehrheit der qualitätsbezogenen Aufgaben jedoch nach wie vor von Spezialisten gesteuert wird) bleibt weitgehend konstant.

Mit Ausnahme der Qualitätsverantwortung sind diese Mittelwertunterschiede zwischen 1989 und 1994 statistisch signifikant (Abb. 7-3).

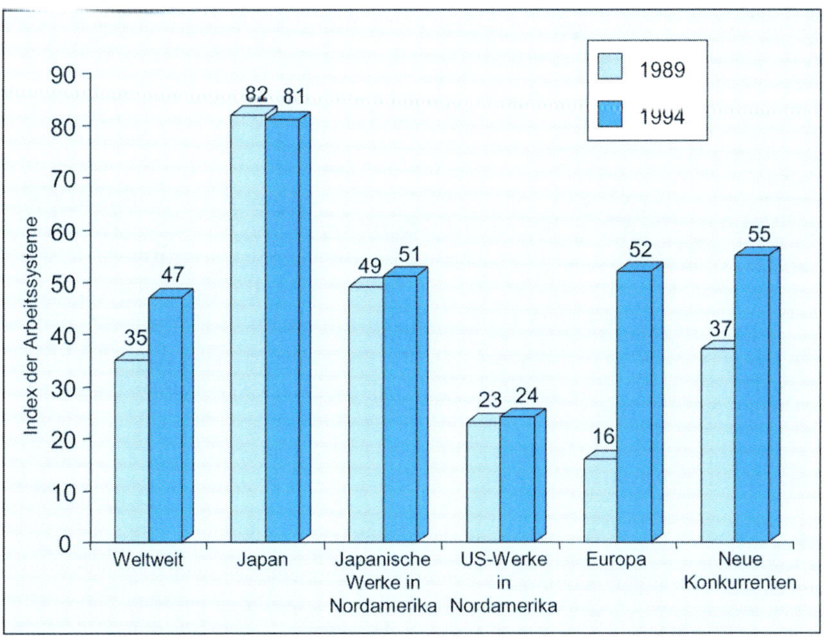

Abb. 7-3: Einführung schlanker Arbeitsorganisation von 1989 bis 1994

Abb. 7-3 zeigt die beträchtlichen regionalen Abweichungen im Index der Arbeitssysteme, aber auch den Gesamttrend zwischen 1989 und 1994, der sich in fast allen Regionen in Richtung schlanker Arbeitsverfahren entwickelt. In Anbetracht der Tatsache, dass sich solche Arbeitssysteme in Japan bereits in den 70er und 80er Jahren stark verbreiteten, da die japanischen Unternehmen dem Toyota-Beispiel folgten, ist es nicht überraschend, dass die Werke in Japan bei den Arbeitsverfahren eine hohe Punktzahl erzielten. Obwohl statistisch nicht abgesichert, geht die Indexpunktzahl in Japan zwischen 1989 und 1994 allerdings leicht zurück, was möglicherweise die Folgen der Rezession auf die finanzschwächeren japanischen Unternehmen Anfang der 90er Jahre widerspiegelt. Auch die japanischen Werke in Nordamerika (sog. Transplants) aus der Stichprobe der identischen Werke zeigen zwischen 1989 und 1994 nur eine geringfügige Veränderung.[3]

Der auffälligste regionale Gegensatz besteht zwischen den US-Werken in Nordamerika (GM-, Ford- und Chrysler-Werke in den USA und in Kanada) und den Werken in Europa (hierzu zählen sowohl die Werke europäischer als auch US-amerikanischer Unternehmen). Während 1989 die durchschnittliche Punktzahl, die Europa bei den Arbeitssystemen erreichte, unter dem Mittelwert der USA lag, steigt sie bis 1994 drastisch an (sie entspricht jetzt ungefähr dem Durchschnitt, den die japanischen Transplants erreichen) während der US-amerikanische Mittelwert unverändert gering bleibt. Die Werke der neuen Konkurrenten zeigen wie die Werke in Europa einen starken Anstieg in der Punktzahl für die Arbeitssysteme, obwohl sie bereits 1989 wesentlich höher lagen als die USA oder Europa.

Warum weisen die arbeitsorganisatorischen Trends in den USA und Europa zwischen 1989 und 1994 so große Unterschiede auf, und was bedeutet dies für unsere Analyse der derzeitigen und zukünftigen Trends? Eine vertiefende Analyse zeigte, dass Unterschiede in Bezug auf drei Methoden bestehen, nämlich in Bezug auf den Prozentsatz der Beschäftigten in Fertigungsgruppen, den Prozentsatz der Beschäftigten in Problemlösegruppen und die Verbesserungsvorschläge je Beschäftigten. Hier lagen die europäischen Werke 1994 deutlich höher als ihre US-amerikanischen Mitbewerber. Bereits zu einem früheren Zeitpunkt (*MacDuffie*, 1996) habe ich angeführt, dass es gewisse Faktoren gibt, die zwischen den einzelnen Ländern eine größere Konvergenz in der Arbeitsorganisation fördern, als zu erwarten gewesen wäre. Hierzu zählen insbesondere die

[3] Bei der Gesamtstichprobe der 2. Erhebung steigt die durchschnittliche Punktzahl sprunghaft an, weil die neuen US-Transplants im Datensatz der 2. Erhebung meist über eine viel höhere Zahl an Beschäftigten in Problemlösegruppen verfügten und mehr Verbesserungsvorschläge je Beschäftigten zu verzeichnen hatten. Die Prozentsätze der in einer Fertigungsgruppe arbeitenden Beschäftigten und der umgesetzten Vorschläge waren in den Transplants bereits 1989 hoch und blieben dies auch.

Globalisierung, die flexible Automation, die Produktmarkterfordernisse sowie der Einfluss der Lean-Production-Philosophie. Die nationalen Unterschiede, die in der Vergangenheit bezüglich der Arbeitsverfahren festzustellen waren, bestehen fort, da sie durch institutionelle Faktoren auf nationaler Ebene verstärkt werden. Diese bestehen in der Aus- und Weiterbildung, der Vergütung, Stellenbeschreibungen, der Gewerkschaftsstruktur und den Arbeitsbeziehungen. Konvergente Kräfte können diese Unterschiede nicht immer ausgleichen, sie können jedoch im nationalen Kontext zu einer abweichenden Entwicklung beitragen.

Ferner werden diese konvergenten Kräfte in den einzelnen Ländern oder Regionen in unterschiedlicher Stärke wirksam. Ein erster Vergleich lässt vermuten, dass dies eine der Erklärungen für die zwischen den USA und Europa bestehenden Unterschiede ist. Zwar würde eine eingehende Untersuchung des durch die Globalisierung entstehenden Drucks den Rahmen sprengen. Im Rahmen dieses Beitrages möchte ich jedoch anführen, dass die Montagewerke in den USA und auch in Europa (ungeachtet der Besitzverhältnisse) infolge der Globalisierung einem ähnlich starken Wettbewerbsdruck ausgesetzt sind. Dies gilt insbesondere hinsichtlich der anhaltenden Investitionen der meisten Automobilhersteller in neue Produktionsanlagen, die trotz der allgemein bekannten globalen Überkapazitäten in Entwicklungsländern errichtet werden, auf die Welle der Konsolidierungen in der Weltautomobilindustrie, in der sich zahlreiche Zulieferer der ersten Stufe über Ländergrenzen hinweg zusammenschließen und auf die Bemühungen der Automobilhersteller, weltweit für alle Betriebe ein gemeinsames Produktionssystem zu etablieren.

Auch die flexible Automation stellt keinen wesentlichen Unterschied dar. Wie Abb. 7-4 zeigt, weisen US-Werke und europäische Werke insgesamt kaum Unterschiede hinsichtlich der Automation auf, deren Umfang als der Prozentsatz an Fertigungsarbeiten (Anzahl der Schweißarbeiten, lackierte Fläche, Montageschritte) definiert ist, die nicht manuell ausgeführt werden, sondern automatisiert sind. Bei einer zweiten technologischen Größe, dem *Roboter-Index*, zeigt sich für 1989 und auch für 1994, dass europäische und US-amerikanische Werke ein vergleichbares Niveau erreichen, wobei sich für beide die Indexpunktzahl von 2,2 auf 3,3 erhöht. Dieser Index ist definiert als die Anzahl der eingesetzten Roboter je Fahrzeugmontage, sodass dies für ein Montagewerk von durchschnittlicher Größe und mit einem Fertigungsvolumen von 250.000 Fahrzeugen pro Jahr einen Anstieg von 138 auf 207 Roboter bedeutet.[4] Die zwischen diesen

[4] US-amerikanische und europäische Werke weisen bezüglich der flexiblen Automation ein geringeres Niveau auf als japanische Werke; sowohl die Werke in Japan als auch die japanischen Transplants erzielten Punkte im Bereich zwischen 6.7 und 6.8, was in einem Werk bei einem gegebenen Volumen auf die doppelte Anzahl an Robotern hinweist.

beiden Regionen vorhandenen Unterschiede in der Arbeitsorganisation können eindeutig nicht auf einen technologischen „Ruck" in Richtung Flexibilität zurückgeführt werden (Abb. 7-4).

Merkmal	USA		Europa	
	1989	1994	1989	1994
Automation insgesamt in %	30	34	26	31
Roboter-Index	2,2	3,3	2,2	3,4
Anzahl gefertigter Modelle	2,7	2,2	2,6	2,5
Anzahl Exportländer	2,9	5,6	23,7	26,6
Anzahl Kabelbäume	15	12	83	84
Anzahl Lackfarben	10	11	15	16
Anzahl Motor/Getriebe-Kombinationen	30	29	83	86

Abb. 7-4: Flexible Automation und Produktvielfalt in den USA und Europa (1989–1994)

Anders verhält es sich jedoch im Hinblick auf die beiden anderen Konvergenzkräfte. Die Produktvielfalt ist in Europa nachweislich bedeutend höher als in den USA. Dies trifft weniger auf die in einem bestimmten Werk gebaute Anzahl an unterschiedlichen Modellen zu, obwohl die Daten von 1994 hier für europäische Werke eine etwas höhere Zahl angeben. Offensichtlicher werden die Unterschiede, wenn es um die Zahl der Länder geht, für die spezielle Exportvarianten produziert werden (nur 3 – 5 in den USA gegenüber weit mehr als 20 in Europa) und um die Komplexität „unter der Haube" – Quellen der Komplexität, die für den Kunden nicht ohne weiteres zu erkennen sind. Die Verarbeitung von Kabelbäumen wird beispielsweise immer aufwendiger, da immer mehr elektronische Varianten angeboten werden. US-Werke montierten 1994 nur etwa 12 Varianten, verglichen mit 84 in Europa. Die Zahl der Lackfarben ist nicht wegen des Aufwandes beim Lackieren bedeutsam, sondern wegen der zahlreichen farbkodierten Teile, die im Montagebereich sequentiell organisiert werden müssen. Somit müssen die 16 verschiedenen Farben, mit denen europäische Werke im Durchschnitt arbeiten (verglichen mit nur 11 in den USA), um ein Vielfaches multipliziert werden, um sich vor Augen zu führen, wie sehr die Komplexität im Montageprozess zunimmt. Schließlich gibt es in Europa durchschnittlich 86 Motor/Getriebe-Kombinationen (gegenüber etwa 30 in US-Werken), sodass die europäischen Werke hinsichtlich des Produktmixes erheblich flexibler sein müssen.

Die letzte Konvergenzkraft ist der Einfluss der Lean Production-Philosophie, insbesondere die Erkenntnis, dass Lean Production einen Paradigmawechsel und eine Abkehr von den in unserem Jahrhundert größtenteils vorherrschenden Grundsätzen der Massenproduktion darstellt. Diese Erkenntnis wurde gespeist durch die nachweislich überragenden Produktivitäts- und Qualitätsergebnisse in Werken mit schlanker Produktion (*Womack*, *Jones* und *Roos*, 1990). Dies trifft insbesondere auf die Werke außerhalb Japans zu (sowohl auf die Transplants in den USA und Großbritannien als auch auf die sog. „Greenfields“[5] westlicher Unternehmen, z.B. Opel Eisenach, die nach dem schlanken Modell errichtet wurden), da sie den Beweis liefern, dass dieser Produktionsansatz in einer Vielzahl von Ländern und Unternehmen umgesetzt werden kann. Infolgedessen unternahmen die meisten Automobilhersteller weltweit ernsthafte Versuche, die mit Lean Production verbundenen Arbeitsverfahren und -methoden einzuführen.

Dennoch wurde der Einfluss dieser Ideen sowohl auf nationaler/regionaler Ebene als auch auf Unternehmensebene unterschiedlich stark empfunden, sodass dies als eine weitere mögliche Quelle für die Unterschiede, die sich bei der Einführung schlanker Arbeitsverfahren zwischen den USA und Europa zeigen, einer tieferen Betrachtung wert ist. In den USA war der Einfluss von Lean Production-Ideen aufgrund der Vorführeffekte der japanischen Transplants, die in dieser Zeit ihren Betrieb aufnahmen (Mitte bis Ende der 80er Jahre), am stärksten. Schon die Ergebnisse der 1. Erhebung weisen darauf hin, dass US-amerikanische Werke anfingen, ihren Lagerbestand zu reduzieren und weitere Änderungen an den technischen Aspekten des Produktionssystems vornahmen (z.B. Verkürzung von Rüstzeiten, Intensivierung der vorbeugenden Instandhaltung, Prozessorientierung). Zwischen der 1. und 2. Erhebung setzten sich diese Trends in starkem Maße fort.

In den meisten Werken der *Big Three*[6] trug die Einführung von Lean Production-Elementen, die durch das Bestreben um eine Verringerung der Produktvielfalt ergänzt wurde, dazu bei, die Produktivität bis 1994 erheblich zu steigern und die Kluft zu den japanischen Konkurrenten zu verringern. Infolge zahlreicher Änderungen in der Wertschöpfungskette verbesserte sich in dieser Zeit

[5] Anm.: Unter „Greenfields“ sind neue Fabriken mit besonderen Rahmenbedingungen (überdurchschnittlich hohe Arbeitslosigkeit, geringer Einfluss der Gewerkschaften, keine Facharbeiter) zu verstehen; entnommen aus: Springer, R.: Rückkehr zum Taylorismus: Arbeitspolitik in der Automobilindustrie am Scheideweg; Frankfurt/Main; New York: Campus Verlag, 1999.

[6] Anm.: So werden die drei großen US-Automobilkonzerne General Motors, Ford und Chrysler genannt.

auch die Qualität, wobei trotz der Aufrechterhaltung traditioneller Arbeitsmethoden in den Montagewerken, die Bemühungen zur Umsetzung von Qualitätsinitiativen häufig Erfolg hatten. Bei der Erfassung der Daten der 2. Erhebung konnten viele Werke der *Big Three* wegen der sich rasch erholenden US-Wirtschaft steigende Absatzzahlen verzeichnen, sodass sie es kaum als dringlich ansahen, die weitere Umsetzung von schlanken Produktionsverfahren voranzutreiben.

Wenn Versuche unternommen wurden, neue Arbeitsverfahren einzuführen, waren sie häufig zögerlich und trafen auf Werksebene sowohl bei den Managern als auch bei den Gewerkschaftern auf aktiven und passiven Widerstand. Wie im Folgenden noch dargestellt wird, wurde dies häufig durch Faktoren auf Unternehmensebene ausgelöst. Es trifft jedoch auch zu, dass sich die Ablehnung der UAW[7] gegenüber Gruppenarbeit als ein sehr deutliches Symbol gegen die Einführung von Gruppenarbeit auswirkte und der aktive Widerstand der CAW[8] gegen Lean Production auf die zögerlichen, häufig sporadischen Versuche zur Einführung neuer Arbeitsverfahren hemmend wirkte. Dem Management in den USA und Kanada, das den Lean Production-Ideen teilweise kritisch gegenüberstand, lieferte dies weitere Gründe, von dem Drängen auf eine weitere Umsetzung Abstand zu nehmen. Infolgedessen wurden viele der Maßnahmen, die Anfang der 90er Jahre in den Werken der *Big Three* auf die Verbesserung der Produktionsmethoden abzielten, unter der Regie von Spezialisten des Industrial Engineering durchgeführt, während direkte Produktionsarbeiter nur selten involviert waren. Als sich abzeichnete, dass diese Maßnahmen geeignet waren, den Leistungsrückstand gegenüber den japanischen Konkurrenten aufzuholen, wurde abermals nur selten die Notwendigkeit gesehen, diesen Ansatz durch die Einführung von Lean Production und einer stärkeren Mitwirkung der Mitarbeiter abzulösen.

In Europa sah die Situation während dieser Zeit ganz anders aus. Anfang der 90er Jahre, als in den USA gerade der wirtschaftliche Aufschwung begann, setzte in Europa die seit vielen Jahren schwerste Rezession ein. Die anschließende Finanzkrise machte viele Automobilhersteller erneut für die Ideen der schlanken Produktion empfänglich. Diese Ideen waren in Europa nicht so deutlich wahrgenommen worden wie in den USA, zum Teil, weil viele europäische Automobilhersteller durch die stabilen Marktbedingungen in den 80er Jahren behaupteten, Lean Production sei bei ihnen nicht realisierbar; zum Teil, weil die japanischen Transplants erst später nach Europa und dann auch nur nach Großbritannien kamen (Renault bildet hier eine Ausnahme, und nicht zufällig hatte

[7] Anm.: UAW = United Auto Workers, die größte Automobilgewerkschaft in den USA.
[8] Anm.: CAW = Canadian Auto Workers, kanadische Automobilgewerkschaft.

sich Renault 1989 von den europäischen Unternehmen am nachhaltigsten um die Einführung von Lean Production bemüht.).

Die Daten der internationalen Montagewerk-Studie zeigten, dass die Kluft zwischen der Leistung europäischer und japanischer Werke sowohl in Bezug auf die Produktivität als auch auf die Qualität größer war, als man in Europa allgemein angenommen hatte. Dies fand bei Veröffentlichung durch das IMVP im Jahr 1990 bei den europäischen Automobilherstellern große Beachtung. Mit der sehr erfolgreichen Einführung ihrer Infiniti- und Lexus-Modelle in den USA trafen Nissan und Toyota schließlich ins Herz des Produktsegments der Luxusklasse, das bis dahin von europäischen Unternehmen beherrscht worden war. Sie konnten damit den Qualitätserwartungen der Verbraucher in diesem Segment zu erheblich geringeren Produktionskosten gerecht werden. Daher fiel die Finanzkrise mit Anzeichen und Ereignissen zusammen, die bei den europäischen Automobilherstellern die Überzeugung weckten, eine grundlegende Änderung ihrer Produktionsansätze sei notwendig.

Anders als in den USA standen im Zusammenhang mit den notwendigen Änderungen die Arbeitsmethoden im Mittelpunkt. Zum Teil lag dies an den europäischen Gewerkschaften, die insbesondere in Schweden und Deutschland gegenüber der Idee der teilautonomen Gruppenarbeit eine ganz andere Haltung einnahmen als die amerikanischen Gewerkschaften. Teilautonome Gruppen und die Inselmontage (d.h. die Abschaffung des Fließbandes in den Montagen und die Einführung von Montageinseln, an denen die Fahrzeuge zur Bearbeitung stoppen, während für viele der Arbeiten lange Taktzeiten vorgegeben sind) standen, beginnend mit Kalmar in den 70er Jahren, bei Volvo im Mittelpunkt der Experimente zur Reorganisation der Arbeitsorganisation und fanden mit der Werkseröffnung in Uddevalla 1989 ihren Höhepunkt.

Die Erfahrungen bei Volvo und insbesondere die Idee, das Problem der großen Produktkomplexität durch Vormontagebänder zu lösen, an denen hoch qualifizierte Arbeiter bei lang getakteten Arbeitszyklen (häufig in Verbindung mit Montageinseln) arbeiteten, hatten starken Einfluss auf die Unternehmen in Deutschland. Zwar blieb die Umsetzung dieser Ideen bis Ende der 80er Jahre in vielen deutschen Werken auf Pilotbereiche begrenzt (was die Daten der 1. Erhebung veranschaulichen, die in Europa einen sehr begrenzten Einsatz von Gruppen und Teams jeglicher Art belegen), das neue Mercedes-Werk in Rastatt (das 1992 seinen Betrieb aufnahm) wurde jedoch von Anfang an entsprechend dieser Grundsätze errichtet. Die deutsche Industriegewerkschaft Metall erstellte einen 12-Punkte-Plan zur Einführung von Gruppenarbeit, um dieses „Neue Produktionskonzept" zu unterstützen. Der Begriff selbst entstand nicht allein als ein Synonym für eine Managementstrategie, sondern als Ergebnis von Diskussionen über die Aufhebung der Entfremdung am Arbeitsplatz, die im Laufe der 80er Jahre zwischen Gewerkschaftern, Führungskräften und Wissenschaftlern in Deutschland aufkamen. Folglich war es in Europa Ende der 80er Jahre an den Gewerkschaften, die Voraussetzungen für eine erheblich umfassendere Einführung von Gruppenarbeit zu schaffen. Das Management hingegen stand dieser Idee häufig kritisch und ablehnend gegenüber (*Jürgens*, 1997).

Als Anfang der 90er Jahre viele europäische Unternehmen von einer Wettbewerbskrise ergriffen wurden und in diesem Zusammenhang die Notwendigkeit sahen, den Weg in Richtung Lean Production einzuschlagen, begann das Management, die Einführung von Arbeitsteams und Gruppenarbeit zu fördern. Gewerkschaften und andere Befürworter „Neuer Produktionskonzepte" erkannten schnell, dass die im Rahmen von Lean Production für die Gruppenarbeit vorhandene Grundlage ganz anders aussah, da das laufende Montageband und die kurzen Taktzeiten beibehalten und den Teams nur relativ wenig Autonomie eingeräumt wurde. Dennoch wurde die weit verbreitete Einführung schlanker Arbeitsverfahren Anfang der 90er Jahre von den europäischen Gewerkschaften größtenteils unterstützt. Möglicherweise glaubten sie, dadurch einen „Fuß in die Tür" zu bekommen, um die Abkehr von den traditionellen Methoden der Massenproduktion und die Hinwendung zu ihrer Vorstellung von „Gruppenarbeit" vorantreiben zu können. Vielleicht glaubten sie auch, es sei das Beste, diese Entwicklung als Teil und Bestandteil von Verhandlungen zu unterstützen, um die Löhne der Beschäftigten vor starkem Druck durch Zugeständnisse zu schützen. Welche Gründe es auch immer gewesen sein mögen, es ist diese Unterstützung, die die Einführung neuer Arbeitsmethoden sowohl seitens des Managements als auch von Arbeitnehmerseite durch die Wettbewerbskrise Anfang der 90er Jahre erfuhr, durch den die europäischen Werke in den 94er Montagewerk-Daten bei den Arbeitssystemen eine so hohe Punktzahl erzielten.

Zu erwähnen ist, dass auch die große Produktvielfalt in Europa bei dieser Entwicklung eine Rolle spielt. Entscheidend für die oben beschriebenen „Neuen Produktionskonzepte" war die Vorstellung, standardisierte Verfahren eigneten sich nur für standardisierte Produkte, sodass eine große Produktvielfalt in den Fertigungen mit dem Montageband und knapp kalkulierten Taktzeiten zur Steigerung der Produktivität unvereinbar war. Somit stand die Frage, ob die Inselmontage und lange Taktzeiten effizienter seien als das Montageband, nicht im Mittelpunkt. Man war davon überzeugt, dass qualitativ hochwertige, in zahlreichen Varianten angebotene Modelle über eine ausreichende Marge verfügen sollten, um ein solches Produktionssystem finanziell rechtfertigen zu können. Und in der Tat wurde eine hochflexible Produktion in der Regel als ein wichtiger Wettbewerbsvorteil für die europäischen Unternehmen betrachtet. Was diese Ansicht letzten Endes untergrub war, wie im Folgenden noch ausgeführt wird, nicht die Abkehr der europäischen Unternehmen von der starken Produktdifferenzierung, sondern die Feststellung, dass an schlanken Montagebändern eine große Produktvielfalt bei gleichzeitig hohem Produktivitäts- und Qualitätsniveau möglich ist.

Zusammengefasst unternahmen US-amerikanische Werke Anfang der 90er Jahre wenig, um schlanke Arbeitsverfahren einzuführen, und zwar aus folgenden Gründen:

- Die Flexibilitätserfordernisse aufgrund einer großen Produktvielfalt waren gering.
- Der frühere Einfluss von Lean Production-Ideen Mitte der 80er Jahre hatte zu einer partiellen Einführung geführt, wobei ein besonderer Schwerpunkt auf den technischen, von technischen Spezialisten vorgenommenen Verbesserungen am Produktionssystem lag.
- Durch Leistungszuwächse in Verbindung mit stabilen Marktbedingungen verringerte sich der Druck, die Einführung neuer Arbeitsmethoden weiter voranzutreiben.
- Die Ablehnung der Gewerkschaften und/oder ihr Widerstand gegen neue Arbeitsmethoden führte in jenen Fällen, in denen neue Arbeitsmethoden eingeführt wurden, zu Verzögerungen, und zwar zum Teil, weil die Gewerkschaften den Managern und Spezialisten, die deren Ablehnung teilten, eine vernunftmäßige Erklärung für das Hinauszögern oder die Abkehr boten.

Im Gegensatz hierzu fand in den europäischen Werken Anfang der 90er Jahre eine umfassende Einführung schlanker Arbeitsverfahren statt, und zwar aus folgenden Gründen:

- Europäische Werke mussten einer großen Nachfrage nach Produktvielfalt gerecht werden.
- Die Lean Production-Philosophie begann gerade erst, starken Einfluss zu gewinnen.
- Infolge der Rezession und der offensichtlichen Leistungslücke zu ausländischen (insbesondere japanischen) Konkurrenten waren viele europäische Unternehmen mit einer Wettbewerbskrise konfrontiert.
- Die teilautonome Gruppenarbeit war von den europäischen Gewerkschaften als Teil eines „Neuen Produktionskonzeptes“, das mit der Abschaffung des Montagebandes und längeren Taktzeiten verbunden war (zum Teil in Verbindung mit einer großen Produktvielfalt) lange Zeit befürwortet worden.

Die Gewerkschaften beschlossen daher, die Managementinitiativen zur Einführung von Gruppenarbeit, wie sie im Rahmen des Lean Production-Konzeptes vorgesehen waren, zu unterstützen, obwohl diese Form der Gruppenarbeit nicht ihrer früheren Vision entsprach.

7.3 Arbeitsorganisation in den USA und in Europa: Zukunftsszenarien

In der vorangehenden Erörterung wurden – unter besonderer Beachtung der unterschiedlichen Ausbreitungsmuster schlanker Produktionselemente in den USA und Europa – die Ergebnisse der 1. und 2. Erhebung der Internationalen Montagewerk-Studie interpretiert. Es bleibt jedoch die Frage nach jenen Trends offen, die sich voraussichtlich Ende der 90er Jahre und darüber hinaus zeigen werden. In diesem Abschnitt werden für die Situation, die wir in der 3. Erhebung der Montagewerk-Studie (1999) voraussichtlich antreffen, drei Szenarien vorstellt (Abb. 7-5 bis Abb. 7-7). Anschließend werden umfassendere Entwicklungen in die Betrachtungen einbezogen, deren Auswirkungen bis weit in das nächste Jahrhundert zu spüren sein werden.

7.3.1 Szenario 1

Im ersten Szenario (Abb. 7-5) nimmt das Vertrauen Europas in die mit Lean Production verbundenen Arbeitsverfahren und -methoden weiterhin so stark zu, dass es zu einer Angleichung an das hohe Niveau an schlanken Verfahren in japanischen Werken kommt. (Alle drei Szenarien gehen davon aus, dass das Niveau an schlanken Arbeitsverfahren in den japanischen Werken zukünftig mehr oder weniger konstant bleiben wird, wobei in Japan eine leichte Abkehr von schlanken Verfahren und in den japanischen Transplants in den USA und Europa eine weitere Zunahme in der Anwendung dieser Verfahren möglich ist.) Dieses Szenario geht von der Annahme aus, dass das Tempo und die Richtung der Veränderungen, die Anfang der 90er Jahre in Europa eingeschlagen wurden, beibehalten werden. Auf der Basis der Erfahrungen des Opel Werks in Eisenach, das für neue Werke (einschließlich des neuen Opel-Werks in Polen) weiterhin ein deutlich sichtbares Beispiel für ein erfolgreiches schlankes Modell abgibt, und der näherrückenden Inbetriebnahme des ersten Toyota-Werkes auf dem europäischen Festland lautet die Schlussfolgerung, dass Lean Production weiterhin den Ehrenplatz der „Best-Practice“ belegen wird und auf diese Weise die weitere Einführung schlanker Arbeitsverfahren bestimmt und legitimiert.

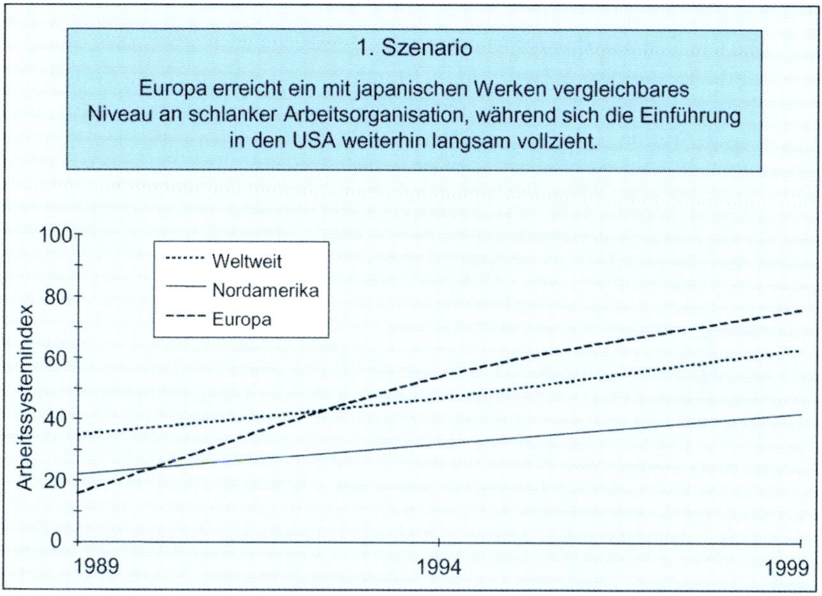

Abb 7-5: Szenario 1

Sollte dieses Szenario eintreten, ist eine weitere Abkehr von den Ideen des „Neuen Produktionskonzepts" mit Gruppenarbeit, Montageinseln und langen Taktzeiten zu erwarten. Viele europäische Unternehmen haben diese Absicht bereits aufgegeben, und zwar in erster Linie, weil sich gezeigt hat, dass mit Lean Production an regulären Montagebändern eine große Produktvielfalt erzielt werden kann, ohne dafür die Produktivität oder Qualität opfern zu müssen (*MacDuffie u. a.*, 1997). Darüber hinaus erwiesen sich die mit der Inselmontage durchgeführten Experimente nicht als besonders effizient, da lange Trainingszeiten erforderlich waren und die Kompensation von Fehlzeiten oder Umsetzungen schwieriger wurde. Ferner führen einige Beobachter an, dass die Beschäftigten die Arbeit in den Montageinseln nicht als große Verbesserung gegenüber der Arbeit am Montageband empfanden, obwohl die Verbesserung der Arbeitszufriedenheit und die Aufhebung der Entfremdung eine der wichtigsten Begründungen für diese Experimente gewesen waren (*Springer*, 1999).

Sollte dieses Szenario eintreten, müssten die europäischen Gewerkschaften die weitere Verbreitung schlanker Arbeitsmethoden unterstützen. Ihre Aufgabe könnte darin bestehen, Bedingungen für die Anwendung dieser Methoden auszuhandeln. Die jüngsten Änderungen in den Arbeitsmethoden und der Gestaltung der Produktion im Toyota-Werk in Kyushu und die modernisierten Fertigungsbänder im Toyota-Werk in Motomachi lassen auf Bemühungen schließen, im Rahmen des Toyota-Produktionssystems den Fragen im Zusammenhang mit der „Humanisierung der Arbeit" mehr Beachtung zu schenken. In einigen Veröffentlichungen wurden diese Änderungen sogar als ein Zeichen dafür ausgelegt, dass sich Toyota an die im Volvo-Werk in Uddevalla umgesetzten Ideen annähert. Damit wird unterstellt, dass für Verhandlungen über die Art und Weise, nach der schlanke Arbeitsverfahren und -methoden umgesetzt werden, viel Spielraum vorhanden ist, sodass bestimmte, für die „Humanisierung der Arbeit" relevante Ergebnisse erzielt werden können. Folglich stehen in diesem Szenario nicht mehr die „Neuen Produktionskonzepte" im Mittelpunkt der Arbeitspolitik, sondern eine Definition des Anwendungsbereiches und die Umsetzung dessen, was *Springer* (1999) als „partizipative Rationalisierung" bezeichnet – die aktive Mitwirkung der Beschäftigten an den Verbesserungsmaßnahmen in der Produktion.

In diesem Szenario wird erwartet, dass auch die US-amerikanischen Werke weiterhin schlanke Arbeitsverfahren einführen, jedoch langsamer als die Werke in Europa, sodass sich eine beträchtliche Kluft zwischen den in diesen Regionen beobachteten arbeitsorganisatorischen Gestaltungsmustern ergeben wird. Hier lautet die Annahme, dass weiterhin jene Faktoren Einfluss auf die Arbeitsorganisation nehmen, die in den USA Anfang der 90er Jahre zu einer Verlangsamung führten und dass diese Faktoren die konvergenten Kräfte (Wettbewerbsdruck durch Globalisierung und die Zugkraft der zunehmend flexiblen Automation, die anhaltende Legitimation von Lean Production als „Best-Practice") jedoch nicht vollständig verdrängen können. Dieses Szenario unterstellt ferner, dass sich die Produktmarktbedingungen in den USA auch weiterhin leicht von denen in Europa unterscheiden werden und die Produktvielfalt in US-amerikanischen Werken erheblich geringer ausfallen wird.

Die Haltung der Gewerkschaften (UAW und CAW) ist in diesem Szenario relativ unverändert – nämlich ablehnend gegenüber schlanken Arbeitsverfahren und -methoden. Die Gewerkschaften sind aber aus pragmatischen Gründen bereit, deren Einführung bis zu einem gewissen Grad zu dulden, insbesondere, wenn ein Werk einer umfassenden Modernisierung bei der Einführung unterzogen wird. In Bezug auf das Management hingegen wird unterstellt, dass es Lean Production als eine übergeordnete Strategie weitestgehend unterstützt, jedoch eher dazu geneigt ist, die Verantwortung für Prozessverbesserungen nicht den direkten Produktionsarbeitern, sondern technischen Spezialisten zu übertragen. Da ein starker Impuls zur Einführung schlanker Arbeitsverfahren auf Werkstattebene seitens einer der Betriebsparteien fehlt, wird sich die Kluft zwischen den USA und Europa in diesem Szenario in absehbarer Zeit weiter vergrößern.

7.3.2 Szenario 2

In diesem Szenario (Abb. 7-6) nähern sich die USA und Europa bei der Einführung schlanker Arbeitsverfahren auf einem Niveau an, das in etwa dem derzeitigen europäischen Durchschnitt entspricht. Folglich wird unterstellt, dass sich das Tempo bei der Einführung schlanker Arbeitsverfahren in Europa verlangsamt, während es in den USA steigt. Es sprechen verschiedene Gründe für ein Eintreten dieser Situation. Versuche, die Produktionsplanung durch neue Vertriebskonzepte (z. B. Superstores wie Auto Nation, Vertrieb im Internet) enger an die Verbrauchernachfrage zu knüpfen, könnten die US-Werke veranlassen, eine größere Produktvielfalt anzustreben, sodass eine flexible Arbeitsorganisation für sie erstrebenswerter werden würde. (Obgleich zeitverzögert, könnten sich dieselben Trends möglicherweise auch in Europa zeigen; die europäischen Werke verfügen aber bereits über mehr Erfahrungen in der Handhabung einer großen Produktvielfalt, und spätestens seit Anfang der 90er Jahre verfügen sie über eine flexiblere Arbeitsorganisation.)

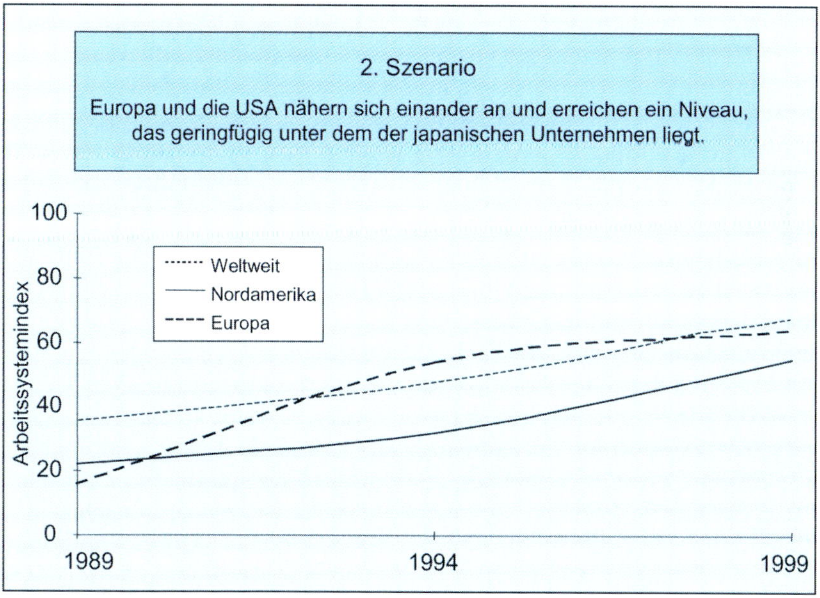

Abb. 7-6: Szenario 2

Die jüngsten Bemühungen US-amerikanischer Unternehmen, die umfassende Einführung eines komplett nach dem Toyota-Ansatz ausgerichteten Produktionssystems zu fördern (z. B. das *Ford Production System* und das *Chrysler Ope-*

rating System[9]), stellen eine systematischere und gezieltere Managementstrategie zur Umsetzung schlanker Arbeitsverfahren dar als die technisch orientierten, dezentralisierten Initiativen auf Werksebene, die in der Vergangenheit gestartet wurden. Einige ältere Werke werden darüber hinaus komplett modernisiert, und zwar nicht bloß, um ein neues Modell umzusetzen, sondern einen neuen Produktionsansatz. Zum Beispiel wird das zweite Saturn-Werk, das seinen Standort am ehemaligen GM-Werk in Wilmington, Delaware, haben wird, ein von Opel konstruiertes Fahrzeug nach einem Verfahren bauen, das zwischen dem traditionellen GM-Produktionsprozess und dem typischen Saturn-Ansatz angesiedelt sein wird. Darüber hinaus werden die Werke in Lansing und Lordstown (im Rahmen des „Project Yellowstone", für das das Blue-Macao-Projekt in Brasilien Pate stand) in sog. modulare Fabriken umgestaltet. Diese modularen Fabriken verfügen über ein Layout, das verbesserte Möglichkeiten für Modullieferungen von nahe gelegenen Zulieferern bietet und über ein erheblich kürzeres, reorganisiertes Montageband verfügt.

UAW und CAW werden vor der Herausforderung stehen, auf diese neuen Initiativen reagieren zu müssen. Die jüngste Vergangenheit lässt jedoch vermuten, dass ihre Reaktion pragmatisch ausfallen wird und in einer sehr viel stärkeren Verbreitung schlanker Arbeitsverfahren resultieren könnte. Zwar gibt es nach wie vor eine Reihe von Barrieren, sodass das Umsetzungsniveau insgesamt weit unter dem der Transplants in den USA bleiben wird, es ist jedoch vorstellbar, dass US-Werke bei der Anwendung schlanker Arbeitsverfahren das Niveau europäischer Werke erreichen werden.

Warum bleiben die Werke in Europa in diesem Szenario bei der Einführung schlanker Arbeitsverfahren auf ihrem Stand von 1994? Hier lautet die Annahme, dass die Anfang der 90er Jahre eingeleiteten Versuche zur Einführung von Lean Production im Laufe der Zeit auf verschiedene Schwierigkeiten stoßen werden. Die Beschäftigten könnten negativ auf die kurzen Arbeitszyklen und den Leistungsdruck in schlanken Werken reagieren, während die Gewerkschaften möglicherweise weiter auf die Umsetzung der Ende der 80er Jahre als politische Prioritäten festgeschriebenen alternativen Prinzipen der Gruppenarbeit drängen. Eventuelle Probleme in einem „Modellwerk" wie Eisenach könnten die Legitimität der Lean Production Ansätze schwächen. Durch andere industrielle Entwicklungen, wie die Konsolidierungen in der Zulieferkette, die sich in einem sehr viel früheren Stadium befinden als in den USA, könnte das Vorhaben des Managements zur Einführung von Lean Production in europäischen Werken an Entschlossenheit verlieren. Und schließlich könnte in einem Unter-

[9] Anm.: Darstellungen beider Systeme enthält Kapitel 4.

nehmen wie DaimlerChrysler einige Zeit erforderlich sein, um eine Strategie für ein Produktionssystem und eine Arbeitspolitik zu entwerfen, die sich auf alle Werke in Europa und den USA anwenden lässt (vorausgesetzt, Daimler Chrysler strebt eine solche Konformität der Standorte an), wodurch sich die Einführung neuer Arbeitsverfahren verzögern könnte.

7.3.3 Szenario 3

In diesem Szenario (Abb. 7-7) bleibt die Anwendung schlanker Arbeitsverfahren in den USA äußerst begrenzt, und der Aufwärtstrend in Europa kehrt sich um. Daher lässt sich auch hier eine gewisse Konvergenz zwischen den beiden Regionen feststellen, die jedoch auf eine Rückkehr zu traditionellen Arbeitsverfahren hinausläuft. Angesichts der zwischen 1989 und 1994 weltweit starken Gesamtentwicklung in Richtung Lean Production dürfte das Eintreten dieses Szenarios unwahrscheinlich sein. Dennoch ist es unter folgenden Bedingungen vorstellbar.

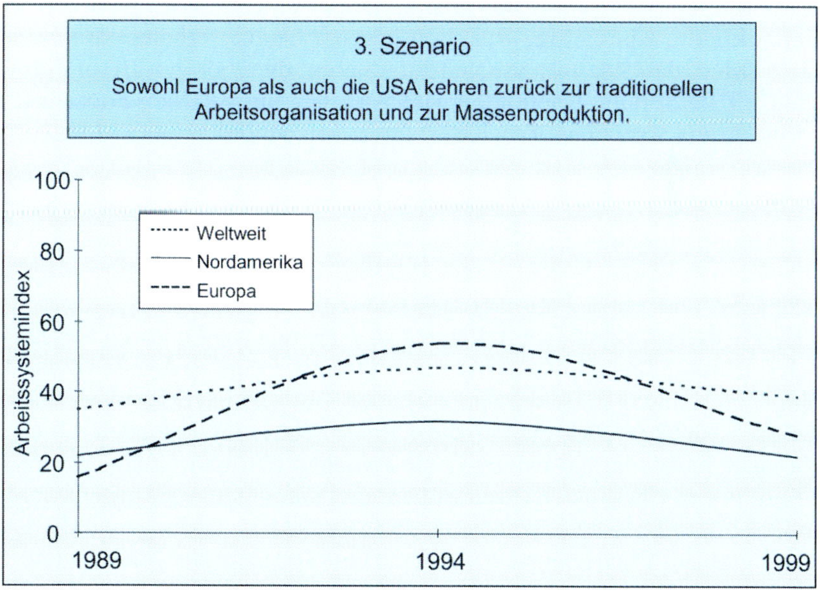

Abb. 7-7: Szenario 3

In den USA setzt sich die Situation der partiellen Einführung von Lean Production in Bezug auf technische Aspekte, gekoppelt mit der Übertragung der Verantwortung für Prozessverbesserungen an technische Spezialisten, fort. Wenn diese Änderungen nun als ursächlich für eine Beschleunigung betrachtet werden, könnten bei fehlenden Mechanismen zur Beteiligung der Arbeitnehmer am Verbesserungsprozess auf Arbeitnehmer- und Gewerkschaftsseite große Widerstände entstehen. Die angespannten Beziehungen zwischen der UAW und den *Big Three* könnten, verstärkt durch Entwicklungen wie den Verkauf von Delphi und Visteon, zunehmende Outsourcing-Aktivitäten und ein gemeinsames Vorgehen mehrerer Werke mit dem Ziel, lokale Zugeständnisse zu erzielen, zu einer konfrontativen Haltung der Gewerkschaft führen, die infolgedessen der Einführung neuer Arbeitsverfahren ihre Unterstützung entzieht.

In Europa ist ein vergleichbares „Abkühlen" der Beziehungen zu den Gewerkschaften denkbar, die neue Arbeitsverfahren zu einem Konfliktfeld für größere Kontroversen über Outsourcing und tarifliche und gesetzliche Regelungen machen könnten. Beispielsweise ist die berufliche Ausbildung in Deutschland auf einen engen Fachbereich begrenzt und vermittelt tief gehendes technisches Fachwissen. Die Berechtigung für diese Art der Ausbildung könnte dadurch infrage gestellt werden, dass im Rahmen von Lean Production ein breites Systemwissen mit relativ oberflächlichen technischen Fachkenntnissen gefordert wird. Dadurch könnte eine heftige Reaktion gegen schlanke Arbeitsverfahren ausgelöst werden, da diese von sozialen Identitäten, die über den Beruf definiert werden, als Bedrohung empfunden wird. Die den europäischen Fortschritt bei der Einführung schlanker Arbeitsverfahren verzögernden Entwicklungen im 2. Szenario sind in diesem Szenario ebenfalls möglich.

Zum Ende dieses Beitrages werde ich auf die Frage zurückkommen, welches dieser Szenarien meines Erachtens am wahrscheinlichsten ist. Um diese Frage beantworten zu können, reicht ein spekulativer Vergleich von Faktoren, die sich auf die USA und Europa als nationale und regionale Gefüge auswirken, nicht aus. Hierzu bedarf es einer sorgfältigen Untersuchung von Faktoren verschiedener Betrachtungsebenen. Zunächst muss über die Frage nachgedacht werden, welche Unterschiede zwischen den einzelnen Unternehmen bestehen und wie sich diese auswirken könnten. Um diese Frage geht es im folgenden Abschnitt, wo in einer Fallstudie die Unterschiede zwischen den Unternehmen Chrysler und Ford in den USA in den vergangenen zwei Jahrzehnten dargestellt werden. Zum Zweiten müssen neue arbeitsorganisatorische Entwicklungen in der Fertigung auf globaler Ebene beurteilt werden. Hiermit befasst sich der vorletzte Abschnitt dieses Beitrags.

7.4 Unterschiede auf Unternehmensebene: Chrysler und Ford in den USA

Während der vorangegangenen Erörterung standen größtenteils regionale Unterschiede zwischen den USA und Europa im Mittelpunkt, ohne dass auf bestimmte Unternehmen Bezug genommen wurde. Jedoch können selbst bei starken Konvergenzkräften auf globaler, regionaler oder nationaler Ebene verschiedene Faktoren auf der Ebene der Unternehmen zu Unterschieden hinsichtlich der Arbeitspolitik führen (*MacDuffie*, 1996). Zu diesen Faktoren gehören:

- Unterschiede im zeitlichen Verlauf von Wettbewerbskrisen, die traditionelle Arbeitsverfahren „aufleben" lassen und die Möglichkeit für einen Wandel schaffen
- die Auffassungen des Managements und der Gewerkschaft bezüglich der Ursachen für die Probleme eines Unternehmens und des für eine Gesundung am besten geeigneten Weges
- die Strategie des Managements bei arbeitsorganisatorischen Veränderungen und die Reaktion (oder alternative Strategie) der Gewerkschaft
- die in der Vergangenheit gesammelten Erfahrungen des Managements und der Gewerkschaft bei arbeitsorganisatorischen Veränderungen und
- die Lernfähigkeit und der Zugang zu erfolgreichen Lernmodellen

Es würde den Rahmen dieses Beitrages sprengen, würden diese Faktoren unter Bezugnahme auf zahlreiche Unternehmen ausführlich erörtert (*MacDuffie*, 1996). Ein Beispiel, nämlich Ford und Chrysler in den USA wird detailliert dargestellt.

Diese beiden Unternehmen entwickelten sich entsprechend dem oben erläuterten, in Nordamerika beobachteten allgemeinen Muster, denn die Arbeitsverfahren in Verbindung mit einer schlanken Produktion wurden nur sehr zögerlich eingeführt, was sowohl 1989 als größtenteils auch 1994 noch zutraf. Um zu entscheiden, welches der drei oben vorgestellten Szenarien am wahrscheinlichsten ist, wird sich ein Verständnis beider Unternehmen und eine Betrachtung der Entwicklungen, die sich seit 1994 in diesen beiden Unternehmen vollzogen haben, als nützlich erweisen.

7.4.1 Chrysler

Chrysler geriet Ende der 70er Jahre als erstes Unternehmen der *Big Three* in eine Wettbewerbskrise und entging nur knapp dem Konkurs. Zum damaligen Zeitpunkt war das Wissen der *Big Three* über japanische Produktionsmethoden begrenzt. Aufgrund der wirtschaftlichen Situation standen für die Untersuchung eines alternativen Produktionsansatzes bei Chrysler nur äußerst geringe Mittel zur Verfügung. Als Abhilfe für die Probleme in der Fertigung mussten, so glaubte man bei Chrysler, in erster Linie die Kosten gesenkt werden. Entscheidend für die Gesundung des Unternehmens waren die mit der UAW ausgehandelten Zugeständnisse bei Löhnen und Sozialleistungen und eine Flexibilisierung des Arbeitseinsatzes. Der arbeitsorganisatorische Gesamtansatz und das Produktionssystem von Chrysler wurden Anfang der 80er Jahre nur geringfügig geändert.

Erste Experimente mit neuen Formen der Arbeitsorganisation unternahm Chrysler zu einer Zeit, als es dem Unternehmen relativ gut ging, nämlich Mitte der 80er Jahre, als in zwei Montagewerken und in vier Werken, in denen Bauteile gefertigt werden, „Moderne Betriebsvereinbarungen" (Modern Operating Agreements; *MOA*) umgesetzt wurden. In ihrem Vertrauen auf Tarifverhandlungen als ein Mittel zur Erzielung einer umfassenden Umstellung bestehender Werke (sog. „Brownfields") und der Anwendung von Arbeitsteams, der „Vergütung nach Wissen" und einer Dezentralisierung von Qualitätsaufgaben war die MOA-Initiative fortschrittlich. Die Umsetzung vollzog sich jedoch äußerst langsam. Der MOA-Initiative kam in erster Linie auf der Ebene der Arbeitsbeziehungen Bedeutung zu, sie wurde weniger als ein entscheidender Faktor für eine Fertigungsstrategie betrachtet. Als solche geriet sie häufig durch Kontroversen ins Stocken, die zwischen Arbeitnehmerseite und Management hinsichtlich anderer Fragen ausgetragen wurden. In Werken, in denen die örtliche Gewerkschaft nicht zur Umsetzung von MOA bereit war, führte Chrysler häufig vom Management initiierte, „Progressive Betriebsvereinbarungen" (Progressive Operating Agreements; *POA*) ein, die durch die Aufhebung von Stellen- und Arbeitsbeschreibungen auf einen flexibleren Einsatz der Beschäftigten abzielten.

Als Chrysler Ende der 80er Jahre erneut in eine Krise geriet, wirkte sich dies auch auf die Umsetzung der MOA-Initiative aus. Zu diesem Zeitpunkt konzentrierte sich Chrysler als Reaktion auf die Krise zunächst auf eine Verbesserung der Produktentwicklung und anschließend auf eine Änderung des Supply-Chain-Managements. In beiden Fällen machte sich Chrysler bei japanischen Unternehmen (zunächst bei Honda und später bei Toyota) auf die Suche nach praktizierten Lösungen und konnte recht schnell eine Reihe von Innovationen mit eindrucksvollen Leistungszuwächsen einführen – in der Produktentwicklung z. B. sog. „Plattform-Teams" und für die Beziehungen zu den Zulieferern das SCORE-Programm. Als die Nachfrage am Markt wieder stark anstieg, insbesondere in jenen Produktsegementen, in denen Chrysler stark war (z. B. Minivans sowie Sport- und Freizeitfahrzeuge), erlebte das Unternehmen 1993/94 ein sehr erfolgreiches Comeback. Durch diesen außerordentlichen Erfolg rückten die Verbesserungen in der Fertigung für einige Jahre in den Hintergrund, bis sich bei vielen Chrysler-Produkten anhaltende Qualitätsprobleme zeigten. Einige Beobachter glaubten, diese seien eine Folge des von Chrysler drastisch betriebenen Outsourcing, denn das Unternehmen ließ zahlreiche Teile bei Zulieferern fertigen, die auf diese Aufgaben nicht in vollem Umfang vorbereitet waren. Es lag jedoch auf der Hand, dass weitere Anstrengungen notwendig waren, um Verbesserungen in den Fertigungen der Montagewerke zu erzielen, von denen viele zahlreiche Sonderschichten fahren mussten, um den Produktionsplan zu erfüllen.

Unter dem Banner des „Chrysler Operating System" (COS) wurden diese Bemühungen in den vergangenen Jahren sehr stark in die Öffentlichkeit getragen. COS wurde bewusst nach dem Vorbild des Toyota-Produktionssystems konzipiert. Hintergrund war der weit reichende Einfluss von Mitsubishi-Werken (durch das Joint Venture Diamond-Star in Illinois) und Honda-Werken (während der Zeit des Benchmarking in der Produktentwicklung) dem Chrysler ausgesetzt war. Diese Benchmarking-Studie, die vom Chrysler-Fertigungspersonal durchgeführt wurde, kam zu dem Ergebnis, dass diese Werke die „Best-Practice"-Lösung darstellten, denen es nachzueifern galt. Das Wissen über Lean Production zog Chrysler in erster Linie aus den Kontakten zum Entwicklungszentrum der Toyota-Zulieferer in den USA.

Eine weitere treibende Kraft hinter COS war der Versuch, von den Chrysler-Zulieferern der ersten Stufe ab einem bestimmten Zeitpunkt die Erfüllung der QS 9000 (eine ISO 9000-Adaption zur Qualitätssicherung in der Automobilindustrie) zu fordern, sowie die daran anschließende Entscheidung, auch von den Chrysler-Montagewerken die Einhaltung der QS 9000 zu verlangen. Der festgesetzte Zeitpunkt bedeutete einen straffen Zeitplan für die Umsetzung, was mit großem Druck auf der Unternehmensebene verbunden war. Zwar zeigten sowohl die Werkleitungen als auch die Gewerkschafter offenen Widerstand. Der Ansatz, durch COS allgemeine Produktionsansätze durchzusetzen, bedeutet aber voraussichtlich, dass Chrysler bei der Einführung schlanker Arbeitsverfahren ein schnelleres Tempo erreichen wird als jemals zuvor. Da bei DaimlerChrysler derzeit untersucht wird, wie (und in welchem Umfang) die Aktivitäten der beiden ehemals eigenständigen Unternehmen am besten in den neuen multinationalen Konzern integriert werden können, ist noch unklar, ob COS in einem umfassenderen Plan aufgehen wird, der ein gemeinsames Produktionssystem für den gesamten neuen Konzern vorsieht, oder ob dieses System auch zukünftig unabhängig von der Produktionsstrategie für die vormaligen Mercedes-Benz-Werke weiterentwickelt wird.

7.4.2 Ford

Ford geriet kurz nach Chrysler Anfang der 80er Jahre in eine Finanzkrise, wenngleich diese für die Öffentlichkeit weniger augenscheinlich war, da die durch Ford-Europe erzielten Gewinne das Ausmaß der Probleme in Nordamerika verschleierten. Ende der 70er Jahre hatte Ford 25 % von Mazda übernommen und war somit über die Erfahrungen bei Mazda dem Toyota-Produktionssystem „ausgesetzt“. Darüber hinaus sahen die Top-Manager bei Ford die Probleme des Unternehmens zum Teil in seiner starren Struktur, in seiner Fokussierung auf eine starke Aufgabenspezialisierung und in den angespannten Beziehungen zwischen Belegschaft und Management begründet. In einer Doppelinitiative, die dem Unternehmen helfen sollte, diese organisatorischen Probleme der Vergangenheit zu überwinden, verstärkte man die Aktivitäten hinsichtlich Mitarbeiterbeteiligung und Qualität.

Die zahlreichen Entlassungen infolge der Krise bedeuteten, dass bei Ford (unter dem Banner „Qualität des Arbeitslebens“) innovative Arbeitsverfahren auf Werksebene weniger im Mittelpunkt standen als bei GM und der Verbesserung der Arbeitsbeziehungen von der Führungsspitze bis hinunter zur Werkstattebene mehr Beachtung zukam. Der Versuch, die Barrieren zwischen den einzelnen Funktionen abzubauen, trug dazu bei, den Weg zu mehr abteilungsübergreifender Kommunikation auf Werksebene und einer breiteren Ausbildung der Beschäftigten zu ebnen. Schließlich trug die Ford-Entscheidung, sich im Rahmen einer als „Quality is Job 1“ bezeichneten Kampagne stark auf die Qualitätsverbesserung zu konzentrieren, zu einer stärkeren Dezentralisierung von qualitätssichernden Aufgaben bei.

Als sich die Wettbewerbssituation von Ford Mitte der 80er Jahre langsam besserte, wurde das Unternehmen im Hinblick auf weitreichendere arbeitsorganisatorische Änderungen wie der Einführung von Gruppenarbeit vorsichtiger. Zum Teil wollte Ford die guten Beziehungen zu der Ford-Abteilung der UAW nicht gefährden, deren offizielle Haltung gegenüber Gruppen und Teams ablehnend war. Ferner wusste das Unternehmen erfahrungsgemäß, dass die UAW bereit war, auf Werksebene ein beträchtliches Maß an Flexibilität zu dulden, solange umstrittene arbeitsorganisatorische Änderungen wie die Einführung von

Gruppenarbeit umgangen wurden. Daher waren die von Ford Ende der 80er und Anfang der 90er Jahre in der Arbeitsorganisation umgesetzten Änderungen oberflächlich betrachtet recht bescheiden, wiesen jedoch einen grundlegenderen Zusammenhang mit der qualitätsorientierten Strategie zur Wiedererlangung der Wettbewerbsfähigkeit auf, als die offensichtlicheren Änderungen durch MOA bei Chrysler.

Die Vorsicht, die Ford gegenüber Gruppen/Teams an den Tag legte, entstand u.a. aus den Beobachtungen, die das Unternehmen hinsichtlich der „Gruppenarbeits-Werke" seines Konkurrenten General Motors machte. Die ersten Teams wurden bei GM Ende der 70er und Anfang der 80er Jahre eingeführt, als das Unternehmen versuchte, im Süden der USA gewerkschaftsfreie Werke zu gründen. Diese Werke wurden schnell von der UAW organisiert, und das „Gruppenarbeits-Konzept" war mit einem Stigma behaftet, das bis heute in vielen GM-Werken nicht verschwunden ist. Der Wunsch, die guten Beziehungen zur UAW aufrecht zu erhalten, indem solche symbolischen „roten Tücher" wie Gruppen und Teams vermieden wurden, hatte bis in die 90er Jahre maßgeblichen Einfluss auf die Arbeitsorganisation bei Ford.

In jüngster Zeit jedoch wird mit großer Energie eine unter der Bezeichnung „Ford Production System" bekannte, zentralisierte Initiative verfolgt. Bei dieser Initiative wird ein besonderer Schwerpunkt auf die Umsetzung von Änderungen am Produktionssystem bei Modellumstellungen oder größeren Werksmodernisierungen gelegt. Wie schon beim „Chrysler Operating System" dient auch hier das Toyota-Produktionssystem als Vorbild. Zwar ist kein ausdrücklicher Zusammenhang mit der QS 9000 gegeben, aber es wird ein starkes Gewicht auf die Einführung standardisierter Arbeitsmethoden gelegt, die mit partizipativen Verbesserungsmaßnahmen gekoppelt sind. Und wie schon bei Chrysler könnte die Tatsache, dass die Arbeitsverfahren heute als ein entscheidender Faktor der dem Produktionssystem zugrunde liegenden Strategie betrachtet werden, das Tempo bei der Umsetzung steigern, obwohl bei Ford die allgemeinen Beziehungen zur UAW hinsichtlich der Arbeitsorganisation für die Unternehmenspolitik auch weiterhin ausschlaggebend sein werden. Diese Fähigkeit zu einer effektiven Kooperation mit den Gewerkschaften dürfte für Ford auch bei der Zusammenarbeit mit dem jüngst erworbenen Volvo-Car eine große Hilfe sein. Dort steht die Gewerkschaft geschlossen sowohl hinter der Welle der soziotechnischen Experimente in Kalmar und Uddevalla als auch hinter den laufenden Bemühungen zur Einführung schlanker Arbeitsverfahren.

7.4.3 Zusammenfassung

Chrysler und Ford erlebten etwa zu gleicher Zeit eine Wettbewerbskrise, konzentrierten sich bei den Arbeitsverfahren jedoch auf unterschiedliche Aspekte und schlugen unterschiedliche Wege ein, um die Krise zu überwinden. Die Strategie bei Chrysler bestand in der Ausweitung der Tätigkeitsumfänge und flexibleren Einsatzmöglichkeiten der Beschäftigten, verbunden mit einer Strategie zur Kostensenkung. Bei Ford wurde verstärkt auf Mitarbeiterbeteiligung und Dezentralisierung von Qualitätsaufgaben in Verbindung mit einer Strategie, bei der Qualitätsverbesserungen und der Abbau der Barrieren zwischen den einzelnen Funktionen im Mittelpunkt standen, gesetzt. Eine zweite Krise Ende der 80er Jahre motivierte Chrysler, in einigen Pilotwerken die MOA-Initiativen ins Leben zu rufen. Jedoch konnten sich diese auf breiter Ebene nicht durchsetzen und verloren an Schwung, als sich das Unternehmen durch den Aufschwung, bedingt durch eine erheblich verbesserte Produktpalette Anfang der 90er Jahre, erholte. Ford hingegen entschied sich während dieser Zeit im Zusammenhang mit der Einführung neuer Arbeitsverfahren bewusst für einen zurückhaltenden Ansatz, um die guten Beziehungen zur UAW nicht zu gefährden.

Mitte/Ende der 90er Jahre beschlossen jedoch beide Unternehmen, ein nach dem Vorbild des Toyota-Produktionssystems konzipiertes, in allen Werken anwendbares verbindliches Produktionssystem aufzubauen. Dies sieht zwar nach einem übereinstimmenden Vorgehen aus, bei der Umsetzung lassen sich jedoch deutliche Unterschiede erkennen, die auf der unterschiedlichen Vorgeschichte der beiden Unternehmen und den neuen Beziehungen zu europäischen Unternehmen basieren. Ausgehend von Beobachtungen, die in der Vergangenheit gemacht wurden, verfolgt Ford eher einen einheitlichen Ansatz für die Werke in den USA, ist aber offensichtlich bereit, in den übernommenen Firmen und Joint Ventures, d. h. bei Jaguar in Großbritannien, auch weiterhin abweichende Ansätze zuzulassen. Folglich kann bei den Ford-Werken in den USA eine bescheidene Zunahme an schlanken Arbeitsverfahren mit relativ geringen Abweichungen zwischen den einzelnen Werken erwarten werden und gleichzeitig bei Volvo ein Fortbestehen des Ansatzes, der sich dort in den letzten Jahren bezüglich der Arbeitsorganisation entwickelt hat. Chrysler hat in der Vergangenheit größere Abweichungen in den Ansätzen für die einzelnen Werke zugelassen als Ford. Sollte der fusionierte DaimlerChrysler-Konzern jedoch beschließen, für die Betriebe in den USA und in Deutschland ein gemeinsames Produktionssystem einzuführen, könnte sich dies ändern.

7.5 Neue arbeitsorganisatorische Entwicklungen in der Fertigung

In diesem Abschnitt wird die Unternehmensebene verlassen, um die jüngsten globalen arbeitsorganisatorischen Trends in der Fertigung zu betrachten, die unsere Vorhersage des zukünftigen Szenarios in Europa und den USA beeinflussen könnten. Vier aktuelle Entwicklungen werden dargestellt. Obwohl keine Daten über den Umfang dieser Entwicklungen vorliegen, kommen in jeder von ihnen Entwicklungsrichtungen zum Ausdruck, die sich an einigen Standorten auf die Gestaltung der Arbeitsorganisation auswirken und voraussichtlich ihren Einfluss im Laufe der Zeit vergrößern werden. Diese vier Entwicklungen sind:

- Bemühungen der größten Automobilhersteller, ein Produktionssystem einzuführen, das sich in allen Ländern und auf alle Produktprogramme anwenden lässt, um so eine Standardisierung der Produktionskapazitäten zu erzielen
- Bestrebungen zur Umsetzung von Innovationen in den Produktionen speziell in Entwicklungsländern
- unternehmensübergreifende Zusammenarbeit und dadurch entstehende unternehmensübergreifende Gruppen und Teams
- eine in den Mittelpunkt gerückte Mitwirkung der Beschäftigten an strukturierten, auf verschiedene Leistungsziele ausgerichteten Verbesserungsmaßnahmen, die die früher im Mittelpunkt stehenden Themen „Selbstorganisation", „teilautonome Gruppen" und „Neue Produktionskonzepte" ablösen

Die *erste Entwicklung* – die Bemühungen der Unternehmen, ihre Produktionssysteme zu standardisieren und zu vereinheitlichen – stellt eine Abweichung vom Trend der Vergangenheit dar, als die Produktionssysteme der einzelnen Anlagen je nach Vorgeschichte, Produktprogramm, Entwicklungsstand der Technologien, Art der Arbeitsbeziehungen und den Präferenzen der jeweiligen Manager große Unterschiede aufwiesen. Das erfolgreiche Beispiel des Toyota-Produktionssystems, das sich immer mehr Automobilunternehmen zum Vorbild nehmen, ist einer der nahe liegenden Faktoren, die diesem Wandel in der Automobilindustrie zugrunde liegen. Ein weiterer Impuls geht zusätzlich von dem hohen, sich auf viele moderne Fertigungsbetriebe auswirkenden Niveau an Komplexität und Unvorhersehbarkeit aus. Dieser Impuls verfolgt das Ziel, die Abweichungen in den Prozessabläufen zu vermindern und gleichzeitig eine eindeutige Grundlage für die Bewertung des Einflusses der bei den Produktionsmethoden vorgenommenen Änderungen zu schaffen. Sowohl für die internen Lernprozesse als auch den Transfer des Gelernten an andere Produktionsstätten stellt die Standardisierung einen wichtigen Schritt dar.

Die Schritte, die sowohl Ford als auch Chrysler gegangen sind, um zumindest für ihre Betriebe in Nordamerika ein gemeinsames Produktionssystem einzuführen, sind Beispiele für diesen Trend. Im Anschluss an eine Phase, in der GM-Europe in den Bemühungen um die Einführung von Lean Production weit mehr Fortschritte gemacht hatte als GM in Nordamerika, arbeitete General Motors auf eine stärkere Integration von Saturn in seine North-American-Operations-Gruppe und auf einen einheitlicheren Produktionsansatz für die Werke in den USA und Europa hin. Mercedes-Benz stand stark unter dem Einfluss des Erfolges, den das neue Mercedes-Benz-Werk in den USA verzeichnen konnte, das bereits mit der Ausrichtung auf Lean Production errichtet wurde und zu dessen Management-Team ein Amerikaner gehört, der zuvor Werkleiter im Toyota-Montagewerk in Kanada war. Jetzt sprechen die Manager bei Mercedes-Benz von der Einführung eines gemeinsamen Produktionssystems, das am Toyota-Modell ausgerichtet ist und auch in den deutschen Standorten Anwendung finden wird. Eine Ausweitung dieses Ansatzes auf DaimlerChrysler ist weltweit vorstellbar. Von den anderen Automobilherstellern, die weltweit tätig sind, lassen Fiat und Volkswagen erkennen, dass auch sie diesem Trend folgen werden.

Die *zweite Entwicklung* – innovative Produktionen in Entwicklungsländern – steht in engem Zusammenhang mit der ersten. Es gab eine Zeit, in der die multinationalen Automobilhersteller die Entwicklungsländer als einen Ort betrachteten, wo zu günstigen Faktorkosten (insbesondere den Faktor Arbeit betreffend) produziert werden konnte und sich Modelle verkaufen ließen, die auf dem heimischen Markt das Ende ihres Produktlebenszyklus erreicht hatten. Das Ergebnis waren Montagewerke mit geringem Volumen, minimaler Automation und großer Produktvielfalt aufgrund der Entscheidung, neben einem Hauptprodukt auch mehrere ältere Modelle fertigen zu lassen. Die Tatsache, dass diese Werke höchst ineffizient waren, war angesichts der niedrigen Arbeitskosten und aufgrund der Tatsache, dass die Anlagen häufig in voller Höhe abgeschrieben waren, kaum von Bedeutung.

Inzwischen lässt sich dieses Vorgehen jedoch zusehends seltener beobachten, da die Automobilhersteller beginnen, diese Länder als ihre größte Chance für steigende Absatzzahlen zu betrachten und die Ziele für diese Montagewerke neu definieren. Um die Produktivität zu steigern, flossen umfangreiche Investitionen nach Südamerika (Brasilien, Argentinien), Osteuropa (Polen, Ungarn) und Südostasien (Thailand, China). Diese neuen Werke ähneln in der Regel den „Greenfields" in USA und Europa und verfügen über ein relativ hohes Automationsniveau, einen Grundriss, der eine auf die Just-in-Time-Produktion abgestimmte Logistik unterstützt und Produktionsstrategien (vom Lagermanagement über die Arbeitsorganisation bis hin zur Personalpolitik), die den Grundsätzen von Lean Production entsprechen. Häufig besteht ein enger Kontakt zwischen dem neuen Werk und einem bereits länger bestehenden Werk im Heimatland, in dem dasselbe Produkt hergestellt wird. Es wird schon zu Anfang versucht, die von diesem *Hauptwerk* oder *Heimatwerk* angewandten Strategien für Anlagen, Automation und Produktion auf das neue Werk zu übertragen, um einen beiderseitigen Austausch der Produktionserfahrungen zu ermöglichen. Das bisher weitreichendste Beispiel für diese Strategie sind die vier neuen Werke in Argentinien, Brasilien, China und Polen, die General Motors vor kurzem innerhalb weniger Monate in Betrieb genommen hat und die alle nach dem Vorbild des Opel-Werkes in Eisenach (das mit dem selbstbewussten Ziel errichtet wurde, „NUMMI[10] of Europe" zu werden) konzipiert wurden. GM setzte ein „Template Team" ein, das den Bau dieser vier Werke koordinieren und ihre enge Anlehnung an das Eisenach-Modell sicherstellen sollte.

Auch in Schwellenländern wie Brasilien lassen sich weitreichendere Innovationen beobachten, die über die Maßnahmen im Heimatland des jeweiligen Automobilherstellers hinausgehen. Das VW-Werk in Resende (LKW-Fertigung) ist das erste vollständig realisierte Beispiel einer modularen Fabrik, in der die Zulieferer ihre Vormontagen gleich neben dem Montageband einrichten und betreiben. Während VW für die Gestaltung der Produktionsanlagen und des Qualitätsmanagements zuständig war und die Leitung über das gesamte Gelände übernahm, werden alle anderen Wertschöpfungsarbeiten von den Zulieferern ausgeführt. Ebenso wird sich das neue GM-Werk in Brasilien, das auch „Blue Macao" genannt wird, stark auf eine modulare Form der Produktion stutzen, und als solches wird es als Modell für zwei neue modulare Werke dienen, die GM in den USA errichtet, und zwar unmittelbar angrenzend an zwei schon seit längerer Zeit bestehende Werke in Lordstown und Lansing. Die Errichtung eines *Hauptwerkes*, um in einem Entwicklungsland eine Innovation einzuführen, und der anschließende Rücktransfer dieser Innovation in das Heimatland, stellt eine komplett neue Entwicklung dar, die bei den Werken im Heimatland zusätzlichen Druck zur Einführung neuer Verfahren auslösen kann.

Die *dritte Entwicklung* – unternehmensübergreifende Zusammenarbeit und dadurch entstehende unternehmensübergreifende Teams – ergibt sich aus den Änderungen, die hinsichtlich der Verteilung der Produktionsarbeiten entlang der Wertschöpfungskette vorgenommen wurden. Die Tatsache, dass die OEM[11]

---

[10] Anm.: NUMMI = Joint Venture-Fabrik von Toyota und General Motors in Kalifornien, das als „Best Practice"-Beispiel der USA betrachtet wird.

[11] Anm: OEM (Original Equipment Manufacturer) Hersteller, der unter Absprache aus Original-Einzelteilen eigene Produkte herstellt.

mehr Verantwortung für die Produktgestaltung und Fertigung komplexer Vormontagen (oder Module) an ihre Zulieferer der ersten Stufe weitergeben, hat zu zahlreichen Produktionsexperimenten geführt, in deren Rahmen die Mitarbeiter der OEM und der Zulieferer während des Konstruktions- und Fertigungsprozesses eng zusammenarbeiten. Zumindest führt dies zu einem erheblich intensiveren Informationsaustausch zwischen OEM und Zulieferern, und zwar sowohl bezüglich der Häufigkeit und Dauer, als auch hinsichtlich der „Bandbreite". Im Extremfall bedeutet dies, dass die Produktions- und Planungsteams aus Mitarbeitern mehrerer Unternehmen eng kooperieren.

Solche unternehmensübergreifenden Teams trifft man in vielen Bereichen an. Das oben erwähnte VW-Werk in Resende setzt sie in der Endmontage ein, wo die Module der verschiedenen Zulieferer zusammengebaut werden und der fertig gestellte LKW auf Funktionalität und Qualität geprüft wird. Wenn die Standorte der Zulieferer in der Nähe der Montagewerke liegen, kann das Personal des Zulieferers neben den Beschäftigten des Montagewerks arbeiten, um die Teile für die sequentielle Montage bei ihrer Ankunft am Montageband zu entladen. (Diese Aufgabe kann auch von den Mitarbeitern der Logistikunternehmen übernommen werden, wenn Zulieferteile aus entfernter gelegenen Werken angeliefert werden.) Ferner können die Zulieferer in die Produkteinführungsteams des Montagewerks integriert werden.

Unternehmensübergreifende Teams trifft man nach wie vor am häufigsten in Unternehmen an, die für ihre Produktentwicklung *Plattform-Teams* einsetzen. Der jüngste Trend bei den OEM in Richtung Outsourcing sowohl der technischen Planungsfunktionen als auch der Fertigungsarbeiten für komplette Module kann zu einer Abkehr von unternehmensübergreifenden Teams führen, sollten die OEM beschließen, den Zulieferern auch die Entwicklung eigener Modulkonstruktionen zu ermöglichen. In naher Zukunft ist dies wohl eher unwahrscheinlich, da die OEM die Fähigkeiten der Zulieferer in der Produktentwicklung zunächst eine Zeit lang beobachten werden und zu der Ansicht gelangen könnten, dass für ein einheitliches Design des gesamten Fahrzeugs ihre aktive Mitwirkung auch weiterhin von entscheidender Bedeutung ist. Ferner können die Zulieferer der zweiten Stufe von denen der ersten Stufe in ein *Bauteile-Team* integriert werden, da sich dieser für die Produktentwicklung konzipierte Ansatz kaskadenartig in der gesamten Zulieferkette anwenden lässt. Für alle diese Arten von unternehmensübergreifenden Teams sind noch viele Fragen offen, so z.B. wie die Koordination, die Motivation, die Vergütung, die Qualitätskontrolle und die Führung optimal gestaltet werden können.

Die *vierte Entwicklung* – eine stärker betonte Beteiligung der Arbeiter an den Verbesserungsmaßnahmen in der Produktion – wurde bereits in der obigen

Erörterung der US-amerikanischen und europäischen Entwicklungen in der Arbeitsorganisation angesprochen. Der Gedanke ist nicht neu. Er ist im Großen und Ganzen gleich bedeutend mit dem Begriff *KAIZEN*, der in den Produktionssystemen vieler japanischer Unternehmen verwendet wird, wenngleich er andere Bezeichnungen erhalten hat, als sich Akademiker in den USA und in Europa um eine Einschätzung seiner Bedeutung bemühten, so z. B. „partizipative Rationalisierung“ (*Springer*, 1999) oder „the enabling bureaucracy“ (*Adler* und *Borys*, 1996). Neu ist die Tatsache, dass die Diskussionen über eine „partizipative Rationalisierung“ (ein Begriff, der die in diesem Verfahren vereinten, konträren Richtungen treffend zum Ausdruck bringt) inzwischen eine Reihe früherer Diskussionen über die Aufhebung der Entfremdung am Arbeitsplatz, in denen es um teilautonome Gruppen und die Abschaffung des Montagebandes ging, weitestgehend abgelöst haben.

Wie bereits dargestellt wurde, spiegelt dies zum Teil die Auffassung wider, dass der Leistungszuwachs, der im Rahmen der insbesondere in Europa durchgeführten Experimente mit „Neuen Produktionskonzepten“ erzielt wurde, nicht ausreichte, um die Wettbewerbskrise zu bewältigen, denen US-amerikanische und europäische Automobilhersteller in den 80er und 90er Jahren ausgeliefert waren. Dies zeigt auch, dass sowohl bei den Führungskräften als auch bei den Gewerkschaftern die Akzeptanz der Idee zunimmt, dass die „partizipative Rationalisierung“ kein an eine bestimmte Kultur gebundenes Verfahren ist, sondern eines, das in sehr unterschiedlichen nationalen Zusammenhängen und Unternehmenskulturen Anwendung finden kann. Die Tatsache, dass dieser Ansatz breitflächig umgesetzt werden kann, bedeutet jedoch nicht, dass seine Vorzüge automatisch zum Tragen kommen. Allerdings hat sich die Diskussion ausgeweitet und intensiviert, da sich die Reaktion vieler Automobilhersteller auf diesen Ansatz von „Das wird hier nicht funktionieren!“ zu „Was bedeutet das für uns?“ gewandelt hat.

Wie ist mit der partizipativen Rationalisierung zu verfahren, damit sie sowohl für die Führungskräfte als auch für die Beschäftigten Vorzüge mit sich bringt? Wie kann dieser Ansatz, nachdem die problemlos umzusetzenden Verbesserungsmöglichkeiten durchgeführt wurden, langfristig aufrecht erhalten werden? Wie kann verhindert werden, dass er zu einer Leistungsverdichtung, einer sinkenden Motivation der Beschäftigten und zu Konflikten mit der Gewerkschaft führt? Wie können die Beschäftigten und die Führungskräfte am besten auf ihre Rollen im Rahmen dieser Tätigkeit vorbereitet werden? Wie sollte die Beziehung zwischen den Arbeitern und den indirekten Bereichen gestaltet werden? Welche Aspekte der partizipativen Rationalisierung müssen von den Gewerkschaften beobachtet werden und wo sollten sie eingreifen?

Einer der Faktoren, der eine Verbreitung dieses Ansatzes begünstigt, ist die Verflechtung der Arbeitsprozesse, die in vielen Produktionsstätten zunimmt. Diese Verflechtung schränkt die Möglichkeiten für den Einsatz individueller, das Tempo und die Abfolge der Arbeitsaufgaben eigenständig steuernder teilautonomer Gruppen und Teams ein. Gleichzeitig nehmen damit die „Systemprobleme" zu, denen nur durch arbeitsgruppenübergreifende, gemeinsame und immer wieder neu definierte Problemlösungen abgeholfen werden kann. Die Bedeutung solcher Problemlösungsaufgaben für die dynamischen Effekte von Lean Production wird heute weltweit von den Automobilherstellern viel besser verstanden als Anfang der 90er Jahre und ist zunehmend verantwortlich für die Ausgestaltung der Beziehungen eines Unternehmens zu seinen Zulieferern. Somit wird die partizipative Rationalisierung durch die technischen Aspekte bei der Umsetzung eines schlanken Produktionssystems sowie durch Problemlösungsprozesse an anderer Stelle der Wertschöpfungskette untermauert, wodurch ihr eine Bedeutung zukommt, die über die eines Arbeitsverfahrens auf Werkstattebene hinausgeht.

7.6 Schlussfolgerung: Welches Szenario gilt für die USA und Europa?

In diesem Abschnitt werden verschiedene Stränge der oben ausgeführten Entwicklungen miteinander verknüpft, um so die Auswahl eines der drei für die arbeitsorganisatorischen Trends in den USA und in Europa vorgestellten Szenarien zu begründen. Aus meiner Sicht ist das zweite Szenario am wahrscheinlichsten. D.h. in Europa wird sich das schnelle Tempo bei der Einführung schlanker Arbeitsverfahren abschwächen (obgleich solche Verfahren weiterhin eingeführt werden), während die USA ihr langsames Tempo beschleunigen werden, sodass diese beiden Regionen im Laufe der kommenden zehn Jahre ein vergleichbares Niveau erreichen werden.

Die aus der 2. Erhebung der Internationalen Montagewerk-Studie vorliegenden Daten zeigen, dass die USA mit dem niedrigsten Niveau an schlanken Arbeitsverfahren und praktisch keinen Änderungen zwischen 1989 und 1994 eine Ausnahme darstellen. Inzwischen sehen US-amerikanische Unternehmen eine größere Notwendigkeit zu mehr Produktvielfalt in ihren Werken, wodurch sich ihr Interesse an flexibleren Formen der Arbeitsorganisation verstärken könnte. US-Unternehmen zählten zu den ersten, die zu dem Schluss kamen, dass die Einführung eines gemeinsamen Produktionssystems und der Austausch von Innovationen zwischen ihren Standorten im Heimatland und ihren Werken in Entwicklungsländern Vorteile mit sich bringen. Der Einsatz von unternehmensübergreifenden Teams in der Produktentwicklung und die Weitergabe von Verantwortung für Entwicklungsaufgaben an die Zulieferer wird mehr und mehr zur Regel und unterstützt diesen Ansatz in der Produktion. Folglich sind die USA den Kräften, die den Einsatz schlanker Arbeitsverfahren fördern, stärker ausgesetzt als in der Vergangenheit.

Die Faktoren auf Unternehmensebene, die in der Vergangenheit eine Barriere für die Einführung von Lean Production darstellten, sind nach wie vor vorhanden. Die Betrachtung von Ford und Chrysler in den USA zeigt, dass beide Unternehmen Anfang der 90er Jahre beim Einsatz schlanker Arbeitsverfahren recht zurückhaltend waren, wenn auch aus unterschiedlichen Gründen. Dennoch entschieden sie sich Ende der 90er Jahre beide für das Toyota-Modell als Vorbild für ein eigenes Produktionssystem, das unternehmensweit Anwendung finden wird. Diese Entscheidung fiel unter Bedingungen, die voraussichtlich eine schnellere, anhaltendere Einführung bewirken werden als in der Vergangenheit. Die Tatsache, dass sich Mercedes-Benz für einen vergleichbaren Ansatz entschieden hat, wird diesen Trend bei DaimlerChrysler zusätzlich verstärken.

In Europa hingegen trafen Anfang der 90er Jahre eine Reihe von Faktoren zusammen, die in den meisten Unternehmen zu einer schnellen Einführung von schlanken Arbeitsverfahren und -methoden führten. Diese Änderungen vollzogen sich im Zusammenhang mit größeren Wettbewerbskrisen, von denen einzelne Unternehmen betroffen waren, und einer instabilen wirtschaftlichen Lage in der Region insgesamt. Unter diesen Bedingungen wurden frühere Ansätze zur Verbesserung der Arbeitsorganisation in Zweifel gezogen und Lean Production oftmals als Patentrezept aufgegriffen. Die im Rahmen von Lean Production vorgesehenen Arbeitsgruppen wiesen ausreichende Gemeinsamkeiten mit der von den europäischen Gewerkschaften angestrebten teilautonomen Gruppenarbeit auf, sodass sie ohne großen Widerstand seitens der Gewerkschaften eingeführt werden konnten. Insgesamt ging die Einführung bei vielen europäischen Automobilherstellern nicht aufgrund umfassender Erfahrungen und sorgfältiger Studien so schnell vonstatten, sondern vielmehr wegen des durch die Krise entstandenen Veränderungsdrucks und des parallelen Zeitpunktes, zu dem sie dem Einfluss von Lean Production-Ideen ausgesetzt waren.

Da europäische Unternehmen und Gewerkschaften inzwischen über größere Erfahrungen mit schlanken Arbeitsverfahren verfügen, werden die Probleme im Zusammenhang mit ihrer Einführung in einem anderen Licht gesehen. Durch dieses gewachsene Problemverständnis und -bewusstsein werden die arbeitspolitischen Diskussionen intensiver geführt. Das Tempo der Umsetzung wird sich daher verlangsamen, weniger jedoch wegen einer grundlegenden Umkehrung der für die Einführung verantwortlichen Faktoren, als vielmehr aufgrund der Tatsache, dass das frühere Tempo auf Dauer nicht aufrecht erhalten werden kann. Von europäischen Unternehmen ist nach wie vor eine große Produktvielfalt gefordert, wodurch sie in ihren Fabriken eine möglichst flexible Arbeitsorganisation anstreben. Sie teilen das Interesse der US-Unternehmen an einer Standardisierung ihres Produktionssystems, um es weltweit in allen Werken einsetzen zu können. Zusätzlich stehen sie unter dem Einfluss von Innovationen, die in ihren Werken in Entwicklungs- und Schwellenländern verwirklicht werden. Die unternehmensübergreifende Zusammenarbeit, die in Europa viel später bekannt wurde als in den USA, findet heute in höchstem Maße ihre Legitimation. Und schließlich weisen über Mercedes-Benz vorliegende Daten darauf hin (*Springer*, 1999), dass die meisten Beschäftigten der partizipativen Rationalisierung neutral oder positiv gegenüberstehen und sie zunehmend als ein Arbeitnehmerprivileg betrachten, das nur unter großen Schwierigkeiten zurückgenommen werden kann.

Warum sollte der Eintritt des zweiten Szenarios wahrscheinlicher sein als der des ersten? Nach meiner Einschätzung werden die Kräfte, die die Einführung schlanker Arbeitsverfahren weiter vorantreiben, in Europa stark bleiben und sich in den USA verstärken, sich aber in Europa so weit abschwächen, dass sich die Kluft, die hinsichtlich der Einführung schlanker Arbeitsverfahren zwischen den beiden Regionen gegenwärtig vorhanden ist, verringern wird. Warum gehe ich nicht davon aus, dass das dritte Szenario eintreten wird? Neben den oben genannten Gründen bin ich der Meinung, dass sowohl die UAW in den USA als auch die verschiedenen Gewerkschaften in Europa beschließen werden, hinsichtlich der Einführung schlanker Arbeitsverfahren einen pragmatischen Ansatz zu wählen.

Dieser Ansatz kann unterschiedlich aussehen. Die Gewerkschaften (und Betriebsräte) könnten sich in erster Linie darauf konzentrieren, die Einführung schlanker Arbeitsverfahren zu überwachen, um vor allem auf Werkstattebene negative Auswirkungen für die Beschäftigten zu verhindern. Oder sie könnten sich für eine aktivere Politik entscheiden, um Einfluss auf die Umsetzung von Maßnahmen der partizipativen Rationalisierung, d. h. der Rationalisierung unter Mitwirkung von Fertigungsteams und Problemlösungsgruppen, in die Praxis zu nehmen, z. B. indem sie sicherstellen, dass sicherheitstechnische und ergonomische Fragen ebenso häufig angesprochen werden wie qualitäts- und produktivitätsbezogene Themen und dass Arbeitnehmervorschläge angemessen beurteilt und zügig umgesetzt werden. In beiden Fällen wird die Reaktion der Beschäftigten auf schlanke Arbeitsverfahren meiner Ansicht nach so positiv ausfallen (vorausgesetzt, sie werden mit dem angemessenen Respekt für die

Rolle des Arbeiters im Produktionsprozess eingeführt), dass die Gewerkschaften eher geneigt sein werden, diese Verfahren kritisch zu begleiten, statt sich ihnen zu widersetzen.

Ich habe mich in diesem Beitrag auf die zwischen den USA und Europa bestehenden Unterschiede in der Arbeitsorganisation konzentriert und vorausgesagt, dass sich die Unterschiede der Vergangenheit in den kommenden zehn Jahren erheblich verringern werden. Wenn wir in der Weltautomobilindustrie jedoch weiterhin Konsolidierungen durch Fusionen oder Übernahmen unter den größten Automobilherstellern (wie DaimlerChrysler, Ford-Volvo und Renault-Nissan) erleben, könnte die Frage nach den regionalen Unterschieden allerdings an Bedeutung verlieren. Weltweite, multinationale Konzerne werden andere, ihrer Produktionsstrategie, ihrer Unternehmenskultur, ihren bisherigen Arbeitsbeziehungen und ihren technologischen Möglichkeiten entsprechende Arbeitsverfahren anstreben. Ich glaube, es wird in Zukunft zunehmend von Nutzen sein, arbeitsorganisatorische Beurteilungen zunächst aus der Sicht der *Unternehmen* anzugehen und erst dann aus *nationaler/regionaler* Sicht. Unterschiedliche nationale oder regionale Muster werden auch bei einer Untersuchung der arbeitsorganisatorischen Änderungen auf Werksebene stets zu erkennen sein, während die Muster auf Unternehmensebene in Zukunft voraussichtlich an Bedeutung gewinnen werden.

7.7 Anhang

Index der Arbeitssysteme

Dieser Index zeigt, wie Arbeit sowohl im Sinne formeller Arbeitsstrukturen und der Verteilung von Arbeitsaufgaben als auch im Sinne der Partizipation der Mitarbeiter an produktionsbezogenen Problemlösungen organisiert ist. Eine geringe Punktzahl bei diesem Index steht für ein auf „Spezialisierung" ausgerichtetes Arbeitssystem mit starker Arbeitsteilung, eine hohe Punktzahl für eine Ausrichtung auf „breites Fachwissen". Der Index berücksichtigt sechs verschiedene Kriterien:

- Prozentsatz der Belegschaft in Gruppenarbeit/Teamarbeit
- Prozentsatz der Belegschaft in Gruppen zur Förderung der Mitarbeiterbeteiligung
- Anzahl der Verbesserungsvorschläge je Beschäftigten
- Prozentsatz der umgesetzten Verbesserungsvorschläge

- Job Rotation innerhalb und zwischen Teams:
  - 0 = keine Job Rotation
  - 1 = unregelmäßige Rotation innerhalb von Teams/Gruppen
  - 2 = regelmäßige Rotation innerhalb von Teams/Gruppen
  - 3 = regelmäßige Rotation innerhalb und zwischen den Teams/ Gruppen einer Abteilung
  - 4 = regelmäßige Rotation innerhalb von Teams/Gruppen, zwischen Teams/Gruppen und zwischen Abteilungen
- Umfang der von Produktionsarbeitern durchgeführten Qualitätsaufgaben (0= für alle Qualitätsaufgaben sind Spezialisten verantwortlich; 1, 2, 3, 4 = Produktionsarbeiter sind für 1, 2, 3 oder 4 der folgenden Aufgaben verantwortlich:
  - Prüfung von ankommenden Teilen
  - Prüfung von in der Produktion befindlichen Teilen
  - Prüfung von Endprodukten
  - Zusammentragen von Daten für die Statistische Prozesssteuerung

7.8 Literatur

Adler, P.; Borys, B.: Two kinds of Bureaucracy: Enabling and Coercive. In: Administrative Sciences Quarterly, 41, 1996, S. 61–89

Jürgens, U.: Rolling back cycle times: The Renaissance of the classic Assembly Line in Final Assembly. In: Fujimoto, T.; Jürgens, U.; Shimokawa, K. (Hrsg.): Transforming Auto Assembly – International Experiences with Automation and Work Organization. Frankfurt: Springer, 1997

MacDuffie, J. P.: Human Resource Bundles and Manufacturing Performance: Organizational Logic and Flexible Production in the World Auto Industry. In: Industrial and Labor Relations Review, 48 (2), 1995, S. 92–221

MacDuffie, J. P.: International trends in Work Organization in the Auto Industry: National-Level vs. Company-Level Perspectives. In: Wever, K.; Turner, L. (Hrsg.): The comparative Political Economy of Industry Relations. Madison, WI: Industrial Relations Research Association, 1996, S. 71–113

MacDuffie, J. P.; Pil, F. K.: Flexible Technologies, flexible Workers. In: Fujimoto, T.; Jürgens, U.; Shimokawa, K. (Hrsg.): Transforming Auto Assembly – International Experiences with Automation and Work Organization. Frankfurt: Springer, 1997

MacDuffie, J. P., Sethuraman, K.; Fisher, M.: Product Variety and Manufacturing Performance: Evidence from the international Assembly Plant Study In: Management Science, 1996, S. 37

Pil, F. K.; MacDuffie, J. P.: The adoption of high-involvement work practices. In: Industrial Relations, 35(3), 1996, S. 423–455

Springer, R.: The End of new Production Concepts? Rationalization and Labour Policy in the German Auto Industry. In: Economic and Industrial Democracy, 20, 1999, S. 117–145

Womack, J., Jones, D.; Roos, D.: The Machine that changed the World. New York: Macmillan, 1990

8 Produktionssysteme und Arbeitspolitik – Herausforderungen und Perspektiven für den Standort Deutschland

8.1 Zur Situation der Produktionssysteme in der deutschen Automobilindustrie – Problemfelder und Lösungsansätze

von Hans-Jörg Bullinger, Axel Korge und Hans-Peter Lentes

8.1.1 Einleitung

Die vielfältigen Produktions*systeme* der Automobilindustrie lassen sich im Wesentlichen auf drei Produktions*modelle* zurückführen, die im Folgenden mit „Taylorismus", „teilautonome Gruppenarbeit" und „Toyota-Produktionssystem" bezeichnet werden.

Produktionssysteme strukturieren, organisieren und regeln die Produktentstehungsprozesse – von der Gestaltung der Produktionseinrichtungen, über Arbeitsvorbereitung, Zeitwirtschaft und Materialbereitstellung, bis hin zur Fertigung und Montage. Sie basieren auf *Produktionsmodellen*. Diese beschreiben grundlegende Prinzipien zur Gestaltung von Strategien, Aufbau-, Ablauf- und Arbeitsorganisation, Führung und Motivation sowie Hilfsmittel und Methoden.

Der *Taylorismus* verfolgt die grundlegende Strategie einer Maximierung der Produktivität durch standardisierte Massenprodukte und Verfahrensoptimierung. Dies wird angestrebt durch Arbeitsteilung, Spezialisierung und Einzelarbeit. Zentrale Spezialisten planen und dokumentieren weitgehend unter Ausschluss der Linie den „one best way". Aufgabe der Linienvorgesetzten ist es, die im Plan enthaltenen Handlungs- und Verhaltensvorgaben durchzusetzen. Motivierung ist Aufgabe des Vorgesetzten. Dazu steht ein fein abgestuftes Repertoire an Druckmitteln sowie ein mengenbezogenes Entgeltsystem (Stückzahlakkord) zur Verfügung.

Teilautonome Gruppenarbeit trachtet, neben Produktivitätssteigerung, zusätzlich nach Flexibilisierung und Innovation. Die Konzepte, wie sie sich inzwischen eingependelt haben, lassen sich wie folgt umschreiben (*Kuhlmann*, 1998):

- Gruppenarbeit
- Fließbänder mit kurzen Arbeitszyklen, oft mit Rotation

- Planung hauptsächlich durch Spezialisten des Industrial-Engineering (zentral in Stabsabteilungen oder dezentral in den Produktionsbereichen)
- Integration eingeschränkter Planungs-, Optimierungs-, und Dispositionsaufgaben in die Gruppen
- Führung durch Zielvereinbarung oder Zielanweisung
- Abkehr von der Akkordentlohnung

Es wird darauf hingewiesen, dass innerhalb dieser Konzepte Widersprüche bestehen, vor allem zwischen zentralen Vorgaben und Formalisierung gegenüber dezentraler Organisation und Optimierung.

Im *Toyota-Produktionssystem* ist die Beseitigung von Verschwendung (muda) gleichwertiges Ziel mit dem Gesamtausstoß der Produktion. Als Verschwendung gelten u. a. lange Transportwege, hohe Lagerbestände, Überschussproduktion, Stillstands- und Wartezeiten, unnötige Bewegungsabläufe und die Herstellung fehlerhafter Produkte. Diese Verschwendungen sollen beseitigt werden durch Just-In-Time-Fertigung und einen gezogenen Produktionsfluss, durch den Verzicht auf kostenintensive und störungsanfällige Hochtechnologielösungen, durch Fließbänder und Standardisierung der Arbeitsabläufe und durch den sofortigen Bandstop bei Qualitätsproblemen. Die kontinuierliche Verbesserung (KAIZEN) erfolgt durch den einzelnen Mitarbeiter in Gruppen, gemeinsam mit Meister und Gruppenleiter. Die Industrial-Engineering-Abteilungen stehen dem jeweiligen Vorgesetzten vor Ort lediglich unterstützend zur Seite (*Steinkühler*, 1995).

Ursprünglich waren die Produktionssysteme der deutschen Automobilindustrie konsequent nach den Prinzipien des Taylorismus gestaltet. Im Laufe der Zeit verursachten unterschiedliche Veränderungen im Umfeld der Unternehmen einen Anpassungsdruck. Als Folge des Wirtschaftswunders wurden Arbeitskräfte knapp. Die deutsche Automobilindustrie reagierte mit dem Konzept der flexiblen Automatisierung. Außerdem wurden – unter dem Schlagwort „Humanisierung der Arbeit" – die Anstrengungen, die Arbeitsplätze attraktiver zu gestalten, verstärkt. Spätestens ab den 80er Jahren sah sich die deutsche Automobilindustrie mit Veränderungen in den Absatzmärkten konfrontiert. Der produzentenbestimmte Massenmarkt wandelte sich zu einem kundenorientierten Wettbewerbsmarkt. Dies führte insbesondere zu einer Ausweitung des Produktspektrums mit erhöhter Varianten- und Typenvielfalt, sowie zu einer Verkürzung der Innovationszyklen. Die deutsche Automobilindustrie reagierte darauf zunächst mit Lösungen im Rahmen des tayloristischen Modells. Planungsfunktionen wurden gestärkt, indem umfangreiche, spezialisierte Expertenstäbe eingerichtet wurden. Der Methoden- sowie der DV-Einsatz wurde ausgeweitet. 1990 deckte die MIT-Studie dramatische Produktivitäts- und Qualitätsvorteile der japanischen Automobilindustrie auf. Daraus und aus der Krise auf den Absatzmärkten in 1992/93 entstand ein Veränderungsdruck, der dazu führte, dass sich die Prinzipien der „teilautonomen Gruppenarbeit“ auf breiter Front durchsetzten.

Das Toyota-Produktionssystem wurde in Japan entwickelt, ohne dass dies zunächst durch die deutsche Automobilindustrie große Beachtung gefunden hat. Aktuelle Untersuchungen zeigen die produktive Überlegenheit des Toyota-Produktionssystem auf. Die Situation der deutschen Automobilindustrie ist gekennzeichnet durch hohe Arbeitskosten und niedrige technische Produktivität; die Japaner erobern weltweit Marktanteile (*Springer*, 1999).

Wieder stellt sich heute die Frage, wie die Produktionssysteme der deutschen Automobilindustrie weiterentwickelt werden können.

8.1.2 Ausgangssituation

Die aktuelle Situation, in der sich die deutsche Automobilindustrie heute behaupten muss, stellt sich wie folgt dar:

- Die Situation ist gekennzeichnet durch einen hohen Grad an Unsicherheit, durch Dynamik (das sind sowohl kurzzeitige als auch bleibende Veränderungen) und durch eine hohe Komplexität. Vor allem die indirekten Aufgaben haben eine Komplexität erreicht, die nur teilweise durch den Einsatz von Informations- und Kommunikationstechnologie beherrscht werden kann.
- Sowohl in den direkten als auch in den indirekten Produktionsbereichen wurden beträchtliche Produktivitätssteigerungen erreicht. Grund dafür scheint der Druck des Managements auf anspruchsvolle Leistungsziele, sowie ein verstärkter Methoden- und DV-Einsatz zu sein. Klare Produktivitätsvorteile der partizipativen Teamarbeit gegenüber tayloristischen Lösungen lassen sich, zumindest in manuellen Montagebereichen, bisher nicht nachweisen.
- Trotz der erzielten Verbesserungen lässt die wettbewerbsbedingte Notwendigkeit weiterer beträchtlicher Produktivitätssteigerungen nicht nach.
- Auf absehbare Zeit wird in den Fahrzeugmontagen weiterhin manuelle Arbeit vorherrschen.

Als Konsequenz ergibt sich, dass mit den derzeitigen Produktionssystemen der deutschen Automobilindustrie eine nachhaltige Wettbewerbsfähigkeit nicht gewährleistet ist. Die Produktionssysteme müssen weiterentwickelt werden.

Die Situation auf dem *Arbeitsmarkt* hat sich verändert, heute übersteigt das Arbeitskräfteangebot die Nachfrage. Allein (!) unter dem Gesichtspunkt der Deckung des Arbeitskräftebedarfs, sind außergewöhnlich attraktive Arbeitsplätze nicht mehr notwendig.

Auf den *Absatzmärkten* hat sich die Situation weiter verschärft. Die Kunden verlangen individuelle Produkte mit kürzester Lieferzeit. Die Fahrzeugmontage wird heute – fast ohne zeitlichen Vorlauf – von konkreten Kundenaufträgen gesteuert. Die traditionellen Absatzmärkte sind gesättigt, und weltweite Überkapazitäten haben einen Verdrängungswettbewerb in Gang gesetzt. Die deutsche Automobilindustrie reagierte mit einer nochmaligen, drastischen Ausweitung des Produktspektrums, was zu einer weiteren Erhöhung der Varianten- und Typenzahl führte. Der Preisdruck in den Märkten bewirkt einen enormen Kostendruck auf die Werke. Die Kosten der Produktion werden maßgeblich durch die Produktivität der Herstellungsprozesse bestimmt, wodurch ein enormer Druck auf die Produktivität entstand. Verlagerungen ins Ausland führten dazu, dass der Wettbewerb zwischen den Werken heute international ist. Produktionssysteme mit unterschiedlichsten Kostenstrukturen und Standortbedingungen konkurrieren um Aufträge. Ein wichtiges Kriterium bei der Auftragsvergabe ist die Produktivität.

Eine zunehmend gewichtige Rolle spielen inzwischen die *Finanzmärkte*. Ein Wettbewerb um die internationalen Investitionsmittel ist entstanden, die Unternehmen sehen sich gezwungen, kurzfristig ausgerichtete Erwartungen der Shareholder zu erfüllen. Dies verstärkt zusätzlich den Druck, die Produktivität zu erhöhen.

Technologische und wirtschaftliche Restriktionen *verhindern eine umfassende Automatisierung* als Mittel der Produktivitätssteigerung. Auch lassen die weltweiten Überkapazitäten Investitionen in eine weitere Automatisierung derzeit nicht sinnvoll erscheinen. Eine wirkungsvolle Ausweitung der Mechanisierung ist somit zunächst nicht zu erwarten – die *manuelle Montagearbeit* wird die Wettbewerbsfähigkeit weiterhin entscheidend mit beeinflussen.

Informations- und Kommunikationstechnologien dagegen stellen neue Möglichkeiten zur Verfügung, die auch in den Produktionssystemen genutzt werden. Die Kommunikationstechnologie ermöglicht es heute verstärkt, Informationen an beliebigen Orten bereitzustellen. Dies schafft neue Möglichkeiten zur Dezentralisierung. Die Informationstechnologien erschließen ein beträchtliches Potential zur Senkung indirekter Aufwände.

Auf der anderen Seite ist die *Komplexität der indirekten Aktivitäten* aus zahlreichen unterschiedlichen Ursachen stark angewachsen. Rechtlich-politische Entwicklungen, die auf Sicherheits-, Umwelt und verschiedene weitere Aspekte abzielen, haben den Umfang der erforderlichen Planungs- und Dokumentationsaktivitäten beträchtlich erhöht. Aber auch neue Produktionstechnologien und Qualitätssicherungssysteme verursachen zusätzliche indirekte Aufwände. Dazu kommt die Datenpflege, die für den Einsatz der Informations- und Kommunikationssysteme erforderlich ist. Des Weiteren entsteht aus der Ausweitung des Produktspektrums und den verkürzten Innovationszyklen eine zusätzliche Komplexität bei indirekten Aufgaben.

Der zunehmenden DV-Unterstützung stehen somit beträchtliche, neu hinzugekommene indirekte Aufwände entgegen. Dabei ist zu beachten, dass nicht einfach eine Aufrechnung erfolgen kann. Die Stärke der EDV liegt bei der Abarbeitung von gleichartigen, sich wiederholenden Massendaten. Die Möglichkeiten zur Unterstützung von kreativen, veränderlichen oder unklaren Aktivitäten sind dagegen sehr beschränkt. Die schnell wachsende Mächtigkeit der Informations- und Kommunikationssysteme wirkt somit immer nur auf einen Teil der neu entstehenden indirekten Aufgaben. Den verbleibenden Rest müssen Menschen bewältigen.

Am Zusammenwirken von zentraler Planung und teilautonomen Teams wurde nichts Grundlegendes geändert, sodass die *konfliktbeladene Koexistenz* widersprüchlicher Konzepte weiterhin besteht.

Mit der Zielsetzung, eine arbeitswissenschaftlich fundierte Diskussionsgrundlage bereit zu stellen, werden Probleme aufgezeigt, welche die aktuelle Situation der Produktionssysteme der deutschen Automobilindustrie kennzeichnen. Mögliche Lösungsansätze werden diskutiert.

8.1.3 Problemfelder und Lösungsansätze

8.1.3.1 Eine ausreichende zentrale Planbarkeit ist nicht mehr gegeben

Ein häufig angesprochenes Problem liegt in der begrenzten Planbarkeit begründet, die sich als Folge von Komplexität, Dynamik und Unsicherheit ergibt. In den Produktionssystemen, die nach den Prinzipien der teilautonomen Gruppenarbeit gestaltet sind, hat Planung die Aufgabe zu optimieren, zu standardisieren, Kontrolle sicher zu stellen und Transparenz zu schaffen, um Produktivität zu gewährleisten. Planung ist eine überwiegend zentral durchzuführende Aufgabe, deren Ziel es ist, einen Handlungsrahmen zu gestalten, innerhalb dessen sich die Gruppen in der Produktion selbstständig und eigenverantwortlich bewegen können. So sollen beherrschte Freiräume entstehen, die es der Produktion erlauben, schnell und flexibel auf die Marktanforderungen zu reagieren.

Im Kern hat Planung somit die Funktion, die Produktion beherrschbar zu machen und zu optimieren. Diese Funktion kann sie aber unter Bedingungen des Kundenmarktes nicht mehr erfüllen, da keine geeigneten Methoden zur Verfügung stehen. Dies liegt teilweise in der Komplexität begründet. Der Entwicklungsaufwand für entsprechende Methoden wäre enorm. Auch kann die Aktualität der Daten nicht mehr gewährleistet werden. So wird es beispielsweise immer schwieriger, bei Produktanläufen Veränderungen durchgängig zu dokumentieren oder Optimierungen, die vor Ort stattfinden, in die jeweiligen Pläne zu übernehmen. Trotz anhaltend intensiver Entwicklungen ist es in den letzten Jahrzehnten nie gelungen, Methoden für eine vollständige und fehlerfreie Produktionsplanung bereitzustellen. Zu erwarten, dass dies nun auf einmal gelingen könnte, hieße, auf das Prinzip Hoffnung zu setzen.

Wesentlich ist, dass Methoden, die mit zeitlichem Vorlauf in einem dynamischen und unsicheren Umfeld „richtig" planen, grundsätzlich nicht realisierbar sind. Diese Feststellung basiert auf folgenden Überlegungen: Planen bedeutet, Entscheidungen und Festlegungen zu treffen, die erst zu einem späteren Zeitpunkt zur Anwendung kommen. Planung erfolgt immer mit zeitlichem Vorlauf, somit wird jede Planung auf Grundlage von Prognosen durchgeführt (und sei es nur die implizite Annahme, dass die Situation unverändert ist, wenn die Planung ausgeführt wird). Wenn die Situation sich anders einstellt, als bei der Planung unterstellt wurde, stimmen die Planungsergebnisse nicht. Aufgrund von Dynamik und Unsicherheit im globalen Kundenmarkt ist eine ausreichend genaue Prognostizierbarkeit nicht mehr gegeben.

Es wird deutlich, dass Lösungen für das Problem nicht in besseren Informations- und Kommunikationssystemen oder in einer Stärkung des Industrial-Engineering zu finden sind. Auch eine Verfeinerung der heute üblichen rollierenden Planung kann nicht gelingen, denn sie müsste immer genauer werden, bis sie letztendlich die Realität vollständig und aktuell abbildet. Am Beispiel der Leistungsabstimmung kann verdeutlicht werden, dass Methoden, die mit zeitlichem Vorlauf für ein veränderliches, dynamisches Umfeld „richtig" planen, prinzipiell *nicht möglich* sind. Bei der Leistungsabstimmung müssen Produktionsprogramm-Prognosen benutzt werden, da Kundenaufträge noch nicht vorliegen. Die Endmontage dagegen wird von konkreten Kundenaufträgen gesteuert. Zwangsläufig entstehen Abweichungen zwischen Prognose- und Ist-Programm. Wenn die Endmontage die Planungsergebnisse der Leistungsabstimmung konsequent befolgen würde, wären Qualität oder Termin oft nicht einzuhalten. Deshalb werden Vorgabezeiten zwischen Planung und Produktion verhandelt, um Puffer zu schaffen. Im Notfall befolgt die Produktion Planvorgaben nicht. Allgemein gilt, dass Planungsaktivitäten über Prognosen vom Markt entkoppelt sind, eine Koppelung ist aufgrund des notwendigen zeitlichen Vorlaufs *nicht möglich*. Dagegen sind die Aktivitäten der Produktion über Kundenaufträge direkt an den Markt gekoppelt, eine Entkoppelung ist unter Bedingungen des Kundenmarktes *nicht möglich* (dies hieße, individuelle Kundenwünsche nicht kurzfristig zu bedienen). Da zuverlässige Prognosen *nicht möglich* sind, kommt es permanent zu Abweichungen der Prognosen vom tatsächlichen Bedarf. Das Einhalten der auf Prognosen beruhenden Pläne und gleichzeitig die Erfüllung der tatsächlichen, aktuellen Marktanforderungen ist *nicht möglich*, es entsteht die Notwendigkeit, dass sich Planung und Produktion entkoppeln. Diese Entkoppelung findet dadurch statt, dass Pläne nicht befolgt werden.

Die begrenzte zentrale Planbarkeit macht somit eine Beherrschung und Optimierung der Produktion durch Planung *nicht möglich*. Aufgrund von Komplexität, Dynamik und Unsicherheit im globalen Kundenmarkt muss die Produktion permanent von den Planvorgaben abweichen, um eine kundenorientierte Auftragsabwicklung sicherzustellen (Abb. 8-1).

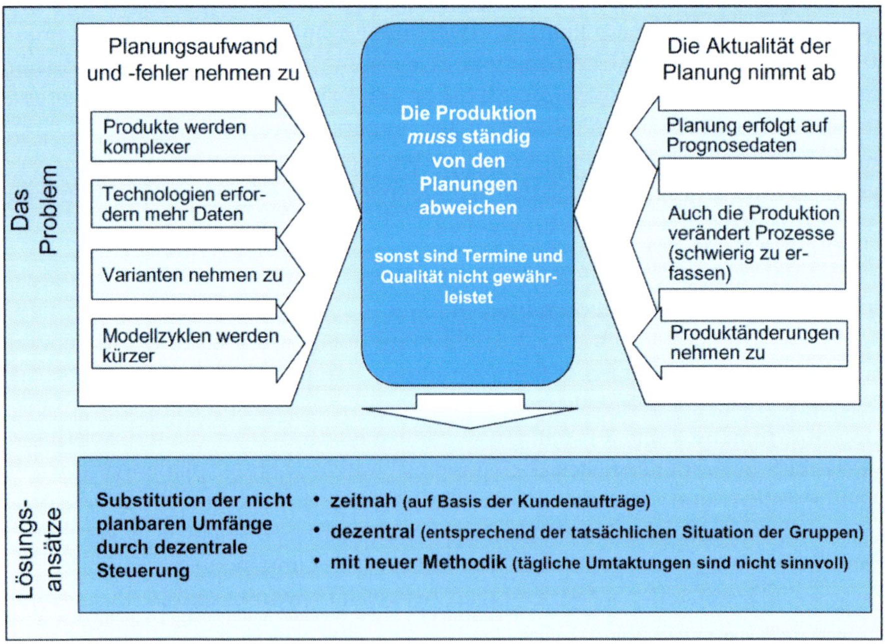

Abb. 8-1: Eine ausreichende zentrale Planbarkeit ist nicht mehr gegeben

Es ist notwendig, zentral zu lösende Planungsaufgaben auf das beherrschbare Maß zu reduzieren. Es stellt sich also weniger die Frage, was man planen will (oder glaubt planen zu müssen), als vielmehr die Frage, was man planen kann. Sind zuverlässige Planungen nicht möglich, werden grundlegend andere Lösungen erforderlich, z. B.:

- Weite Teile der Planung müssen ohne zeitlichen Vorlauf erfolgen, um auf Prognosen verzichten zu können. Auf den Prüfstand müssen vor allem Planungen mit kurzem Planungshorizont und solche, die Produktionsaufgaben und -prozesse sehr detailliert beschreiben und bewerten.
- Planung muss jeweils so nah wie möglich am Ort des Geschehens erfolgen, um die tatsächliche Situation in der Produktion zu berücksichtigen.
- Zentrales Planen muss durch dezentrales Steuern ersetzt werden. Selbstverständlich kann auf Planung nicht vollständig verzichtet werden. Allerdings bekommt jeder Anwender die Pflicht (nicht nur das Recht), vom Plan abzuweichen, wenn dies erforderlich ist. Dadurch verlagert sich die Verantwortung vom Planer zum jeweiligen Anwender. So werden Entscheidungskompetenz und Verantwortung wieder zusammengeführt.
- Dezentrales Steuern setzt völlig andere Methoden als die heute verwendeten voraus, denn es kann nicht funktionieren, lediglich die heute eingesetzten Planungsmethoden dezentral und kurzfristiger, und damit häufiger, anzuwenden.

Dies gilt nicht nur für die rollierende Planung. Um das Beispiel der Leistungsabstimmung wieder aufzunehmen: Es reicht nicht aus, die Methoden des Industrial-Engineering zukünftig dezentral in den Gruppen der Produktion anzuwenden. Das würde unter anderem dazu führen, dass ständig Umtaktungen vorgenommen werden müssten.

Aus diesen Anforderungen können erste Elemente eines Szenarios zur zukünftigen Gestaltung der Produktionssysteme in der deutschen Automobilindustrie abgeleitet werden.

Ein Szenario – Teil 1

Teilweise werden die Spezialisten des Industrial-Engineering nahe der Konstruktion eingesetzt. Sie beschreiben die Produkte unter Produktionsgesichtspunkten, übersetzen also sozusagen die Konstruktionsunterlagen in die Sprache von Fertigung und Montage. Aufgrund der unterschiedlichen Baugruppenstruktur von Konstruktion (Funktionsbaugruppen) und Produktion (Fertigungsablauf) muss dies zentral erfolgen. Aufgabenstellung ist es, richtige und aktuelle Produktbeschreibungen für die Produktionsbereiche zur Verfügung zu stellen. Auf Optimierungen wird verzichtet, da deren Ergebnis die tatsächliche Situation vor Ort nicht zuverlässig abbilden würde.

Weitere Spezialisten des Industrial-Engineering befinden sich in den Produktionsbereichen der Werke. Sie verfeinern die Planungen so weit, dass sie auf die Fertigungs- und Montagegruppen aufgeteilt werden können.

Die eigentliche Feinplanung der Tätigkeiten und die Kapazitätsbelegung (Verteilung auf Arbeitsstationen und Mitarbeiter) erfolgt in den Fertigungs- und Montagegruppen. Die Spezialisten des Industrial-Engineering der Produktion werden zu Beratern und Ausbildern der Gruppen. Intranet-gestützte Informations- und Kommunikationstechnologie stellt die erforderliche Infrastruktur zur Verfügung.

In Eigenverantwortung der Gruppen erfolgt eine Standardisierung in der Form, dass die Tätigkeiten und Abläufe optimiert und die jeweils bekannte beste Methode formal dokumentiert und anderen zur Verfügung gestellt wird. Der Standard ist ein Plan, aber keine Vorgabe. Abweichungen sind zulässig, denn im Vordergrund steht die kurzfristige Bedienung der individuellen Kundenwünsche.

Die Durchführung der Montagen wird selbst organisiert in den Montagegruppen durchgeführt. Die manuellen Montagearbeiten finden weiterhin an relativ kurzzyklisch getakteten Fließbändern statt. Allerdings bestehen für jedes Gruppenmitglied umfangreiche planende und dispositive Tätigkeiten, die außerhalb des Taktzwanges durchgeführt werden.

Eine detaillierte zeitliche Bewertung wird nur so weit durchgeführt, wie sie im Rahmen der Optimierung der Fertigungsmethode erforderlich ist.

8.1.3.2 Die Durchsetzung und Kontrolle detaillierter Vorgaben muss scheitern

Mit dieser These wird eine völlig anders gelagerte Problemstellung beleuchtet. Heute wird versucht, den Druck auf die Erfüllung von Leistungszielen massiv zu verstärken. Es zeigt sich aber, dass sich die resultierende Wirkung stark unterproportional zum Druck einstellt. Um eine nachhaltige Wettbewerbsfähigkeit sicherzustellen, müssen beträchtliche Produktivitätssteigerungen kontinuierlich erzielt werden. Es ist jedoch völlig unklar, wie die dazu notwendige überproportionale Anhebung des Druckes realisiert werden könnte.

Die aktuellen Produktionssysteme sehen – vereinfacht – folgenden, sich über mehrere Hierarchiestufen erstreckenden Regelkreis vor:

- *Vorgabe* von Leistungszielen durch das Management
- Herunterbrechen in Teilziele, Ableitung operativer Planvorgaben und deren *Durchsetzung* durch Expertenstäbe

- *Kontrolle* der Zielerreichung durch Abgleich der Planvorgaben mit den Ist-Zahlen durch das Controlling
- *Rückmeldung* an das Management

Um die Produktivität zu erhöhen, werden die vorgegebenen Leistungsziele immer *anspruchsvoller*. Gleichzeitig ist eine Tendenz festzustellen, die Leistungsziele immer *detaillierter* vorzugeben. Dies führt zu Konflikten.

Anspruchsvollere Leistungsziele erhöhen den Druck auf Planung und Produktion. Der Mensch ist aber bestrebt, Druck auszuweichen. Eine Durchsetzung anspruchsvoller Leistungsziele kann nur gelingen, wenn eine ausreichende Kontrolle gewährleistet ist. Nur so ist es möglich, Druck bzw. Anreize in Produktivität zu überführen.

Detaillierung erhöht die Komplexität und verringert so Plan- und Kontrollierbarkeit. Dadurch entstehen Nischen und Möglichkeiten, welche die Menschen nutzen, um Druck auszuweichen oder sich Vorteile zu verschaffen, ohne adäquate Leistungen zu erbringen.

Alles deutet darauf hin, dass sowohl in der Produktion als auch in den Planungsbereichen vielfältige Nischen existieren. Die Durchsetzung detaillierter Leistungsziele kann nicht optimal funktionieren. Zwar erkennen Management und Controlling auf Ebene einer Gesamtbetrachtung durchaus, wenn Zielvorgaben überschritten werden. Im Detail kann aber jeder Bereich nachweisen, dass er seine Vorgaben erfüllt hat – oder aber, dass er Abweichungen nicht zu verantworten hat.

Nischen für die Produktionsmitarbeiter entstehen durch Gruppenarbeit und Integration indirekter Umfänge. Dadurch fallen immer mehr Aufgaben in der Produktion an, die zeitlich nicht bewertbar sind. Als Folge wird ein nicht zu vernachlässigender Teil der Aufgaben, welche die Produktion heute tatsächlich durchführt, nicht detailliert geplant und bewertet. So entstehen nicht kontrollierbare Freiräume, in die die Produktion vor zu viel Druck ausweichen kann. Zusätzliche Nischen entstehen als Folge der begrenzten Planbarkeit. Denn immer dann, wenn die Produktion von den Planvorgaben abweichen muss, handelt sie nicht nur ungeplant, sondern letztlich auch unkontrolliert. Unter dem Hinweis auf eine Gefährdung von Qualität oder Termin bekommt der Meister jederzeit zusätzliche Arbeitskräfte.

Auch auf die Experten der Planung wird, um die Planungsergebnisse weiter zu verbessern, Druck in Form von detaillierten Zeit-, Auslastungs- und Investitionszielen aufgebaut. Es gibt aber keine Stelle, welche die Experten kontrollieren könnte. Im Detail sind die Planer die Spezialisten, für sie gibt es sicherlich

Nischen zuhauf. Es ist anzunehmen, dass sie, wenn sie es darauf anlegen, Wege finden, die Erfüllung der vorgegebenen Ziele nachzuweisen – und dies weitgehend unabhängig von der tatsächliche Güte der Planungen. Eine ausreichende Kontrolle, um den Druck auf die Experten zuverlässig in Produktivität zu überführen, ist nicht gewährleistet.

Weitere Nischen entstehen im Zusammenwirken von Planung und Produktion. Die tatsächlichen Machtverhältnisse haben sich verschoben. Die Produktion verhandelt heute Vorgabezeiten mit der Planung. Die Güte dieser Aushandlungen ist aber durch Management und Controlling nicht beeinflussbar. Im Gegenteil, das Aushandeln einer hohen Vorgabezeit spiegelt eine gute Auslastung vor. Je mehr „Luft" eingeplant, und je „schlechter" verhandelt wird, desto eher kann eine hohe Auslastung zurückgemeldet werden. Dazu kommt, dass die Planer des Industrial-Engineering und die Führungskräfte der Produktion (Meister, Vorarbeiter, Teamleiter usw.), welche die Planungen bei den Produktionsmitarbeitern durchsetzen sollen, in schwache Verhandlungspositionen gekommen sind. Die Planer müssen „Luft" zulassen, weil sie wissen, dass ihre Pläne nicht immer richtig sind. Sie können oder wollen sich aber nicht auf einen Streit einlassen, der dies hierarchisch nach oben transparent machen würde. Die Führungskräfte müssen Wünsche der Produktionsmitarbeiter erfüllen, weil sie auf deren Kooperation angewiesen sind, beispielsweise bei Sonderschichten.

Ein zusätzlicher Gesichtspunkt ist zu berücksichtigen. Die derzeitigen Produktionssysteme setzen hauptsächlich auf eine Motivierung von außen in Form von Druck und Anreizen. Der Versuch, eine Motivation von innen heraus durch Anreize zu erzeugen, ist aber als nicht unkritisch zu betrachten. Die Motivationspsychologie geht davon aus, dass eine Motivierung von außen die Motivation von innen heraus beeinträchtigt (korrumpiert) (*Heckhausen*, 1989). Zwar können die tatsächlichen Auswirkungen auf die praktische Arbeit nicht bewertet werden, aber alleine darauf zu hoffen, dass Druck und Anreize eine ausreichende Produktivität, Rationalisierung und Innovation erzeugen, scheint unzutreffend.

Zusammenfassend ist festzuhalten, dass die Durchsetzung und Kontrolle von detaillierten Vorgaben wohl nicht mehr funktionieren kann. Die Annahme, dass immer mehr Druck und immer detailliertere Vorgaben zu einer besseren Beherrschung der Produktionsprozesse und so zu einer höheren Produktivität führen, ist nicht haltbar. Ein Produktionssystem, das anspruchsvolle und detaillierte Zielvorgaben durch einen lückenlosen Regelkreis von Vorgabe, Durchsetzung und Kontrolle in Produktivität umsetzen will, muss an der Komplexität, der Dynamik und der Unsicherheit im globalen Kundenmarkt scheitern (Abb. 8-2).

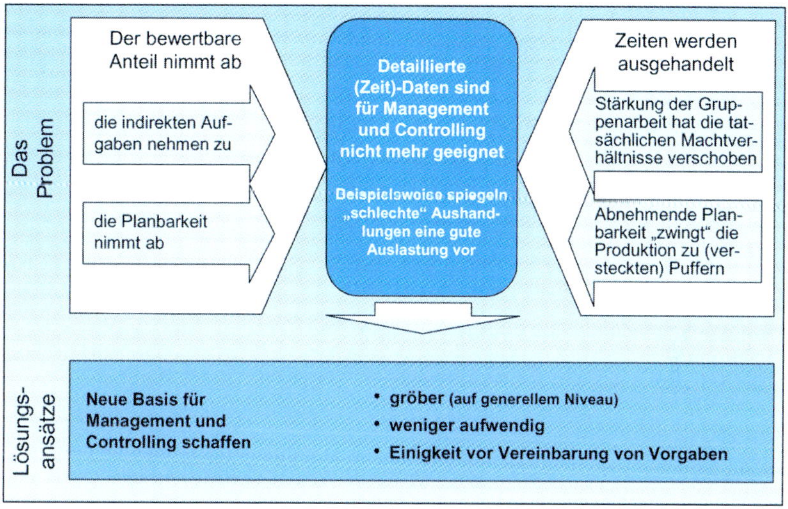

Abb. 8-2: Die Durchsetzung und Kontrolle detaillierter Vorgaben muss scheitern

Wenn die Durchsetzung und Kontrolle detaillierter Vorgaben scheitert, muss das Unternehmen lernen, darauf zu verzichten. Für nachhaltige Verbesserungen ist es notwendig, eine grundlegend neue Basis für Management und Controlling zu schaffen. Dabei sollte nicht primär versucht werden, Vorgaben durchzusetzen. Wo Vorgaben nicht durchsetzbar und Vereinbarungen nicht kontrollierbar sind, bleibt nur die Lösung, Einigkeit herzustellen.

Die Aufgaben der Planungsexperten des Industrial-Engineering werden sich tief greifend ändern. Diese werden zu Beratern von sich selber organisierenden Gruppen. Ihr Schwerpunkt liegt auf der längerfristigen strategischen Innovation, dazu ist Abstand vom Tagesgeschäft der Produktion erforderlich. Unverändert bleibt die Aufgabe, Produkte unter Fertigungs- und Montagegesichtspunkten zu beschreiben. Damit dies aktuell und fehlerarm gelingen kann, muss die Detaillierung drastisch reduziert werden.

Ein Szenario – Teil 2

Es wird nicht versucht, Standards oder Zeiten von außen vorzugeben, durchzusetzen oder zu kontrollieren.

Stattdessen wird mit jeder Gruppe Einigkeit darüber hergestellt, welche Umfänge sie übernimmt. Die Gruppen verpflichten sich, die Kundenaufträge nach Qualität und Zeit zu realisieren – und dazu in eigener Zuständigkeit und

Verantwortung Schwankungen im Kapazitätsbedarf, Planungsfehler und sonstige Widrigkeiten zu bewältigen. Auch bezüglich der notwendigen Produktivitätssteigerungen wird Einigkeit hergestellt. In Abhängigkeit vom ungefilterten Markt- und Wettbewerbsdruck verpflichten sich die Gruppen, zukünftig zusätzliche Umfänge zu übernehmen. Im Gegenzug verpflichten sich die Werke, die Arbeitsplätze auf Grundlage der gemeinsam erarbeiteten Wettbewerbsfähigkeit zu sichern.

Formal werden in diesem Szenario Leistungsvereinbarungen getroffen; wichtig ist aber zusätzlich der Geist von Einigkeit auf Basis von gegenseitigem Vertrauen. Die Vereinbarungen haben somit weniger den Charakter von kontrollierbaren Zahlen, sondern eher von Werten, die anzustreben sich jeder verpflichtet sieht.

8.1.3.3 Systeme zur Produktion komplexer Produkte sind zentral nicht beherrschbar

Die tatsächliche Funktionsweise der Produktionssysteme weicht von derjenigen, die ihnen unterstellt wird, grundlegend ab. Unterstellt wird eine beherrschte, nach oben transparente und damit überschaubare Produktion mit optimalen Verfahren und Abläufen. In Wirklichkeit funktionieren die Systeme „irgendwie", die tatsächlichen Funktionsweisen sind nicht genau bekannt.

Entsprechende Erklärungsmodelle fehlen. Nicht nur in der Praxis sondern auch im Erkenntnisstand der Arbeitswissenschaft bestehen Defizite. Allerdings deuten die bekannten Erklärungsansätze eindeutig darauf hin, dass die teilautonome Gruppenarbeit keinesfalls ein Optimum darstellt. Es muss davon ausgegangen werden, dass die Kombination aus tayloristischer Vorgabe, Durchsetzung und Kontrolle einerseits und Gruppenarbeit mit Partizipation andererseits keineswegs eine ideale Lösung darstellt. Deshalb ist die Leistungsfähigkeit der Produktionssysteme beeinträchtigt. Zwar können weder die Auswirkungen des Konfliktes zwischen zentraler Planung und selbst organisierter Ausführung, noch die der ungeplanten Zustände konkret bewertet werden. Auf Grundlage theoretischer Überlegungen ist jedoch davon auszugehen, dass die Folgen negativ sind und dass damit die Gesamtleistung auf Dauer nicht wettbewerbsfähig ist.

Anpassungen der Produktionssysteme sind dringend erforderlich, um wettbewerbsfähig zu bleiben. Viele der Ansätze zur Weiterentwicklung der derzeitigen Produktionssysteme aber stoßen ins Leere, weil sie auf Funktionsweisen abzielen, die so nicht gegeben sind. Letztendlich ist nicht einmal die Wirksamkeit steuernder und kontrollierender Eingriffe gewährleistet, solange die tatsächliche

Funktionsweise nicht bekannt ist. Wenn dies zutrifft, entgleitet dem Management mehr und mehr die Fähigkeit, wirkungsvoll zu gestalten und zu führen (Abb. 8-3).

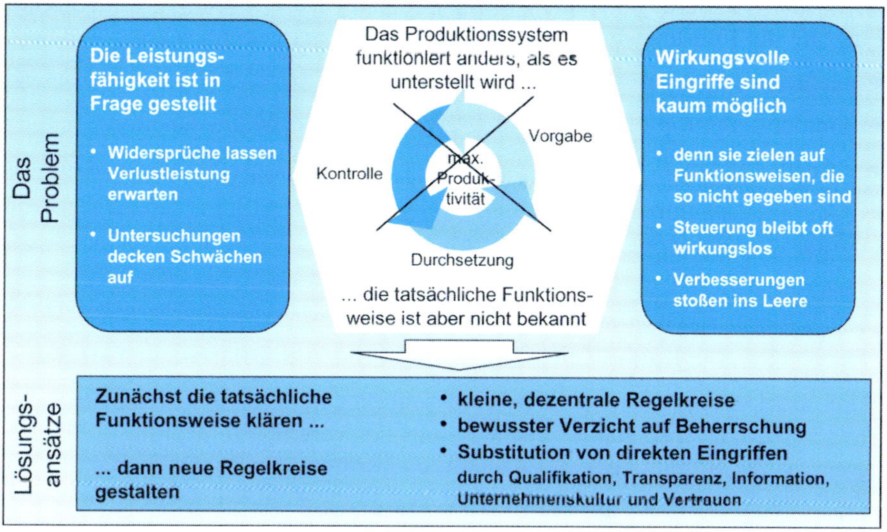

Abb. 8-3: Systeme zur Produktion komplexer Produkte sind zentral nicht beherrschbar

In den Regelkreis „Vorgabe – Durchsetzung – Kontrolle“ sind Planungs- und Produktionsfunktionen ebenso wie grundlegende Funktionen des Controllings – ja sogar des Managements – eingebunden. Eine Einschränkung von Gestaltungsansätzen auf die Produktionsbereiche und das Industrial-Engineering greift zu kurz. Bei der Diskussion um Lösungsansätze gilt es, verschiedene Punkte zu beachten.

Es sollte zunächst (!) darauf verzichtet werden, das Unternehmen grundlegend anders zu gestalten und zu betreiben. Die Produktionssysteme funktionieren zwar anders als es unterstellt wird, wobei keineswegs optimale Ergebnisse entstehen, aber sie funktionieren trotz Unplanbarkeit und bestehender Nischen. Im Großen und Ganzen gehen die Menschen offensichtlich sehr verantwortungsvoll mit ihren Freiräumen um. Ein wirtschaftliches Überleben ist kurzfristig zunächst sicher gestellt. Hektische Eingriffe könnten dies, solange die tatsächlichen Wirkmechanismen nicht bekannt sind, gefährden. Es sollte allerdings umgehend damit begonnen werden, die tatsächliche Funktionsweise zu klären.

Längerfristig schlagen wir vor, auf den Versuch einer zentralen Beherrschung der Produktionsprozesse und einer von oben verordneten Optimierung von Details bewusst zu verzichten. Es ist allerdings nicht sinnvoll, die entsprechenden Aktivitäten von Management und Controlling einfach einzustellen, denn es würde ein „Vakuum" entstehen. Geeignet, um formale Regelungen und direkte Eingriffe der Führung zu ersetzen, sind stimmige Ausprägungen von

- einfachen, transparenten Strukturen,
- kunden-, mitarbeiter- und leistungsgerechter Unternehmenskultur,
- offener Informationspolitik,
- Qualifikation und
- Gerechtigkeit und gegenseitigem Vertrauen.

Ein Szenario – Teil 3

Es entsteht eine Kette von einfachen, dezentralen Regelkreisen (Abb. 8-4).

Die Gruppen organisieren sich in tatsächlicher Selbständigkeit und Eigenverantwortung. Eckpunkte setzen erstens der vereinbarte Montageumfang, zweitens die Bestellungen der Kunden und drittens die Kapazität, die durch die Anzahl der Gruppenmitglieder zur Verfügung steht. Die Gruppe braucht nicht eng kontrolliert zu werden, da Abweichungen von den vereinbarten Eckpunkten sofort deutlich werden. Eine zentrale Beherrschung ist nicht notwendig, weil Qualifizierung, Wissen um die grundlegenden betriebswirtschaftlichen Zusammenhänge und eine umfassende, aktuelle Information bezüglich der Situation im Werk gewährleistet sind. Eine zusätzliche Orientierung gibt die Unternehmenskultur.

Ein zweiter Regelkreis entsteht auf Ebene des Werks. Aus Werksvorgaben (Zielkosten, Budgets und zu produzierende Umfänge) werden die Montageumfänge abgeleitet, und es wird die Personalstärke der einzelnen Teams verteilt.

Die Werksvorgaben werden in einem dritten Regelkreis, der die Zentrale einschließt, aus den Unternehmenszielen und den Markterfordernissen entwickelt und über die Werke hinweg koordiniert.

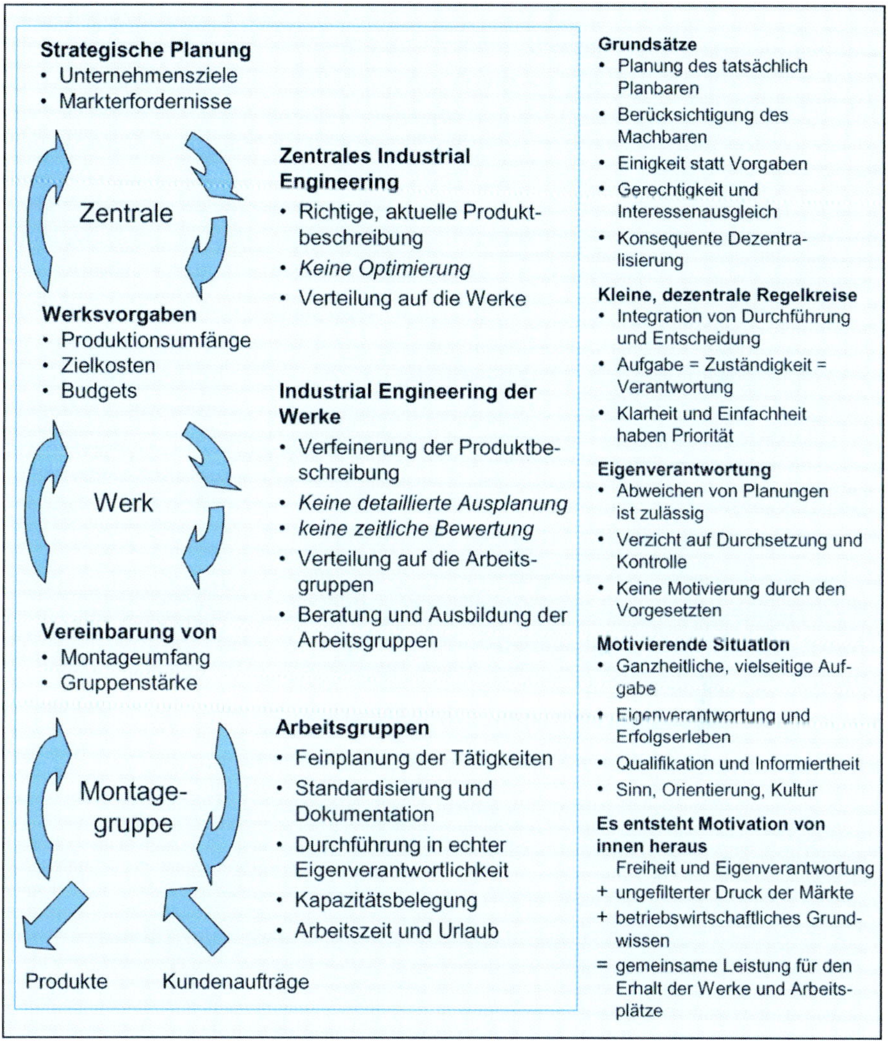

Abb. 8-4: Ein Szenario

8.1.3.4 Traditionelle Humanisierungsansätze stellen keine ausreichenden Leistungsanreize dar

Eine weit verbreitete Hoffnung ist es, dass die Menschen im Unternehmen – durch attraktive Arbeitsplätze motiviert – alles „zum Guten richten" werden. Es bleibt jedoch meist beim Wunsch, die erhofften Effekte bleiben häufig aus.

Dies liegt u. a. darin begründet, dass nicht aufgezeigt wird, was es eigentlich bedeuten soll, alles „zum Guten zu richten" und unter welchen Bedingungen die damit verbundenen Aktivitäten zulässig oder unerwünscht sind. Denn Selbstständigkeit und Eigeninitiative waren im Taylorismus nicht vorgesehen. Heute sind zwar Freiräume vorhanden, aber die derzeitigen Produktionssysteme geben den Menschen keine Orientierung, wie sie damit im Sinne des Unternehmens umgehen sollen. Nur vereinzelt gibt es klare Anforderungen. Diese stehen aber meist in direktem Widerspruch zu den individuellen Interessen des Einzelnen, erschöpfen sie sich doch in der Forderung schneller oder länger zu arbeiten.

Weitere Erklärungen, warum Produktivität, Rationalisierung und Innovation trotz Humanisierung begrenzt bleiben, gibt die Motivationstheorie. Demnach ist Kreativität, Eigeninitiative, Leistungsfreude und Ausdauer untrennbar verbunden mit einer Motivation von innen heraus (intrinsische Motivation, *Heckhausen*, 1989). Motivation von innen heraus setzt auf Spaß und Nutzen, die aus der Situation und der Aufgabe entstehen. Bedingungen dafür sind Ganzheitlichkeit, Anforderungsvielfalt, Autonomie, Freiheitsgrade, Verantwortung, Erfolgserleben und Sinnhaftigkeit (*Hacker*, 1998; *Ulich*, 1994).

Die motivationspsychologische Betrachtung macht deutlich, dass die traditionellen Humanisierungsansätze (Abb. 8-5) zwar in die richtige Richtung, aber schlichtweg nicht weit genug gehen, um Motivation von innen heraus zu ermöglichen.

- Ganzheitlichkeit erfordert mehr als Job Enlargement.
- Job Rotation erhöht die Anforderungsvielfalt nur geringfügig.
- Aus Job Enrichment entstehen kaum Freiheitsgrade.
- Partizipation bewirkt keine echte Verantwortung.
- Selbstkontrolle verursacht wenig Erfolgserleben.
- Keiner der Humanisierungsansätze gibt eine grundlegende Antwort auf die Frage der Sinnhaftigkeit.

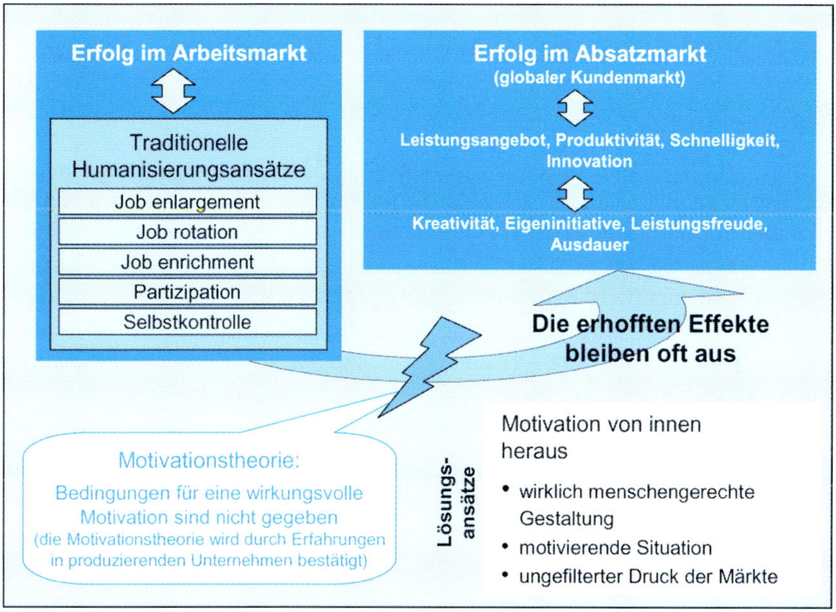

Abb. 8-5: Traditionelle Humanisierungsansätze stellen keine ausreichenden Leistungsanreize dar

Soll eine nachhaltige Wettbewerbsfähigkeit sichergestellt werden, bedarf es einer aktiven Unterstützung und Eigeninitiative durch alle Mitarbeiter. Dies erfordert Motivation von innen heraus. Aus betriebswirtschaftlichen Überlegungen ergibt sich, dass die Menschen noch mehr in den Mittelpunkt der Unternehmen gestellt werden müssen. Dazu sind Lösungen notwendig, die Orientierung ermöglichen und die motivierenden Bedingungen spürbar verstärken. In diesem Zusammenhang geht es darum

- weniger mit detaillierten Vorgaben, sondern verstärkt mit generellen, allgemein gültigen Werten auf Grundlage von Einigkeit zu führen,
- mehr echte Eigenverantwortung sowie Individualität zuzulassen und
- den Druck der Märkte direkt und ungefiltert – eben nicht transformiert durch Management und Experten – wirken zu lassen.

Es wird also keinesfalls eine Situation ohne Druck angestrebt. Ein beträchtlicher Druck auf die deutsche Automobilindustrie, auf die Werke und somit auf jeden einzelnen Arbeitsplatz ist gegeben. Es ist möglich, den Menschen diesen Druck direkt zu vermitteln. Ein Umweg über detaillierte Zeit- oder sonstige Leistungsziele birgt die Gefahr, einen Streit um die Messlatte zu erzeugen und den Blick auf die Notwendigkeiten zu verstellen.

Ein Szenario – Teil 4

Wichtige Bedingungen für eine wirkungsvolle Motivation von innen heraus sind bereits erfüllt. Die Aufgaben der Gruppen sind ganzheitlich und von hoher Anforderungsvielfalt, denn sie beinhalten auch die Planung, Disposition und Entscheidung. Es existieren Freiheitsgrade und die Möglichkeit zu individuellen Lösungen. Jedes Gruppenmitglied hat Entscheidungskompetenz und trägt Verantwortung, ein Gelingen führt zum Erfolgserleben. Misserfolge können nicht abgewälzt werden. Die ganzheitliche, eigenverantwortliche Arbeit ergibt Sinn für die Menschen, weitere Orientierung entsteht aus der Qualifikation und der Unternehmenskultur.

Die Dynamik und der Zeitdruck der Märkte wirkt direkt über die Kundenaufträge, die ohne Umwege in die Montage eingesteuert werden. Der Druck auf Produktivität und Wettbewerbsfähigkeit wird mittels einer ehrlichen und sehr offenen Informationspolitik ungefiltert übertragen, die Kenntnis grundlegender betriebswirtschaftlicher Zusammenhänge hilft den Menschen, dies richtig zu interpretieren.

Eine wichtige neue Führungsaufgabe ist es, für Gerechtigkeit und Interessensausgleich zu sorgen und die Menschen als Partner persönlich zu achten und nicht als Arbeitsfaktoren gering zu schätzen.

8.1.4 Zusammenfassung und Ausblick

Die aktuellen Produktionssysteme der deutschen Automobilindustrie sind nicht in der Lage, eine nachhaltige Wettbewerbsfähigkeit im globalen Kundenmarkt zu gewährleisten. Es existieren Wirkungslücken – Produktivität, Rationalisierung und Innovation reichen nicht aus. Etwas vereinfacht geht es um folgende Problematik: Mit teilautonomer Gruppenarbeit wird versucht, einen Handlungsrahmen zu gestalten, innerhalb dessen sich die Gruppen der Produktion selbstständig und eigenverantwortlich bewegen können. Der Handlungsrahmen soll Transparenz und Kontrolle für das Management gewährleisten und so Produktivität sicherstellen. Die Freiräume sollen es der Produktion ermöglichen, schnell und flexibel auf die Marktanforderungen zu reagieren. Offen bleibt aber die Frage, warum die Mitarbeiter diese unkontrollierbaren Freiräume im Sinne der Kunden und des Unternehmens nutzen sollten.

Dies gilt analog auch für die Produktionssysteme, die nach dem tayloristischen Modell gestaltet sind. Hier wird versucht, alle Freiräume durch detaillierte Planung und Durchsetzung zu beseitigen. Das gelingt jedoch nicht. Es entstehen Lücken, die von den Menschen nicht ausgefüllt werden (Abb. 8-6).

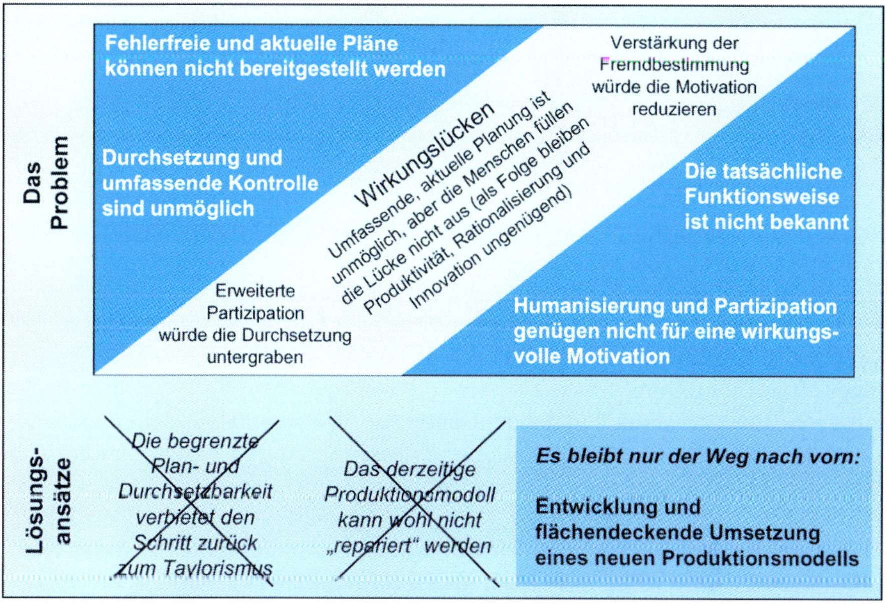

Abb. 8-6: Zusammenfassung und Ausblick

Um die Wirkungslücken in den derzeitigen Produktionssystemen zu schließen, wäre es erforderlich,

- entweder die Planbarkeit, die Durchsetzbarkeit und die Kontrolle sicherzustellen oder aber
- die Motivation erheblich zu erhöhen und die motivierten Menschen tatsächlich selbständig und eigenverantwortlich wirken zu lassen und
- dies nicht nur in Bezug auf die ausführenden Tätigkeiten in der Produktion, sondern auch in Bezug auf die Planungs-, Controlling- und Managementaufgaben.

Wenn die obigen Ausführungen zutreffen, ist es allerdings nicht möglich, Planbarkeit, Durchsetzbarkeit und Kontrolle sicherzustellen. Dann muss sowohl eine Rückkehr zum Taylorismus als auch eine Optimierung der teilautonomen Gruppenarbeit fehlschlagen.

Aktuell wird in der deutschen Automobilindustrie eine Vielzahl unterschiedlichster Ansätze zur Weiterentwicklung der Produktionssysteme diskutiert. Einige dieser Ansätze zielen auf eine zaghafte Stärkung der Gruppenarbeit, beispielsweise durch erweiterte Partizipation oder weitere Dezentralisierung von Planungsspezialisten. Andere Ansätze schlagen Schritte hin zum Toyota-Produktionssystem vor, beispielsweise in Form einer Standardisierung, die zwar aus den Teams heraus festgelegt und optimiert, aber von außen kontrolliert wird.

Wir meinen, dass einige dieser Ansätze sicherlich gewisse Verbesserungen bewirken können. Ein durchschlagender Erfolg dürfte aber ausbleiben. Es ist zu erwarten, dass die aktuell diskutierten Ansätze nicht in der Lage sind, die Wirkungslücken zu schließen. Erforderlich sind ganzheitliche, sorgfältig aufeinander abgestimmte Lösungen. Wir gehen davon aus, dass diese – entsprechend den extremen Anforderungen, die sich an die deutsche Automobilindustrie stellen, weit gehend und tief greifend sein müssen. Bei den Ansätzen, die derzeit diskutiert werden, handelt es sich aber lediglich um zaghafte, isolierte und häufig widersprüchliche Einzelmaßnahmen, die sich auf die Produktion konzentrieren und dabei oft auf Funktionsweisen abzielen, die nicht gegeben sind. Um eine nachhaltige Wettbewerbsfähigkeit der deutschen Automobilindustrie sicherzustellen, reicht das nicht aus. Erforderlich ist ein umfassendes, durchgängiges und in sich stimmiges Gesamtkonzept – oder anders ausgedrückt, ein neues Produktionsmodell. Ein Erfolg versprechendes Produktionsmodell steht zur Verfügung. Kleine, innovative Unternehmen haben, weitgehend unbemerkt von der breiten Öffentlichkeit, eine völlig neue Art, ihr Unternehmen zu gestalten und zu betreiben, realisiert. Die Grundzüge wurden in Form des Szenarios skizziert. Es gilt nun, dieses Szenario für die spezifischen Belange von Großserienfertigern komplexer, variantenreicher Produkte für einen globalen Kundenmarkt anzupassen.

8.1.5 Literatur

Hacker, W: Allgemeine Arbeitspsychologie: Psychische Regulation von Arbeitstätigkeiten. Bern: Huber, 1998

Heckhausen, H.: Motivation und Handeln, Berlin: Springer, 1989

Kuhlmann, M.: Arbeitspolitische Alternativen in der Automobilindustrie. In: Fricke, W. (Hrsg.): Innovationen in Technik, Wissenschaft und Gesellschaft, Forum Humane Technikgestaltung, Band 19, Friedrich-Ebert-Stiftung, Abt. Technik und Gesellschaft, Bonn, 1998

Springer, R.: Rückkehr zum Taylorismus?: Arbeitspolitik in der Automobilindustrie am Scheideweg, Frankfurt/Main: Campus, 1999

Steinkühler, M.: Lean Production – Das Ende der Arbeitsteilung? München: Reiner Hampp, 1995

Ulich, E.: Arbeitspsychologie, 3. überarb. und erw. Aufl., Stuttgart: Schäffer-Pöschel, 1994

8.2 Konsequenzen der neuen Arbeitspolitik für Personalwesen, Humanressourcen und Interessenvertretung

von Hans-Joachim Braczyk

Vorbemerkung

Vor knapp zehn Jahren stand es um die europäischen Automobilhersteller nicht gut. Ihre japanischen und teilweise auch die amerikanischen Konkurrenten schnitten in Vergleichsuntersuchungen besser ab. Dies betraf Entwicklungs- und Produktionszeiten, Fehlerraten, Kundennähe, Arbeits- und Betriebszeiten, Arbeitskosten, sowie Effizienz und Effektivität des Humanressourceneinsatzes und nicht zuletzt das Preis-Leistungs-Verhältnis sowie Gewinnmargen. Die meisten Firmen richteten sich auf entscheidenden Dimensionen strategisch neu aus. Sie haben seither ihre Wettbewerbsfähigkeit gestärkt, Marktanteile zurückgewonnen oder ausgebaut, den Gewinn pro Einheit gesteigert, Entwicklungs- und Produktionszeiten verkürzt. Speziell die Automobilhersteller in Deutschland sind in Bezug auf Markt, Technik, Organisation und Personal neue Wege gegangen. Dazu gehören:

- Globalisierung durch vermehrte Standortbildung auf wichtigen Auslandsmärkten (z. B. produziert der Volkswagenkonzern bereits über 50 % der Fahrzeuge außerhalb Deutschlands)
- Produktdiversifizierung und Plattformstrategie, organisatorische Dezentralisierung
- Neugestaltung der Zulieferbeziehungen und Entwicklungsprozesse
- Prozessmanagement und Gruppenarbeit sowie
- Flexibilisierung des Personaleinsatzes, höhere Ausschöpfung des Leistungspotentials der Mitarbeiter und dadurch relative Senkung der Personalkosten

Die Automobilindustrie hat auf die Herausforderungen reagiert und Positionsverbesserungen erreicht. Dennoch bleiben Schwierigkeiten bestehen. Nach wie vor gibt es weltweit gewaltige Überkapazitäten. Neue Probleme sind entstanden.

Wir können einige Strategien und Maßnahmen identifizieren, mit denen die Probleme in den vergangenen Jahren angegangen und gelöst oder zumindest gemildert werden konnten. Parallel und in der Folge haben diese Strategien und Maßnahmen neue Probleme erzeugt, wofür sich noch kaum Lösungen abzeichnen. Dieser Artikel konzentriert sich auf die Arbeitspolitik und geht mit einigen Thesen auf exemplarische Themen ein.

8.2.1 Personalwesen

Die Automobilhersteller haben mehr oder minder selbstkritisch ihre tayloristischen Traditionen und Praktiken für die geringe Rate verantwortlich gemacht, mit der sie das Problemlösungs- und Leistungspotential ihrer Mitarbeiter ausgeschöpft hatten. Sie brachten dann Konzepte voran, die eine größere Ausschöpfung des Problemlösungs- und Leistungspotentials der Mitarbeiter vorsehen. Die Unternehmen sind hierin unterschiedlich weit gekommen. Es bestehen erhebliche Unterschiede zwischen einzelnen Werken und zwischen einzelnen Abteilungen und Funktionsbereichen. Man kann jedoch sagen: Nirgendwo ist eine vollständige Abkehr von tayloristischen Gestaltungsgrundsätzen, Organisationsstrukturen und Personaleinsatzformen erreicht worden. Vielmehr werden neue und alte Konzepte nebeneinander und teilweise auch gegeneinander praktiziert. Was auch immer die Gründe sein mögen, die weitreichenden Erwartungen an die neuen Organisationsstrukturen und Arbeitseinsatzformen sind nicht erfüllt worden. Und es scheint, als ob dies primär den Konzepten selbst angelastet wird (zu theoretisch, nicht durchdacht, nicht praktikabel, unwirtschaftlich) und weit weniger den konkreten Handlungsumständen und widersprüchlichen Interessenkonstellationen in den Firmen- und Werkleitungen, Zentren usw., die einen höheren Zielerreichungsgrad verhindert haben mögen.

■ *Produktionssysteme sind arbeitspolitische Aushandlungsobjekte*

Ein Umstand verdient, besonders herausgehoben zu werden, und es wird sich für alle Beteiligten lohnen, sich hiermit näher auseinander zu setzen. Die tayloristische Denktradition und Betriebspraxis können unter Bezug auf technische Funktionslogiken gerechtfertigt werden. Das entlastet von langatmigen Diskussionen und unliebsamen Auseinandersetzungen. Zudem werden Experten und Laien strikt voneinander getrennt. Der Sachzwang ist Trumpf. Als die Firmen aufgrund strategischer Umorientierungen verstärkt auf die Implementierung nicht-tayloristischer Produktionssysteme setzten, ging dieser Vorteil ein für alle Mal verloren. Produktionssysteme wurden selbst zu innerbetrieblichen Verhandlungsgegenständen und zu unternehmensinternen politischen Tauschobjekten. Fortan stehen die Beteiligten unter der Anforderung, die Wahl jedes Produktionssystems, ob tayloristisch oder nicht-tayloristisch, werks- und unternehmensintern zu rechtfertigen, und zwar in erster Linie im Hinblick auf die Wirtschaftlichkeit. Zudem: auf politischer Ebene ist jeder Experte. Faktisch sind die Produktionssysteme in den Gegenstandsbereich der Arbeitspolitik eingerückt. Daraus resultieren neue Anforderungen an die Personalressorts.

■ *Die Personalressorts brauchen erweiterte Sachkompetenzen*

Die Personalressorts müssen fundierte Kenntnisse über die Funktionsweise, Voraussetzungen, Anforderungen und Auswirkungen von alternativen Produktionssystemen aufbauen, diese ihren eigenen Operationen zugrunde legen und zur Basis für eine kompetente Zusammenarbeit mit anderen Ressorts (Produktion, technische Planung usw.) machen. Gerade weil zunehmend im arbeitspolitischen Raum über die Auslegung, Wahl und Modifikation von Produktionssystemen entschieden wird, kommt es darauf an, konkretes und überprüfbares Wissen in die Aus- und Verhandlungen einzubringen, die in hohem Maße interessendurchsetzt sind. Um es zuzuspitzen: Personalfachleute müssen auch Experten in Fragen von Produktionssystemen werden. Andernfalls werden sie die künftig von ihnen abverlangten Dienstleistungen für die Funktionsbereiche des Unternehmens kaum kompetent erfüllen und schon gar nicht kognitiv kontrollieren können.

Damit hängt zusammen, dass eine arbeitspolitisch ausgehandelte großzügige oder vollständige Verbreitung von nicht-tayloristischen Produktionssystemen möglicherweise unverträglich ist mit den konkreten technisch-organisatorischen Handlungsumständen in dem einen oder anderen Teil eines Unternehmens. Das Praktizieren von Gruppenarbeit in der Endmontage unterliegt gänzlich anderen Bedingungen als in hochautomatisierten Funktionsbereichen. Damit die Beteiligten hieraus die richtigen Schlüsse ziehen und konzeptionelle Entscheidungen treffen können, sollten die Personalressorts ihnen kompetente Ansprech- und Beratungsstellen anbieten können.

■ *Neue Organisationsformen erfordern neue Entgeltsysteme*

Die Erfahrungen mit Gruppenarbeit, Zielvereinbarungen und vergleichbaren Ansätzen zeigen, dass diese Organisationsformen auf lange Sicht nur mit neuen Entgeltsystemen stabilisiert und weiterentwickelt werden können. Wenn die Organisationsreformen der letzten Jahre noch keine zufrieden stellende Dividende abgeworfen haben, liegt das u. a. daran, dass die Betriebs- und Tarifparteien in diesem Punkt noch nicht weit genug gekommen sind. Auch die Mitarbeiter in den operativen Bereichen sollen monetäre Anreize und Belohnungen für ihre Anstrengungen erhalten. Auf der Tagesordnung steht eine konsequente Abkehr von bisherigen Leistungslohnkonzepten – die in der Praxis zu Festlohnkonzepten mutiert sind – und die Einführung von variablen Entgeltbestandteilen, die einen Bezug der Gruppenperformanz zum Unternehmenserfolg herstellen.

■ *Beschäftigungs- und Leistungspolitik müssen zueinander passen*

Die Personalressorts haben es jetzt mit den mittelfristigen Folgen und Nebenwirkungen zu tun, die mit den jüngeren Maßnahmen zur Stärkung der Wettbewerbsfähigkeit und zur Kostensenkung einhergehen. Wenn beispielsweise im konkreten Fall angestrebt wird, mit neuen Organisationsformen das Problemlösungspotential der Mitarbeiter (etwa für KVP und ähnliche Prozesse) noch besser zu erschließen, dann ist damit die Vergabe von befristeten Beschäftigungsverhältnissen für den betreffenden Einsatzbereich unverträglich. Die Personalressorts sind somit zu zielkonsistenten Maßnahmen und Entscheidungen herausgefordert.

8.2.2 Bildungspolitik

Es steht eine selbstkritische Überprüfung der Berufs- und Ausbildungsstrukturen in der Automobilindustrie an. Sehr vereinfacht sind drei unterschiedlich gelagerte Problemstellungen zu unterscheiden.

■ *Neue Berufe für neue Aufgaben*

Die Konzipierung neuer Berufe und Ausbildungsgänge für einen *wachsenden* Bedarf in technik- und dienstleistungsintensiven Funktionsbereichen der Unternehmen ist eine vordringliche Aufgabe. In den neuen, vornehmlich mit Informationstechnik verbundenen Tätigkeiten und den wachsenden produkt- und unternehmensbezogenen Dienstleistungen sind noch kaum neue Ausbildungsgänge entstanden.

■ *Rückführung der Ausbildung für schrumpfende Bereiche*

Die Gestaltung der Ausbildung und der Einsatz von Berufsgruppen in Funktionsbereichen mit *abnehmendem* Bedarf sollten überprüft werden. Wenn die Nachfrage erkennbar abnimmt, sollten auch die Ausbildungsraten gesenkt werden. Dies betrifft vor allem gewerbliche Berufe und einfache Büroberufe. Insbesondere die gewerbliche Ausbildung sollte sich strikt am Bedarf ausrichten. Ausbildungen über den Bedarf hinaus für Berufsgruppen mit abnehmender

Nachfrage sind sehr problematisch, nicht zuletzt für die Jugendlichen selbst. Im Grunde erzielen Betriebsräte einen Pyrrhussieg, wenn sie sich mit den Unternehmensleitungen darauf verständigen, mehr Jugendliche auszubilden, als tatsächlich benötigt werden. Auch die Ausbildung von bestimmten Berufsgruppen über dem erforderlichen Niveau sollte eingestellt werden. Zum Beispiel werden oftmals KFZ-Mechaniker und vergleichbare Gruppen ausgebildet, die dann in der Montage eingesetzt werden. Die Ausbildung für die Montage kann aber deutlich tiefer angesetzt und auch nach kürzerer Zeit abgeschlossen werden. Eine darüber hinausgehende Qualifizierung ist dann Sache der Weiterbildung.

■ *Ausbau und Neuorganisation der Weiterbildung*

Die systematische und berufsbegleitende Vermittlung von Prozessqualifikationen, neuen fachlichen Kenntnissen und Sozialkompetenz werden zu Schwerpunkten der betrieblichen und außerbetrieblichen Weiterbildung. Die qualifikatorischen Valenzen der Mitarbeiter sind zu aktualisieren und zu erweitern. Damit sollen die Anforderungen aus dem fortgesetzten dynamischen Wandel aufgefangen werden. Es soll aber auch rechtzeitig auf die absehbare Verknappung von jungen Mitarbeitern und die unvermeidbar längere Erwerbszeit von älteren Mitarbeitern vorbereitet werden. Vorrangig kommt es darauf an, die Einsatzbreite der Mitarbeiter zu erweitern. Das ist wesentliche Voraussetzung für flexiblen Personaleinsatz. Und dieser wiederum ist eine Voraussetzung für langfristig angelegte Beschäftigungsstrategien.

8.2.3 Betriebsräte – Interessenvertretung

Im Zuge der Veränderungen sind die Betriebsräte – teilweise wider Willen – in die Rolle von Co-Managern hineingeraten. Sie übernehmen überdies schrittweise Funktionen der Tarifparteien. Schließlich nimmt die Interessenvertretung in den Konzernunternehmen tendenziell globale Züge an. Damit sind weit reichende Konsequenzen für das Selbstverständnis, die Arbeitsweise und die wissensmäßigen Voraussetzungen der betrieblichen Interessenvertretung verbunden.

■ *Betriebsrat als Co-Manager*

Die Co-Management-Funktion von Betriebsräten hat bei fortgesetzten organisatorischen Experimenten, Umstellungen im Produktionssystem und bei der Durchsetzung beschäftigungspolitischer Strategien für Unternehmensleitung und Führungskräfte eine wachsende Bedeutung. Das Co-Management der Betriebsräte steht jedoch auf schwachen Füßen. Es bleibt von der Zustimmung der

Beschäftigten und den Präferenzen der Betriebsratsmehrheit abhängig. Institutionell ist die Co-Management-Funktion nicht gesichert.

Neue Rolle des Betriebsrats in der Arbeitsregulation

Faktisch sind bei den Betriebsräten und Unternehmensleitungen Aufgaben der Tarifparteien gelandet. Dies ist zunächst gewollte Konsequenz der Bemühungen um Flexibilität und betriebsspezifische Ausformung der Arbeitspolitik. Es verändert dies aber auch die Aufgabenstruktur der Betriebsräte. Und über diese Entwicklung könnte nun wiederum die Stabilisierung der Co-Management-Funktion gefährdet werden.

Auf dem Weg zur globalen Interessenvertretung

Es liegt auf der Hand, dass die Interessenvertretung der Beschäftigten in den Konzernen der global operierenden Automobilindustrie über nationale Grenzen hinausreicht. Unabhängig von Gesetzgebungsinitiativen und vergleichbaren Ansätzen in der EU sollten die Firmen selbst und die Betriebsräte mit ihren Verbänden und Gewerkschaften Modelle der länderübergreifenden Interessenvertretung konzipieren, erproben und umsetzen.

Berufsähnlichkeit der Interessenvertretung nimmt weiter zu – der Qualifizierungsbedarf steigt

Unter den genannten Bedingungen und Veränderungen tritt die Berufsähnlichkeit der Interessenvertretung noch stärker hervor. Diese war vom Gesetzgeber nie gewollt. Sie hat sich aber faktisch immer mehr entwickelt. Der Aufgabenkanon der Betriebsräte hat sich erweitert. Manch angestammte Aufgabe ist objektiv unwichtiger geworden und wird vielleicht nur deshalb pflichtgemäß weitergeführt, weil die Betriebsräte nur unzureichend auf die neuen Aufgaben vorbereitet werden. Die Firmen sollten ihrerseits darauf konstruktiv eingehen. Betriebsräte werden ebenso wie das Management Infrastrukturen der informationstechnischen Vernetzung brauchen. Für den Umgang damit sollten sie ausreichend ausgebildet werden. Trainingskurse in Management, Verhandlungsführung und Fremdsprachen, Organisationsgestaltung und über die Auslegung von Produktionssystemen könnten und sollten allmählich die tradierte Weiterbildung von Betriebsräten in REFA-Studien und Arbeitsbewertung ablösen.

9 Bilanzierung und Ausblick

von Reiner Lehr und Roland Springer

Ziel des Forums Automobilindustrie ist es gewesen, „eine möglichst offene Diskussion zwischen Management, Arbeitnehmervertretungen, Verbänden und Wissenschaft über die Weiterentwicklung der Produktionssysteme und der Arbeitspolitik am Standort Deutschland anzustoßen, um daraus Ansatzpunkte für eine wettbewerbsfähige Arbeitspolitik unter den Bedingungen der Globalisierung zu entwickeln" – so die Veranstalter im Vorwort des Veranstaltungsprogramms. Dieses Ziel ist weitgehend erreicht worden, wenn man sich vor Augen führt, dass ein breites Spektrum unterschiedlicher Gesichtspunkte und Ansätze nicht nur vorgestellt, sondern in den zahlreichen Diskussionsrunden auch kontrovers behandelt worden ist. Damit ist für weiterführende Diskussionen und Maßnahmen ein guter Grundstock gelegt worden.

Zunächst hat sich auf der Veranstaltung gezeigt, dass einheitlich und klar beschriebene Produktionssysteme im Sinne von praxisorientierten, verbindlichen „Handlungsanleitungen zum Autobauen" in fast allen auf der Konferenz präsenten Automobilunternehmen eine zunehmende Bedeutung erhalten. Sie stehen für eine Intensivierung eines *Management by (Best-)Methods*, mit dem die Unternehmen von der bisherigen Philosophie der Methodenfreiheit in der Produktionsorganisation wieder abrücken. Im Hintergrund stehen dabei Kernelemente des Toyota-Produktionssystem, das von den meisten Fachleuten in Wissenschaft und Praxis nach wie vor als das effizienteste Produktionssystem weltweit betrachtet wird.

Zugleich ist zu beobachten, dass die Unternehmen inzwischen auch in Deutschland dazu übergegangen sind, ihre Produktionssysteme von den „Grüne-Wiese-Fabriken" (Greenfields) in bestehende Fabriken (Brownfields) zu übertragen. Damit sind die Unternehmen, was die Frage der Reorganisation ihrer Produktions- und Arbeitsabläufe betrifft, in eine neue Phase eingetreten. Sie versuchen, ihre Produktions- und Arbeitsmethoden stärker zu vereinheitlichen, um aus dieser Vereinheitlichung Produktivitätsimpulse zu gewinnen und die nach wie vor bestehenden Produktivitätslücken zu schließen. Die Zukunft des Automobilstandortes Deutschland wird nicht zuletzt davon abhängig gemacht, ob eine „Modernisierung" der Produktions- und Arbeitsstrukturen auf diesem Weg erfolgreich sein wird oder nicht. Die Unternehmen suchen daher auch in dieser Frage – nicht nur am Standort Deutschland – einen gemeinsamen Weg mit den Arbeitnehmervertretungen.

Auf dem Forum ist deutlich geworden, dass trotz vieler Gemeinsamkeiten in der Entwicklung der Produktions- und Arbeitsstrukturen in- und außerhalb Deutschlands, standort- und unternehmensspezifische Gegebenheiten den Trend weiterhin prägen. Dabei spielen nicht zuletzt die rechtlichen Rahmenbedingungen und die jeweiligen industriellen Beziehungen eine herausragende Rolle. Gleichzeitig hat sich aber auch gezeigt, dass dies nicht darüber hinwegtäuschen darf, dass wesentliche Grundprinzipien und Methoden von Produktionssystemen nicht nur von einem auf das andere Unternehmen, sondern auch von einem auf das andere Land übertragbar sind. Ihre Transferierbarkeit ist höher, als es lange Zeit nicht nur in der Praxis, sondern auch in der Wissenschaft angenommen worden ist. Der globale Wettbewerb zwingt die Unternehmen, diejenigen Produktionsmethoden anzuwenden, die in Effizienz und Qualität *Best Practice* sind oder zumindest dafür gehalten werden. Die Globalisierung der Produktionsorganisation ermöglicht den Unternehmen zugleich, diese Produktionsmethoden zu standardisieren und an unterschiedlichen Produktionsstandorten einzuführen.

Von daher ist nicht zu bestreiten, dass die Prinzipien des Toyota-Produktionssystems (Lean Production) heute in ähnlicher Weise auf dem globalen Vormarsch sind, wie dies bis in die 80er Jahre für das von Henry Ford entwickelte System der Automobilproduktion (Mass Production) gegolten hat. Es gab und gibt damals wie heute gleichsam eine gemeinsame „Plattform“ der Produktions- und Arbeitsorganisation, der sich alle Hersteller bedienen, um darauf – in Abhängigkeit von ihren jeweiligen Rahmenbedingungen – ihre spezifischen Organisationsvarianten aufzubauen. Dies ermöglicht ihnen, die Produktions- und Arbeitsstrukturen an ihre jeweiligen Gegebenheiten anzupassen und eventuell gegebene Vorteile im eigenen Interesse zu nutzen. Auf diese Weise bilden sich zwar organisatorische Varianten heraus; dabei handelt sich aber um keine Alternativen zum Grundmodell.

Gefördert wird diese Entwicklung durch den Sachverhalt, dass alle Hersteller zu „allround-Anbietern“ von Fahrzeugen unterschiedlichster Größe und Ausstattung werden, sodass nicht mehr wie bislang zwischen Massenherstellern und Oberklasseherstellern mit deutlich unterschiedlichen Produkt- und Produktionsbedingungen unterschieden werden kann. Der globale Trend zu einer Angleichung der Produktpaletten fördert gleichsam den Trend zu einer Vereinheitlichung der Produktionssysteme, ohne dass deswegen standortspezifische Gegebenheiten an Bedeutung verlieren. Dies gilt insbesondere für die jeweils etablierten industriellen Beziehungen, die auf die arbeitspolitische Ausgestaltung der Produktions- und Arbeitsorganisation einen erheblichen Einfluss haben.

Gleichwohl ist auf der Veranstaltung deutlich geworden, dass es weder ein deutsches, noch ein europäisches Produktionsmodell gibt, das eine ernstzunehmende Alternative zu den Prinzipien von Lean Production wäre. Wohl gibt es unternehmens- und möglicherweise auch länderspezifische Varianten von Lean Production bzw. von von Lean Production-Elementen; eine grundlegende Alternative, wie sie verschiedentlich vor allem von der Wissenschaft, teilweise aber auch von den Gewerkschaften ins Spiel gebracht worden ist, ist derzeit aber nirgendwo zu erkennen. Dies kann man bedauern, gilt doch auch bei der Gestaltung von Produktionssystemen der Grundsatz, dass ein gesunder Wettbewerb der Sache eher nützt als schadet. Die Tatsachen belehren aber all diejenigen eines Besseren, die z.B. davon ausgegangen sind, die deutsche Facharbeiterkultur sei gewissermaßen die Keimzelle eines alternativen Produktionssystems, das auf der Basis einer „flexiblen Qualitätsproduktion" seine Stärke in erster Linie aus dem Improvisationsvermögen der Beschäftigten und weniger aus der konsequenten Entwicklung und Standardisierung von Produktions- und Arbeitsmethoden bezieht. Der Trend weist hier nicht zuletzt in Deutschland eher in Richtung einer „flexiblen Standardisierung", bei der es darum geht, die Produktionsintelligenz der Beschäftigten für die Gestaltung ihrer Arbeitssysteme und die laufende Optimierung und Standardisierung ihrer eigenen Arbeitsmethoden zu mobilisieren.

Mit diesem Trend sind nicht nur bei den Beschäftigten und den Betriebsräten, sondern auch im Management nicht unerhebliche Befürchtungen verbunden. Viele sehen in der Standardisierung eine Einschränkung ihrer Handlungsfreiheit, insbesondere bei der Auswahl von Produktions- und Arbeitsmethoden, und damit eine potentielle Bedrohung ihrer Flexibilität und Kreativität. „Standards sind der Tod der Kreativität" war denn auch ein Einwand gegen Standardisierung, der nicht nur einmal zu hören gewesen ist. Gleichzeitig haben die vorgestellten Praxisbeispiele und die Diskussionen aber auch gezeigt, dass die laufende Optimierung von Standards von den Beteiligten nicht nur ein ausreichendes Maß an Fachwissen, sondern auch an Kreativität erfordert. Standardisierte Prozesse sichern in hohem Maße eine störungsfreie Produktion und die Qualität der Produkte. Damit werden die Mitarbeiter von laufenden, nicht geplanten Eingriffen entlastet, die von ihnen zum Teil als Kreativitätschance, zum Teil aber auch als Belastung empfunden werden. Diesem Verlust stehen hinzugewonnene Freiräume gegenüber, die sie nun für neue, anspruchsvollere Aufgaben wie z. B. die Mitgestaltung von Produktanläufen, Ablaufplanung und zeitwirtschaftliche Ablaufgestaltung nutzen können.

Solide fachliche, methodische und soziale Grundqualifikationen können im Rahmen „flexibler Standardisierung" zweifellos ein Wettbewerbsvorteil nicht nur in den kapital-, sondern auch in den arbeitsintensiven Bereichen (insbesondere der Fahrzeugmontage) sein; dennoch wurde zu Recht die Frage gestellt, ob die heutige Facharbeiterausbildung den Aufgabenstellungen „flexibler Standardisierung" ausreichend Rechnung trägt oder ob sie – insbesondere mit Blick auf die arbeitsintensiven Bereiche – nicht zu sehr dem Problemlösungs- und Improvisationsprinzip und zu wenig dem Standardisierungs- und Routinisierungsprinzip verpflichtet ist. Benötigt wird vor allem in den arbeitsintensiven Produktionsbereichen ein Qualifikationstypus, der gleichermaßen zur Problemlösung wie zur Abarbeitung von Routinen befähigt und bereit sein muss.

Damit sind nicht nur wichtige bildungspolitische, sondern auch arbeitspolitische Fragen aufgeworfen. Sie ranken sich im wesentlichen um die Frage, wie unter den Bedingungen neuer, stärker standardisierter Produktionssysteme Routine- und Problemlösungstätigkeiten arbeitsorganisatorisch miteinander kombiniert werden können und sollen. Sowohl in den wissenschaftlichen Beiträgen, als auch in den Praxisbeispielen und Diskussionsforen der Veranstaltung ist in diesem Zusammenhang deutlich geworden, dass kein Unternehmen darauf setzt, Problemlösungs- und Routinetätigkeiten im Sinne des klassischen Taylorismus wieder strikt voneinander zu trennen. Der klassische Angelernte ist kein Qualifikationstypus, mit dem die Unternehmen meinen, im globalen Kampf um Produktivität und Qualität bestehen zu können. Sie sind aber auch zunehmend weniger davon überzeugt, diesen Kampf nach dem soziotechnischen Motto: „Glückliche Kühe geben mehr Milch" gewinnen zu können. Von daher herrscht in einzelnen Unternehmen gegenwärtig eine gewisse Unsicherheit, wohin die arbeitspolitische Reise eigentlich führen soll. Bedeutsamer dürfte in diesem Zusammenhang aber sein, dass die in den meisten Unternehmen zu Beginn der 90er Jahre zwischen Unternehmensleitung und Gesamtbetriebsrat vereinbarte, partizipative Arbeitspolitik fester Bestandteil der jeweiligen Produktionssysteme ist. Insbesondere die Gruppenarbeit gilt in den deutschen Unternehmen durchgängig als Basis des Produktionssystems. Sie ist damit in der Automobilindustrie mehr denn je etabliert. Die Unternehmen unterstreichen ihren Willen, am Weg der partizipativen Gestaltung und Rationalisierung – auch gegen interne und externe Widerstände – festzuhalten und ihn zugleich weiterzuentwickeln.

Dies bedeutet, dass die bisherigen Gruppenarbeitsansätze mit ihrer starken Verankerung im soziotechnischen Konzept der „teilautonomen Gruppe" zugunsten einer durch eine stärkere Standardisierung der Arbeitsabläufe geprägten Gruppenarbeit verändert werden. Diese Weiterentwicklung ist derzeit weder in den Unternehmen, noch in den Verbänden, noch in der Wissenschaft unumstritten. Das hat nicht zuletzt damit zu tun, dass inzwischen zwar einige praktische Erfahrungen mit Standardisierungsprozessen im Rahmen der Gruppenarbeit vorliegen, systematische Untersuchungen zu den Voraussetzungen und Folgen dieser Ansätze zu einer Weiterentwicklung der Gruppenarbeit am Standort Deutschland bislang aber noch nicht durchgeführt worden sind. Die neuen Ansätze müssen daher durch eine fundierte Evaluierung begleitet werden.

Wir meinen daher, dass es dringend erforderlich ist, die Diskussion um Produktionssysteme und Arbeitspolitik auf eine verlässlichere wissenschaftliche Grundlage zu stellen. Dabei geht es keineswegs nur um Fragen z. B. der Folgen von Standardisierung für die Beschäftigten; mindestens ebenso wichtig scheint uns zu sein zu wissen, wie sich Standardisierung auf allen Ebenen der Unternehmensführung praktisch vollzieht, mit welchen Problemen und Widerständen im Prozess der Standardisierung zu rechnen ist und wie dieser Prozess methodisch wirksam unterstützt werden kann. Die Entwicklung und Umsetzung eines neuen *Management by (Best-)Methods* ist ein zu wichtiger Vorgang, als dass man ihn sich selbst überlassen sollte.

Um die aufgeworfenen Themen und Fragen in einer breiten Fachöffentlichkeit weiterbehandeln zu können, planen die Veranstalter, den in Baden-Baden begonnenen, offenen Meinungs- und Erfahrungsaustausch über Produktionssysteme und Arbeitspolitik auch in Zukunft fortzuführen. Er dient nicht zuletzt dem Zweck, im Interesse der Sicherung des Automobilstandorts Deutschland und seiner Arbeitsplätze, die richtigen Strategien der Produktionsmodernisierung zu entwickeln und umzusetzen. Die Unternehmen tragen nach Auffassung der Veranstalter in dieser Hinsicht – trotz aller Globalisierung – nicht nur eine betriebswirtschaftliche, sondern auch eine volkswirtschaftliche Verantwortung. Für die weiterführende Diskussion werden schon bestehende Netzwerke genutzt, ggf. aber auch zusätzliche geschaffen. Besonders dringend ist es, die Vernetzung zwischen Unternehmen, Verbänden und Wissenschaft zu diesem Thema zu intensivieren. Ein erster Schritt in diese Richtung ist in Baden-Baden unternommen worden. Weitere werden folgen, z. B. in Gestalt eines weiteren Forums zu diesem Thema in zwei bis drei Jahren.

Die Veranstalter werden den begonnenen Dialog auf der Basis des in Baden-Baden entstandenen Netzwerkes weiter organisieren. Maßgebliche Themen werden sein:

- Erfahrungen mit den neuen Ansätzen und Methoden auf der Basis systematischer Evaluierung
- Erarbeitung eines allgemeingültigen Ansatzes und allgemeingültiger Methoden für Produktionssysteme

Interessierte Vertreter von Firmen, Verbänden und aus der Wissenschaft sind aufgerufen, sich in das Netzwerk einzubringen (Ansprechpartner: Reiner Lehr und Roland Springer, s. Kap. 11).

10 Weiterentwicklung der Arbeitsorganisation (am Beispiel der Gruppenarbeit) in der Fahrzeugmontage[1]

bearbeitet von Stefan Gryglewski

10.1 Präambel

Nach einer Experimentierphase zu Beginn der 90er Jahre hat sich Gruppenarbeit mittlerweile zu einem festen Bestandteil der Montageorganisation entwickelt. Heute ist Gruppenarbeit in unterschiedlichen Ausprägungen in der deutschen Automobilmontage breitflächig eingeführt und hat sich als Arbeitsorganisationsform weitgehend etabliert und bewährt. Die Verschärfung der internationalen Wettbewerbssituation erfordert jedoch auch in Zukunft eine laufende Verbesserung der wirtschaftlichen Leistungsfähigkeit der Arbeitsorganisation.

Das vorliegende Orientierungspapier von Vertretern der deutschen Automobilindustrie zeigt keinen grundlegend neuen Weg auf, sondern beschreibt Anpassungs- und Weiterentwicklungsmöglichkeiten der gruppenorientierten Arbeitsorganisation in der Montage. Eine konsequente Weiterentwicklung der Gruppenarbeit in der Montage wird maßgeblich zur Sicherung der Wettbewerbsfähigkeit und zur weiteren Verbesserung der Gesamteffizienz des Systems Mensch/Technik/Organisation beitragen.

Im Folgenden werden deshalb zu zentralen Gestaltungsparametern der Arbeitsorganisation in der Montage abgestimmte Aussagen über zukünftige Entwicklungsperspektiven getroffen. Ziel ist es, den Verantwortlichen eine Orientierungshilfe für die Planung und Umsetzung zu bieten, indem bereits sichtbare, aus der nunmehr langjährigen Erfahrung mit Gruppenarbeit gespeiste Trends beschrieben werden. Damit soll ein Beitrag zur weiteren Konsolidierung der gruppenorientierten Arbeitsorganisation in der Montage geleistet und die Richtung für deren Weiterentwicklung, insbesondere hinsichtlich des Beitrags zur Wirtschaftlichkeit und Standortsicherung, aufgezeigt werden.

---

[1] Erarbeitet vom Arbeitskreis Neue Arbeitsstrukturen der Automobilindustrie AKNA

10.2 Grundaussagen zur zukünftigen Arbeitsorganisation in der Fahrzeugmontage (bei mittlerer bis großer Stückzahl)

Die folgenden Grundaussagen basieren auf einem Erfahrungsaustausch der beteiligten Unternehmen. Bei allen Unterschieden zwischen den verschiedenen Herstellern und zwischen den Werken des gleichen Herstellers lassen sich einige wichtige Trends erkennen, die Anregungen für eine Weiterentwicklung der Gruppenarbeit geben können.

Die Grundaussagen beschreiben die wichtigsten Veränderungs- und Anpassungsbedarfe der Arbeitsorganisation in den Fahrzeug- und Aggregatemontagen. Sie kennzeichnen den aktuellen arbeitsorganisatorischen Trend und dienen als Orientierung für anstehende Weiterentwicklungs- und Gestaltungsmaßnahmen. Im Einzelfall kann die konkrete Gestaltung mehr oder minder stark von dem skizzierten Trend abweichen.

10.2.1 Einheitlicher und durchgängiger Zielvereinbarungsprozess

Zur Verbesserung des Arbeitssystems (z.B. hinsichtlich Produktivität, Qualität) werden mit den Gruppen Zielvereinbarungen abgeschlossen. Sie leiten sich aus übergeordneten, am jeweiligen Budget orientierten Zielen ab. Die Zielerreichung wird durch konkrete Maßnahmen hinterlegt und an die Gruppen und Vorgesetzten kontinuierlich rückgekoppelt. Inhalte und Form der Zielvereinbarungen sind einheitlich und durchgängig.

Zielvereinbarungen stellen das zentrale Führungsinstrument bei Gruppenarbeit dar. Hierüber muss das übergeordnete unternehmerische Ziel der Gruppenarbeit – die Sicherung der Wettbewerbsfähigkeit durch die Verbesserung der Gesamteffektivität des Arbeitssystems Mensch/Technik/Organisation – operationalisiert und gesichert werden. Da die Optimierung der Wirtschaftlichkeit des Arbeitssystems zur definierten Arbeitsaufgabe der Gruppe gehört, können sowohl übergeordnete Ziele, wie die Optimierung der Ablauf- und Aufbauorganisation, als auch die Verbesserung von Kennzahlen (z. B. hinsichtlich Produktivität, Qualität, Kosten) Gegenstand der Zielvereinbarungen sein. Entsprechend umfassen die Maßnahmen zur Zielerreichung neben der direkten Prozessoptimierung, insbesondere durch die Reduzierung von nicht-wertschöpfenden Tätigkeiten, auch die Verbesserung der Leistungsvoraussetzungen durch Übernahme von Verantwortung, flexiblen Personaleinsatz und die Verbesserung von Prozess-, Sozial- und Führungskompetenz.

Das Führungsinstrument Zielvereinbarung erfordert einen Lernprozess sowohl der Vorgesetzten wie der Gruppen. Sinn des bei Zielvereinbarungen gegenüber Zielvorgaben erforderlichen zusätzlichen Abstimmungsprozesses zwischen Gruppen und Vorgesetzten ist die Verbesserung der Qualität der Ziele. Dies betrifft zum einen die Akzeptanz der vereinbarten Ziele durch die Mitarbeiter. Zusätzlich verbessert sich aber auch auf beiden Seiten die Wissensbasis, auf der Ziele festgelegt werden. Der Vorgesetzte hat die Möglichkeit, den Transformationsprozess der Ableitung gruppenspezifischer Ziele aus übergeordneten Zielen (z. B. Budgetvorgaben) zu erläutern und den Zusammenhang der einzelnen Zielgrößen für die Erreichung dieser übergeordneten Ziele durch Maßnahmen zu konkretisieren und zu begründen. Dabei müssen die Gruppen über Aufgaben, Ziele, Ergebnisse und Methoden möglichst umfassend informiert werden. Eventuell sind auch zusätzliche produkt-, werks- und unternehmensbezogene Informationen zur Verfügung zu stellen. Auf der anderen Seite erhält der Vorgesetzte Informationen über den Zielbildungsprozess der Gruppen und Detailinformationen über die Randbedingungen der Zielverfolgung. Für die Rückkopplung nach oben sind Informationen darüber wichtig, inwieweit die Gruppen über die für die eigenverantwortliche Zielverfolgung notwendigen aufgabenbezogenen Entscheidungsspielräume und Ressourcen verfügen.

Zielvereinbarungen erfordern eine hohe Führungskompetenz der Vorgesetzten. Um diese dauerhaft sicherzustellen sowie aus Gründen der Glaubwürdigkeit und Durchgängigkeit des Transformationsprozesses, müssen die Führungskräfte ihrerseits ebenfalls durch Zielvereinbarungen geführt werden. Zudem ist die Qualität des Zielvereinbarungsprozesses regelmäßig zu überprüfen.

Durch eine Vereinheitlichung der Form und wo möglich auch der Bezugsgrößen und Maßnahmen kann eine Vereinfachung und hohe Transparenz des Verfahrens und nicht zuletzt eine leichtere Vergleich- und Übertragbarkeit von in einzelnen Gruppen erreichten Verbesserungen ermöglicht werden.

10.2.2 Umfassende Visualisierung

Alle für die Gruppe wesentlichen Leistungsparameter werden auf der Grundlage eines einheitlichen Darstellungssystems im Soll und Ist visualisiert. Der Soll/Ist-Abgleich wird von der Gruppe laufend aktualisiert, um eine Zielverfolgung zu ermöglichen und die Identifikation der Gruppe mit den Kenngrößen zu erhöhen.

Ebenso wie Führungsaufgaben, erfordert die eigenverantwortliche Zielverfolgung durch die Gruppen Informationen sowie Kommunikationskanäle zu den angrenzenden Bereichen der Prozessketten und den internen Dienstleistern. Die beeinflussbaren Leistungsparameter stellen dabei nur einen Teil dieser benötigten Information dar. Ebenso wichtig für die Selbststeuerung im Rahmen der Gruppenverantwortung sind Informationen über den Prozess, die Rahmenbedingungen der Leistungserbringung, wie die zur Verfügung stehenden Ressourcen.

Dies erfordert eine systematische Visualisierung durch ein betriebsweit standardisiertes Darstellungssystem. Die Visualisierung ist ein Instrument zur Unterstützung der Zielverfolgung durch die Gruppe. Deshalb liegt die Verantwortung für die Aktualität und Pflege der prozessbezogenen Informationen bei der Gruppe. Dies verhindert zudem eine Überfrachtung des Informationsangebotes mit funktionslosen Inhalten.

Entscheidend für die Aktualität und Nutzung der Visualisierungsinstrumente zur permanenten Zielverfolgung ist zudem die Konsequenz der Führungskräfte hinsichtlich eines kontinuierlichen Feedbacks über den erreichten Leistungsstand. Nur insofern die Informationen Gegenstand der regelmäßigen Aufmerksamkeit und Reaktionen der Vorgesetzten sind, können sie dauerhaft ihre Funktion erfüllen.

Dies bezieht sich vor allem auf die Informationen, die Basis für die Optimierung der technischen und organisatorischen Abläufe sind, also die Fertigungspläne und Prozesskennzahlen. Notwendig ist auch eine Dokumentation der Aufgaben, Ziele, Maßnahmen und Methoden der Gruppe. Da sich die Optimierung durch die Gruppenmitglieder auf die Arbeitsplätze und das direkte Arbeitsumfeld der Gruppe konzentriert, ist die Darstellung von ganzen Prozessketten und größeren Abschnitten Aufgabe der methodischen Experten bzw. Spezialisten der Planungsabteilungen.

Schließlich ist auch eine Dokumentation und Visualisierung des Organisationsentwicklungsprozesses erforderlich. Wichtig ist dabei neben einer kontinuierlichen qualitativen Auditierung der Gruppenarbeit (mit Hilfe von Gütekriterien) die Festlegung von überprüfbaren und vergleichbaren Kennzahlen zur Wirtschaftlichkeit der Arbeitsorganisation auf Basis der Zielvereinbarungen sowie deren permanente Verfolgung.

10.2.3 Stärkung der Führung

Die Führungskräfte schaffen die notwendigen Rahmenbedingungen für die Gruppen und überwachen den Gruppenfortschritt im Sinne der vereinbarten Ziele. Sie unterstützen die Gruppen bei der Zielrealisierung und entwickeln be-

sonders befähigte Mitarbeiter weiter. Sie sind die Prozesstreiber für Optimierung und Wirtschaftlichkeit und werden dabei von den tangierenden Bereichen unterstützt. Die Gesamtverantwortung für die Zielerreichung und die laufende Optimierung liegt bei den Führungskräften. Darüber hinaus übernehmen sie Verantwortung für die Betreuung der laufenden Veränderungsprozesse.

Um die übertragene Verantwortung effektiv wahrnehmen zu können und informelle Leitungsstrukturen zu vermeiden, ist es sinnvoll, dass einer Führungskraft in der Regel nicht mehr als 2 bis 3 Gruppen zugeordnet sind.

Die Anzahl der Führungsebenen ist abhängig von den jeweiligen Rahmenbedingungen. Die Größenordnung liegt bei 3 bis 5 Führungsebenen.

Um eine gute Kommunikation innerhalb des Unternehmens zu ermöglichen sowie die Einhaltung von einheitlichen Führungsgrundsätzen und personalpolitischen Zielsetzungen zu gewährleisten, ist innerhalb eines Unternehmens eine einheitliche (standardisierte) Aufbauorganisation sicherzustellen.

Die Entstehung von Substrukturen bzw. informellen Leitungsstrukturen, die die definierten Verantwortlichkeiten verwischen und Handlungsspielräume der Mitarbeiter tendenziell einschränken, ist möglichst zu vermeiden.

Aufgaben der betrieblichen Führungskräfte sind die Schaffung von Rahmenbedingungen, die eine Erfüllung der umfassenden Gruppenaufgabe gewährleisten, die Mitgestaltung des Zielauflösungsprozesses, das Festlegen/Vereinbaren von Zielen und Leistungsvereinbarungen mit den Gruppen und die Unterstützung der Gruppenprozesse durch Beratung und Konfliktmanagement. Durch ihre Überwachung der Zielverfolgung, das Vermitteln von Informationen aus anderen Gruppen und dem Umfeld sowie das Angebot methodischer Problemlösekompetenz sind sie Prozesstreiber für die Optimierung der Abläufe und Wirtschaftlichkeit der Montagesysteme. In ihrer Verantwortung liegt zudem die Organisation des gruppen- bzw. meisterübergreifenden Personalausgleichs, die Vorbereitung der Mitarbeiter auf Veränderungen der Gruppenaufgaben sowie die Personalentwicklung der einzelnen Mitarbeiter und deren Beteiligung an gruppenübergreifenden Aufgaben.

Die Führungskompetenz liegt in der Balance zwischen der Respektierung der aufgabenbezogenen Entscheidungsspielräume der Gruppen im Rahmen von Zielen und Vereinbarungen und dem de facto gegebenen Durchgriffsrecht, falls Gruppenentscheidungen den Unternehmenszielen und Vereinbarungen entgegenlaufen. Durch die Führungsfunktion müssen die Gruppen veranlasst werden, die Verantwortung für die Gruppenaufgabe, insbesondere für die Fertigungsaufträge und die Optimierung der Abläufe, anzunehmen, statt sie an die Vorgesetzten zurückzudelegieren. Hierzu gehört – wie bei allen Führungsaufgaben – das konsequente Verlangen der Zieleinhaltung und gegebenenfalls das Feststellen des Nichtfunktionierens der Gruppen.

Zur Aufgabe der Führungskräfte gehört zudem die aktive Unterstützung und Verantwortungsübernahme für den Prozess der Stabilisierung und Weiterentwicklung der Gruppenarbeit.

Die Breite und Intensität der Führungsanforderungen erfordert eine Beschränkung der Führungsspanne auf maximal fünf Gruppen, da bei größeren Führungsspannen die Gefahr besteht, dass sich informelle Führungsstrukturen herausbilden, die den definierten Führungsgrundsätzen nicht genügen und dadurch eine Übernahme von Verantwortung durch möglichst viele Gruppenmitglieder behindern.

Bei der Förderung der Teamentwicklungsprozesse in den Gruppen, der Verbesserung ihres eigenen Führungsverhaltens und der Weiterentwicklung der Gruppenarbeit werden die Führungskräfte durch Spezialisten für Organisationsentwicklung unterstützt. Eine zusätzliche Prozessunterstützung kann evtl. durch freigestellte Mitarbeiter für Qualifizierung, Beratung und Controlling erfolgen. Es findet eine systematische Qualifizierung von Führungskräften statt.

10.2.4 Leistungs- und erfolgsabhängige Entgeltbestandteile für Führungskräfte

Die Gehaltsplanung bei den Vorgesetzten der Gruppen (Meistern) erfolgt gemäß der Erfüllung der Anforderungen aus der Funktionsbeschreibung. Bezüglich Teamverhalten und Zusatzaufgaben kann eine Funktionszulage bezahlt werden. Außerhalb des eigenen Aufgabengebietes können Prämien für Verbesserungsvorschläge bezahlt werden. Es erfolgt eine zusätzliche Leistungsbeurteilung auf der Basis von Zielvereinbarungen.

Angesichts der Breite der personellen, organisatorischen und prozessoptimierenden Aufgaben der Meister ist der Leistungsbegriff nicht leicht zu operationalisieren. Da letztlich die Integration der eigenen und der Gruppenziele in den durchgängigen Zielvereinbarungsprozess entscheidend für die Steuerung der Gruppenarbeit ist, liegt es nahe, Entgeltbestandteile an die Erfüllung dieser vereinbarten Ziele zu koppeln.

Dabei wird die Optimierung von Prozessen und Wirtschaftlichkeit im Rahmen der Prozessoptimierung durch die Gruppen und die Planung der Personalkapazität im Vordergrund stehen. Hinzu kommen Kriterien für eine Beurteilung der

Qualität der organisatorischen Funktionen bei der gruppenübergreifenden Zusammenarbeit und Optimierung sowie der Qualität der Personalführung.

Soweit die Beiträge zur Verbesserung der Prozesse dabei über den eigenen Verantwortungsbereich hinausgehen, können zusätzlich auch für Führungskräfte entsprechende Ideen-Prämien gezahlt werden.

10.2.5 Stärkere Beteiligung der Mitarbeiter an Planung, Vorbereitung und Optimierung

Um das fachliche Know-how und die Erfahrungen der Mitarbeiter zu nutzen, werden den Gruppen einfache planerische und vorbereitende Tätigkeiten (z. B. bei der Datenermittlung, der Umsetzung von Änderungen, Betreiberaufgaben im Sinne TPM) übertragen. Darüber hinaus werden sie verstärkt an Anlaufvorbereitungen und an der Anlaufsicherung sowie an den Kontakten mit Lieferanten beteiligt.

Ein hohes Qualifikationsniveau bei den Montagemitarbeitern soll auch zukünftig beibehalten werden. Dies ermöglicht es, künftig verstärkt planerische und prozessunabhängige Tätigkeiten durch die Gruppenmitglieder ausführen zu lassen. Dies betrifft vor allem Tätigkeiten bei Änderungen und Neuanläufen und bei der Erstellung und Optimierung von Standards. Ziel ist es hierbei, möglichst vollständige Prozesse in die Gruppenaufgabe aufzunehmen und dadurch Schnittstellen zu vermeiden.

Die Optimierung technischer und organisatorischer Abläufe ist definierte Aufgabe der Gruppe zusammen mit dem Vorgesetzten. Die Einplanung entsprechender Personalkapazitäten ist notwendig und daher sicherzustellen. Während sich die Optimierung durch methodische Experten bzw. Spezialisten auf Prozessketten, größere Abschnitte bzw. Veränderungen größeren Umfangs konzentriert, bezieht sich die Optimierung durch die Gruppen auf ihre Arbeitsplätze und das direkte Arbeitsumfeld. Die Verbesserung der Abläufe geschieht insbesondere durch die Reduzierung von nicht-wertschöpfenden Tätigkeiten. Maßnahmenfestlegung bzw. -umsetzung sowie die Optimierung der Leistungssolls erfolgen durch die Gruppen und Führungskräfte. Änderungen der Standards werden an das Industrial Engineering zurückgemeldet und z. B. die Fertigungspläne entsprechend aktualisiert.

Die Trennung in wertschöpfende und nicht-wertschöpfende Tätigkeiten erschwert die Integration von Umfeldtätigkeiten wie z. B. Materialdisposition in die einzelnen Arbeitszyklen. Es ist jedoch erklärtes Ziel, Umfeldaufgaben im

Gruppenverantwortungsbereich zu belassen, bzw. für eine Reintegration in den Gruppenbereich zu sorgen. Eine strikte Trennung von Hand- und Kopfarbeit wird dadurch vermieden.

10.2.6 Standardisierung der Abläufe mit Unterstützung der Gruppe

Um eine Grundlage für die ständige Optimierung der Arbeitsabläufe (Weiterentwicklung der besten bekannten Arbeitsweise, KVP) zu schaffen, werden die Arbeitsabläufe mit entsprechenden Hilfsmitteln (z. B. Standard-Arbeitsblättern) fortlaufend standardisiert und beschrieben. An der Erarbeitung und laufenden Verbesserung der Standards werden die Mitarbeiter beteiligt. Die Mitarbeiter konzentrieren sich dabei in der Hauptsache auf die Reduzierung nicht wertsteigernder Anteile und die Optimierung der Abläufe.

Schon heute werden die Arbeitsabläufe in der Automobilmontage stärker standardisiert. Einbauort, Arbeitsplatz, Tätigkeiten und Reihenfolge der Tätigkeiten werden z. B. auf einem Standardarbeitsblatt festgehalten. Dabei erstellt die Planung/Arbeitswirtschaft die Ausgangsdaten. Die Ausgestaltung und Optimierung erfolgt durch die Gruppen in Zusammenarbeit mit dem Vorgesetzten und der Unterstützung der Spezialisten. Die Standards stellen so zugleich die konsequente Folge und notwendige Voraussetzung der Integration der Prozessoptimierung in die Gruppenaufgabe dar.

Insgesamt ist zu beachten, dass sich die Grenze zwischen den Bereichen, in denen Standardisierung bzw. Selbstorganisation der Arbeitsabläufe optimal für Flexibilität und Produktivität ist, ständig verschiebt. Wenn es eine beste Methode gibt, dann hat es keinen Sinn, die Arbeitsausführung offen zu lassen. Das Argument zugunsten einer Selbstorganisation ist ja, dass die Prozesse für eine Standardisierung der besten Methode in der Regel nicht stabil oder vorhersagbar genug sind und diese jeweils spontan durch die Mitarbeiter zu finden ist. Es hängt damit unmittelbar von der Güte der Planungsinstrumente und der Organisation ab. Je weniger standardisierbar ist, desto weiter verschiebt sich die Grenze zur Selbstorganisation erfordernden Komplexität. Die direkten Montagetätigkeiten dürfen einen solchen Komplexitätsgrad allein schon aus Gründen der Prozessstabilität nicht erreichen und sind durch Standardisierungsinstrumente besser beherrschbar.

10.2.7 Sicherstellung von Standards

Standard-Unterlagen werden durch Planer und Zeitwirtschaft zur Verfügung gestellt und von den Gruppen in Zusammenarbeit mit den Führungskräften gepflegt und weiterentwickelt. Die Einhaltung der Standards wird von den Vorgesetzten sichergestellt und durch System- und Verfahrensaudits überprüft.

Die festgelegten Standards sind für die Mitarbeiter verbindlich und werden bis zu einer Änderung eingehalten. Im Mehrschichtbetrieb gelten sie für die Mitarbeiter aller Schichten.

Zu den verbindlichen Standards gehören auch die Leistungsvereinbarungen der Gruppen mit ihren Schnittstellen. Diese erhöhen zusätzlich die Notwendigkeit für eine Herausbildung gruppeninterner Standards. Je mehr die Teams nach außen über anspruchsvolle, formalisierte Leistungs- und Servicevereinbarungen verpflichtet sind, müssen sie intern eine hohe Organisationsleistung erbringen. Dabei bilden sie Routinen aus, auf die sie sich gegenseitig verpflichten und die deshalb ebenfalls formalisiert werden, z.B. durch Standardarbeitsblätter.

In diesem Sinne stehen Standardisierung und Formalisierung der Arbeitsabläufe also nicht im Gegensatz zur Gewährung von Handlungsspielräumen bei Gruppenarbeit, sondern sind auch bei Gruppenarbeit Voraussetzung für eine effiziente Leistungserbringung. Die Gruppen gewinnen erst durch Formalisierung und Standardisierung ihrer Aufgaben und die Verpflichtung auf Disziplin und regelkonformes Verhalten die gegenseitige Verlässlichkeit der vereinbarten Leistungsstandards. Die Standardisierung wird damit eher als Erleichterung erlebt. Überspitzt könnte man sagen: erst durch eine Standardisierung verfügen die Gruppen über die Ausgangsbasis für den KVP.

In der Begrifflichkeit der lernenden Organisation kann gesagt werden, dass die dokumentierten Standards das Medium darstellen, in der das Wissen von Experten und Mitarbeitern über die optimale Gestaltung und Organisation der Arbeitsplätze, Abläufe und des direkten Arbeitsumfelds der Gruppen gespeichert und gegen Vergessen geschützt wird. Die Wirksamkeit der Standards wird nur durch ihre konsequente Einhaltung sichergestellt.

10.2.8 Tendenz zu Arbeitszyklen zwischen ein und drei Takten

In Abhängigkeit von geplanten Stückzahlen und dem jeweiligen Fabrik-Layout liegen die Taktzeiten in einem Bereich zwischen ein bis drei Minuten.

Um die Arbeit für den einzelnen Mitarbeiter beherrschbar zu halten und die Einarbeitung zu vereinfachen, umfassen die Arbeitszyklen in der Regel nicht mehr als drei Arbeitstakte. Die Arbeitszyklen werden in Abhängigkeit von den jeweiligen Tätigkeiten gestaltet. Zwischen den verschiedenen Zyklen wird rotiert.

Die Gruppenmitglieder beherrschen möglichst alle Kernaufgaben ihrer Gruppe.

Kurze Arbeitszyklen stellen eine wichtige Voraussetzung für ein hohes Qualitäts- und Produktivitätsniveau, vor allem bei hoher Variantenvielfalt dar. Die Einarbeitungszeiten bleiben in einem Rahmen, dass die Beherrschung aller Kernaufgaben durch alle Gruppenmitglieder und damit ein Höchstmaß an Personalflexibilität innerhalb der Gruppe realistisch erwartet werden kann.

Es besteht eine Tendenz zu Arbeitszyklen (Arbeitsumfängen) von 1 bis 3 Takten. Die Länge der Taktzeit ist eine vorgegebene technische Größe.

Die Länge des Arbeitszyklusses ist kein maßgebliches Kriterium für Gruppenarbeit. Auch kurzzyklische Tätigkeiten könne in Gruppen organisiert werden.

Der Rhythmus der Rotation innerhalb einer Gruppe wird durch die Gruppe selbst gesteuert. Gruppenübergreifende Rotation in vor- und nachgelagerte Bereiche findet bedarfsorientiert statt.

10.2.9 Kompetente Problemlösung in der Gruppe

Die Problemlösungskompetenz und -verantwortung der Gruppen wird insgesamt gestärkt, z. B. durch entsprechende Qualifizierung. Die Gruppen werden mit den notwendigen Ressourcen ausgestattet und in die Abläufe der Problemlösung einbezogen.

Die Eigenverantwortung der Gruppe im Rahmen der Gruppenaufgabe, die Verantwortung für die gruppeninternen Prozesse und die verstärkte Mitwirkung an Änderungen und Anläufen erfordern eine hohe Problemlösungskompetenz der Gruppen. Hierfür stellt ein hohes Qualifikationsniveau in den Gruppen eine gute Basis dar. Wichtig sind insbesondere ausgeprägte, methodische und soziale Fähigkeiten der Mitarbeiter (Analyse, Optimierungsmethoden, Weiterbildung). Fachspezifische Anteile sind eher sekundär.

Problemlösungen stellen im Wechsel mit den standardisierten Kernaufgaben das Aufgabenprofil der Gruppen dar. Sie erfordern ausreichende personelle bzw. zeitliche Ressourcen. Die Gruppensprecher moderieren je nach Bedarf die Problemlösungsprozesse. Die Führungskräfte fördern dabei den Qualifizierungsprozess und führen geeignete Mitarbeiter an größere, gruppenübergreifende Optimierungsaufgaben heran.

10.2.10 Tendenz zu kleinen Gruppen

Um die Zusammenarbeit in den Gruppen zu verbessern und den Gruppenumfang überschaubar und beherrschbar zu halten, werden Gruppen mit mehr als acht Mitarbeitern netto bzw. ca. zwölf Mitarbeitern brutto möglichst vermieden. Abwesenheit von Gruppenmitgliedern (z. B. wegen Krankheit) wird möglichst innerhalb der Gruppen ausgeglichen.

Die Prozessketten sind in der Automobilmontage so lang, dass sie nicht insgesamt einer Gruppe zugewiesen werden können. In der Literatur sprechen einige Betriebe zwar auch bei Gruppengrößen von 40 bis 60 Mitarbeitern von Gruppenarbeit, aber es ist klar, dass sich eine als soziale Einheit funktionierende Gruppe unter diesen Bedingungen nicht bilden kann. Ein Zerschneiden der Prozesskette, um zu sinnvollen Gruppengrößen zu kommen, ist andererseits auch problematisch, weil die Schnittstellen mit einer gewissen Willkür definiert werden und eine unmittelbare Kopplung vorliegt, die die Gruppen eines eigenen Dispositionsspielraums beraubt. Eine Entkopplung, etwa in Form einer Boxenfertigung, widerspricht einer durchgehenden Prozessorientierung – mit den bekannten Kostenfolgen. Die Gruppengröße verringert sich tendenziell auf max. 12 Mitarbeiter (brutto) bzw. max. 8 Mitarbeiter (netto). Sie entspricht damit den Empfehlungen, die bereits seit längerem von arbeitswissenschaftlicher Seite für das soziale Funktionieren von Gruppenarbeit gemacht werden.

Der Personalausgleich innerhalb der Gruppe erfolgt in Eigenregie der Gruppe unter Nutzung der vorhandenen Kapazitäten (auch Trainer, Gruppensprecher etc.). Dies erfordert eine hinreichende Qualifikationshomogenität bezüglich der Kernaufgaben. Sinnvoll ist eine ausgewogene Mitarbeiterstruktur mit gemischter Qualifikationsstruktur, einem erhöhten Frauenanteil und einem angemessenen Anteil an temporären Mitarbeitern. Wichtig ist die Beherrschung der deutschen Sprache und Schrift.

Der Personalausgleich zwischen Gruppen (gruppen- bzw. meisterübergreifend) wird bei Bedarfs durch Vorgesetzte organisiert und mit den Gruppen abgestimmt.

10.2.11 Funktion des Gruppensprechers

Gruppensprecher werden nur teilweise von direkten Tätigkeiten freigestellt. Indirekte Tätigkeiten werden entsprechend dem Bedarf eingeplant, direkte Tätigkeiten werden bei Problemen (z. B. Qualität, Fehlstand) ausgeführt.

Gruppensprecher haben eine Koordinations- und Kommunikationsfunktion. Der Gruppensprecher ist Sprecher der kleinsten organisatorischen Einheit und muss Gruppenentscheidungen nach außen vertreten. Die Gruppensprecher sind deshalb verstärkt zu qualifizieren, Gruppenentscheidungen herbeizuführen. Voraussetzung für die Ausübung der Gruppensprecherrolle ist eine hohe Akzeptanz in der Gruppe, die evtl. durch Vorschlagsrecht oder Wahl sicherzustellen ist. Der Gruppensprecher vertritt die Gruppe nach außen und ist erster Ansprechpartner des direkten Vorgesetzten.

Je nachdem, inwieweit außer dieser kommunikativen Funktion auch die prozessunabhängigen, planenden, steuernden und koordinierenden Funktionen schwerpunktmäßig vom Gruppensprecher allein oder von der Gruppe als Ganzes erfüllt werden, zeichnen sich für die Rolle des Gruppensprechers in der Gruppe und damit für das Konzept der Gruppenarbeit insgesamt sehr unterschiedliche Entwicklungen ab, die eine klare konzeptionelle Entscheidung erfordern. Die Teamentwicklung und damit auch die erforderliche Teambetreuung verläuft sehr unterschiedlich. Kompetenz und Verantwortung bedingen sich hier wechselseitig. Liegen die nicht taktgebundenen Funktionen, insbesondere aber die Fach- und Methodenkompetenz zur Problemlösung überwiegend beim Gruppensprecher (Teamleader, Kolonnenführer), so trägt dieser im Verständnis der Gruppe die Verantwortung für die Prozessergebnisse und muss zur Erfüllung des Tagesgeschäfts die Gruppenmitglieder als Unterstützer gewinnen. Sind die Aufgaben hingegen auf mehrere Gruppenmitglieder verteilt, wird stärker eine gemeinsame Verantwortung für das Gesamtergebnis wahrgenommen. Eine wichtige Rolle spielt hierbei, dass in getakteten Montagesystemen die nicht taktgebundenen Funktionen gegenüber den direkten Montagetätigkeiten in der Vergangenheit oftmals nur sehr kleine Zeitanteile hatten.

In beiden Fällen erfolgt nur teilweise eine Freistellung des Gruppensprechers von direkten Tätigkeiten. Ansonsten erfolgt eine Einplanung in den Takt und/oder die Übernahme direkter Tätigkeiten bei Problemen (z. B. bei Qualitätsstopp oder Fehlstand).

Sind Tätigkeiten und Verantwortung tendenziell beim Gruppensprecher konzentriert und übernimmt dieser insbesondere definierte erweiterte Fachaufgaben, so erhält er in der Regel eine Zulage bzw. eine höhere Lohneinstufung.

Wird die Gesamtverantwortung der Gruppe betont und beschränkt sich die Gruppensprecherfunktion auf die kommunikativen Aufgaben, so erhält der Gruppensprecher in der Regel keine Zulage.

10.2.12 Systematische Vorbereitung von Gruppengesprächen

Gruppengespräche werden möglichst zielgerichtet und strukturiert durchgeführt. Sie werden entsprechend vorbereitet und dokumentiert.

Regelmäßige Gruppengespräche sind wesentlicher Bestandteil der Gruppenarbeit und notwendig für deren funktionieren.

Bezüglich der Lage der Gruppengespräche werden zwei Möglichkeiten praktiziert:

- Gruppengespräche während der Regelschichtzeit mit definiertem Zeitfenster, und damit Stillstandszeiten der Montagen
- Gruppengespräche außerhalb der Regelschichtzeit und damit keine Stillstandszeiten der Montagen

Die systematische Vorbereitung und strukturierte Durchführung von Gruppengesprächen ist wichtig für die Qualität der Ergebnisse sowie die Effizienz des Prozesses und wird an Bedeutung gewinnen.

Gruppenbesprechungen sind oftmals ein typisches Beispiel für die Notwendigkeit von Standardisierung in Gruppenarbeit. Da sie nicht direkt wertschöpfend sind, werden sie vom Umfeld zunächst als zusätzlicher Kostenverursacher wahrgenommen und damit immer unter Rationalisierungsdruck stehen. Die ursprüngliche Begründung, sie seien notwendig für die interne Abstimmung und die Bearbeitung von Problemen, hält diesem Rationalisierungsdruck oft nicht stand, und die Gruppenbesprechungen fallen häufig aus. Die innere Führung der Gruppen funktioniert dann nicht mehr, und ein Vorgesetzter übernimmt wieder diese Funktion. In anderen Fällen werden in Gruppenbesprechungen Standardaufgaben im Rahmen einer Standardtagesordnung wahrgenommen (Planungen, Reklamationsbearbeitung, Informationsaufbereitung, Formulierung von Vereinbarungen etc.), d. h. es werden Leistungen erbracht, die sonst von anderen wahrgenommen werden müssten. Die Kommunikationskultur bleibt damit erhalten und damit auch die gruppendynamische Voraussetzung für das effiziente Funktionieren der Gruppen.

10.2.13 Zunahme der Verantwortung der Gruppe

Umfeldaufgaben und nicht taktgebundene Tätigkeiten werden entweder auf die Gruppe verteilt oder beim Gruppensprecher konzentriert. Im einen Fall wird die Gesamtverantwortung der Gruppe, im anderen Fall die Verantwortung des Gruppensprechers gestärkt. Wesentlich ist in beiden Fällen die Übernahme von Verantwortung durch einen oder mehrere Mitarbeiter.

Die direkten Tätigkeiten werden stärker standardisiert. Bisherige indirekte Tätigkeiten der Gruppe werden beibehalten. Der Umfang an indirekten Tätigkeiten ist in der Montage jedoch tendenziell begrenzt. Das Verhältnis von prozessungebundenen, indirekten Tätigkeiten zu den prozessgebundenen, direkten ist meist so gering, dass die Möglichkeiten für eine Erweiterung individueller Verantwortungs- und Handlungsspielräume durch Arbeitsbereicherung sehr beschränkt sind. Deshalb fiel es in der Vergangenheit vielfach schwer, Handlungsspielräume zu schaffen, die wirtschaftlich sind.

Zusätzlich zu diesen indirekten Tätigkeiten erfolgt eine Übertragung von einfacheren planerischen Aufgaben auf die Gruppen (s. Abschn. 10.2.5 und Abschn. 10.2.15).

Insgesamt gewinnt dadurch in Zukunft die wirtschaftliche Verantwortung der Gruppen und die Beteiligung an der Optimierung der Abläufe an Bedeutung. Die Gruppen verfügen dabei über aufgabenbezogene Entscheidungsspielräume im Rahmen von Zielen und Vereinbarungen.

Durch die Erweiterung der Gruppenaufgabe ergeben sich für die Mitarbeiter Möglichkeiten der Personalentwicklung bzw. zusätzliche berufliche Perspektiven.

10.2.14 Verteilung individueller Tätigkeiten und Umfeldaufgaben in der Gruppe

Zu allen Unterstützungsbereichen gibt es integrierte Aufgaben, die auf alle Gruppenmitglieder verteilt sind (z. B. Selbstprüfung, Umgang mit Prüf- und Fertigungsmitteln, Teilen, Hilfs- und Betriebsstoffen, Abfalltrennung, KVP, Materialabruf). Darüber hinaus sind Aufgabenpakete definiert, die nach entsprechender Qualifizierung an einzelne Gruppenmitglieder delegiert werden.

Außer den direkten Montagetätigkeiten gehören auch verschiedene unterstützende Tätigkeiten zur Aufgabe der Gruppen. Diese werden von möglichst vielen Mitarbeitern in der Gruppe beherrscht, um eine hinreichende Personalflexibilität zu gewährleisten. Dies ist bei einer guten Grundqualifikation leichter zu erreichen. Die Erfüllung dieser Aufgaben organisiert die Gruppe intern.

Aufgaben, die eine umfangreichere spezielle Qualifizierung erfordern, werden dagegen auch formal an einzelne Mitarbeiter in der Gruppe delegiert. Hierzu gehören spezielle Schnittstellenfunktionen zu indirekten Bereichen, die vertiefte Kenntnisse erfordern (z. B. Qualitätsprüfer, KVP-Moderatoren), und Schnittstellenfunktionen zu gruppenübergreifenden Projekten sowie, bei entsprechender Konzeption der Gruppenarbeit, auch Unterstützer, Kolonnenführer, Anlagenführer, Qualitätsprüfer, Problemlösungsverantwortliche etc. Der entsprechende Bedarf wird von den Führungskräften festgelegt und mit den Gruppen besprochen.

10.2.15 Stärkung der Zusammenarbeit mit indirekten Bereichen

Auf der Basis von Leistungsvereinbarungen kooperiert die Gruppe direkt mit tangierenden, indirekten Bereichen (Planung, Instandhaltung, Qualitätssicherung, Materialwirtschaft). Für unterschiedliche Aufgabenstellungen sind in der Gruppe und für die Gruppe Ansprechpartner definiert.

Der Umfang an indirekten Tätigkeiten ist in der Montage tendenziell begrenzt. Die genaue Beschreibung der Schnittstellen zwischen Gruppen und indirekten Bereichen (Qualitätswesen, Instandhaltung, Logistik, Zeitwirtschaft, Planung, Personal etc.) ist notwendig und muss dokumentiert werden. Sinnvoll ist dabei eine Definition von festen Ansprechpartnern innerhalb der Gruppen für jeden indirekten Bereich und umgekehrt.

Die Zusammenarbeit der Gruppen mit den indirekten Bereichen wird dann über formalisierte Leistungsvereinbarungen geregelt.

Zusätzlich werden den Gruppen verstärkt einfache planerische Tätigkeiten übertragen. Dies sind insbesondere:

- IE-Tätigkeiten, Prozessverantwortung
- Anlaufsicherung, Anlaufvorbereitung
- Umsetzung laufender Veränderungen (Teileänderungen, sonstige kleine Änderungen)
- Austausch mit Lieferanten

Bei Experten-Maßnahmen (Workshops etc.) erfolgt eine aktive Beteiligung der Mitarbeiter. Diese wird durch eine vorübergehende Freistellung von Gruppenmitgliedern mit entsprechender fachlicher Kompetenz sichergestellt. Die Auswahl der freigestellten Mitarbeiter erfolgt durch die Vorgesetzten in Abstimmung mit der Gruppe. Freigestellte Mitarbeiter stellen dabei das Verbindungsglied zwischen Experten und Gruppen dar („Scharnierfunktion"), da sie Detailwissen über die Arbeitssysteme und deren Rahmenbedingungen in die Planungsprozesse einbringen und die Ergebnisse in die Gruppen hineintragen.

Bei Bedarf erfolgt auch eine direkte Kooperation zwischen indirekten Bereichen und Gruppen.

10.2.16 Fortlaufende Qualifizierung

Zur Sicherstellung der notwendigen Einsatzflexibilität werden auf der Basis einer hohen Grundqualifikation die fachlichen, methodischen und sozialen Kompetenzen der Gruppe bedarfsgerecht weiterentwickelt. Dies schließt die Qualifizierung für indirekte, planerische Tätigkeiten mit ein.

Die Integration zusätzlicher planerischer Funktionen in die Gruppen, insbesondere die Verantwortung für die Optimierung der technischen und organisatorischen Abläufe erfordert zusätzliche Qualifikationen (z. B. als KVP-Beauftragter, Moderator etc.). Dabei stellt das hohe Qualifikationsniveau der Montagemitarbeiter eine günstige Voraussetzung dar, da bereits ausgeprägte, gelernte methodische und soziale Fähigkeiten der Mitarbeiter vorhanden sind.

Hinzu kommt eine Grundqualifizierung für die Arbeit in Gruppen. Richtwerte für die Dauer dieser Qualifizierung für Gruppenarbeit sind:

- Gruppensprecher: 2 bis 4 Tage
- Stamm-Mitarbeiter: mindestens 2 Tage

Auf dieser Basis erfolgt systematisch eine bedarfsgerechte Weiterqualifizierung für die direkten und indirekten Funktionen sowie Maßnahmen für die kontinuierliche Teamentwicklung.

Durch die Möglichkeit zur graduellen Übernahme indirekter Funktionen werden den Mitarbeitern berufliche Perspektiven und Entwicklungsmöglichkeiten innerhalb und außerhalb der Gruppe ermöglicht.

Parallel findet eine systematische Qualifizierung und Entwicklung der Führungskräfte statt.

10.2.17 Stärkung der horizontalen beruflichen Entwicklung

Die berufliche Weiterentwicklung der Gruppenmitarbeiter erfolgt verstärkt durch einen gruppen- und bereichsübergreifenden Arbeitsplatzwechsel sowie durch die Übernahme indirekter, auch planerischer Tätigkeiten.

Weitere horizontale Entwicklungschancen ergeben sich für die Gruppenmitglieder in Zukunft verstärkt aus gruppenübergreifenden Aufgaben. Durch die Beherrschung längerer Abschnitte der Prozesskette können sie gruppenübergreifend eingesetzt werden.

Die zunehmende Beteiligung von Gruppenmitgliedern an IE-Experten-Projekten, der Umsetzung von Änderungen, der Anlaufvorbereitung und -sicherung, dem Prototypenbau und dem Austausch mit Lieferanten eröffnet den Mitarbeitern auch über die Bereiche hinausgehende berufliche Perspektiven. Geeignete Mitarbeiter werden durch eine systematische Personalentwicklung auf solche Zukunftsaufgaben vorbereitet. Durch ihre in der Gruppenarbeit gefestigten, methodischen und sozialen Fähigkeiten bringen sie gute Voraussetzungen für die Arbeit in bereichsübergreifenden Teams mit. Umgekehrt tragen die Erfahrungen einzelner Mitglieder aus übergreifenden Projekten dazu bei, das Prozesswissen und die Problemlösefähigkeit der Gruppe insgesamt zu verbessern.

10.2.18 Erfolgs- und leistungsabhängige Entgeltbausteine für Mitarbeiter

Zur Sicherstellung günstiger Rahmenbedingungen werden auf der Grundlage eines anforderungsbezogenen Grundlohns erfolgs- und leistungsabhängige Entgeltkomponenten geschaffen.

Das Entlohnungssystem schafft die Rahmenbedingungen für die Effizienz der Gruppenarbeit und sollte aus 2 Bausteinen bestehen:

- einem anforderungsbezogenen Grundlohn sowie
- einer erfolgs- bzw. leistungsabhängigen, an die Zielerreichung geknüpften Komponente mit bereichsbezogenen, gruppenbezogenen und individuellen Bestandteilen.

Diese Zielerreichung bemisst sich kausal an den vereinbarten Leistungsstandards und final an den Verbesserungsmaßnahmen. Da die Optimierung technischer und organisatorischer Abläufe zentrale Aufgabe der Gruppe zusammen mit dem Meister ist und die Gruppen darauf insbesondere durch die Vermeidung von Verschwendung, die Reduzierung von nicht-wertschöpfenden Tätigkeiten und die Verbesserung der Abläufe wesentlichen Einfluss haben, erscheint es sinnvoll, zielorientierte Entgeltbestandteile daran zu knüpfen. Sie können ein transparentes Feedback für den Erfolg der Gruppentätigkeit sein, bedürfen hierfür aber insbesondere einer effizienten Informationsversorgung und guter Visualisierung.

10.2.19 Ausdehnung der Gruppenarbeit und Weiterentwicklung zu einer umfassenden Teamorganisation

Indirekte, planerische Funktionen werden verstärkt vor Ort in den direkten Bereichen mit angesiedelt und in Teams organisiert, die mit den Gruppen direkt kooperieren. Auf diese Weise wird schrittweise die herkömmliche Arbeitsteilung zwischen planenden und ausführenden Tätigkeiten zurückgenommen und eine umfassende Teamorganisation geschaffen.

Zur Sicherstellung einer durchgängigen Arbeitsorganisation wird das Teamprinzip horizontal und vertikal verstärkt als organisatorisches Leitprinzip verwendet.

Indem die Organisationsform der Gruppenarbeit auf andere Bereiche in geeigneter Form ausgeweitet wird, wirkt sie insgesamt kulturprägend. Dadurch wird die Konkurrenz unterschiedlicher Verhaltenserwartungen in den verschiedenen Funktionsbereichen oder organisatorischen Einheiten vermieden und die Glaubwürdigkeit und Störungsfreiheit der dahinterliegenden Führungskonzepte erhöht. Die Gefahr eines *Roll-back* des erreichten Standards der Gruppenarbeit infolge von Konflikten an den Schnittstellen wird vermindert und die Voraussetzungen für den durchgängigen Zielvereinbarungsprozess verbessert.

Zudem wird die aktive Beteiligung der Gruppenmitglieder an Experten-Maßnahmen (Workshops etc.) erleichtert.

10.3 Zusammenfassung

Nachdem sich Gruppenarbeit in der Automobilmontage in Deutschland in vieler Hinsicht bewährt und durchgesetzt hat, stellt sich die Frage, wie sie unter dem zunehmenden Druck zur laufenden Verbesserung der Wirtschaftlichkeit gesichert und weiterentwickelt werden kann. Mehr als bisher sind die wirtschaftlichen Ergebnisse des Werkes bzw. des Bereiches Gradmesser für die Gruppenarbeit. Die Gruppenarbeit muss hierzu kontinuierlich Beiträge im Rahmen von Vereinbarungen liefern. Sie sollte daher verbindlicher Bestandteil der in den Unternehmen praktizierten Produktionssysteme sein. Gruppenarbeit ist deshalb tendenziell als Investitionsthema zu betrachten. Dies erfordert, Kosten und Nutzen der Gruppenarbeit verstärkt transparent zu machen. Wichtig ist neben einer kontinuierlichen qualitativen Auditierung (mit Hilfe von Gütekriterien) die Festlegung von überprüfbaren und vergleichbaren Kennzahlen zur Wirtschaftlichkeit auf Basis der Zielvereinbarungen sowie deren permanente Verfolgung. Dies ermöglicht es auch, die Notwendigkeit der Bereitstellung von langfristigen begleitenden Funktionen zur Prozessbetreuung und Organisationsentwicklung darzustellen.

Die Verwirklichung von Gruppenarbeit mit tatsächlich erweitertem Handlungs- und Entscheidungsspielraum, einer weitgehenden Integration von prozessvorbereitenden und -begleitenden Aufgaben und Selbstorganisation in der Personalführung kann nur dann gelingen, wenn sich dadurch auf Dauer signifikante Produktivitätsverbesserungen bewirken lassen. Hierzu bedarf es einer kontinuierlichen Weiterentwicklung der Arbeitsorganisation.

Kürzere Taktzyklen und Standardisierung stellen dabei keine Rücknahme der Gruppenarbeit dar, sondern tragen einerseits zu einer Stabilisierung bei und schaffen andererseits erst durch Transparenz den Freiraum für deren Optimierung und langfristige Sicherung.

Das hohe Qualifikationsniveau der Montagemitarbeiter soll auch zukünftig beibehalten werden. Durch die Optimierungsaufgaben der Gruppen, die erweiterte Aufgabenintegration sowie die verstärkte Einbindung in gruppenübergreifende Projekte findet eine Höherqualifizierung statt.

Die Entwicklung einer Arbeitsorganisationsform mit einem regelmäßigen Wechsel von Phasen standardisierter Routinearbeit mit Phasen der Prozessumstellung und Wiederherstellung der Prozess-Sicherheit sollte die Basis für eine Marktstrategie sein, die aus dem vorhandenen Improvisationsgeschick und der Produktionsintelligenz der Mitarbeiter systematisch einen Wettbewerbsvorteil erarbeitet.

Teilnehmer der Arbeitsgruppe

Josef Cordes, DaimlerChrysler AG

Karl Eckl, Audi AG

Werner Hoffmeyer, Adam Opel AG

Herbert Höltschl, BMW AG

Bernhard Kienzle, DaimlerChrysler AG

Uwe Klitzke, Robert Bosch GmbH

Dr. Rawen-Bussow Kuhl, DaimlerChrysler AG

Kurt Kuhn, Ford Werke AG

Dr. Michael Lacher, Volkswagen AG

Erich Thanner, BMW AG

Dr. Roland Springer, DaimlerChrysler AG

11 Autorenverzeichnis

PROF. DR. HANS-JOACHIM BRACZYK
Leiter des Bereiches „Technik, Organisation, Arbeit"
Akademie für Technikfolgenabschätzung in Baden-Württemberg
Industriestraße 5
70565 Stuttgart

PROF. DR. HANS-JÖRG BULLINGER
Institutsleiter
Fraunhofer Institut für Arbeitswirtschaft und Organisation
Nobelstr. 12
70569 Stuttgart

STEFAN GRYGLEWSKI
Verbandsingenieur
Verband der Metallindustrie Baden Württemberg e.V.
Löffelstr. 22/24
70597 Stuttgart

WERNER HOFFMEYER
Manager QNPS
Adam Opel AG
Opelring 1
44782 Bochum

HANS-GÜNTHER HONNEF
Manager Manufacturing and Plant Engineering,
Transmission and Chassis Plant
Ford Werke AG
NG/P-33
50725 Köln

DR. DIETER HUNDT
Präsident
Bundesvereinigung der Deutschen Arbeitgeberverbände
Breite Str. 29
10178 Berlin

AXEL KORGE
Wissenschaftlicher Mitarbeiter
Fraunhofer Institut für Arbeitswirtschaft und Organisation
Nobelstr. 12
70569 Stuttgart

REINER LEHR
Leiter Arbeitspolitik
DaimlerChrysler AG
Mercedesstr. 137
70546 Stuttgart

HANS-PETER LENTES
Stellvertretender Institutsleiter
Fraunhofer Institut für Arbeitswirtschaft und Organisation
Nobelstr. 12
70569 Stuttgart

PROF. DR. JOHN PAUL MACDUFFIE
The Wharton School
University of Pennsylvania
2000 Steinberg Dietrich Hall
Philadelphia, PA 19104, 6370

JOACHIM RITTER
Leiter Personal, Entwicklungspolitik,
Arbeitsstrukturen
BMW AG
Petuelring 130
80788 München

DR. DR. BIRGIT SPANNER-ULMER
Industrial Engineering
Audi AG
Abt. I/PG-5
85045 Ingolstadt

DR. HABIL. ROLAND SPRINGER
Leiter Arbeitsorganisation
und Verbesserungsmanagement
DaimlerChrysler AG
PD Universität Tübingen
Mercedesstr. 137
70546 Stuttgart

PROF. DR. KLAUS J. ZINK
Lehrstuhl für Industriebetriebslehre
und Arbeitswissenschaft
Universität Kaiserslautern
Postfach 30 49
67653 Kaiserslautern